AF537940

DAS IST BALLETT!

50 FRAGEN
50 ANTWORTEN

Dorothee Gelhard
& Camille Deschiens

Henschel

1 Was ist Ballett?
2 Wie tanzt man Liebe?
3 Was bedeuten Gesten in einem Ballett?
4 Was hat das Ballett mit Geometrie zu tun?
5 Wie hat die antike Mythologie das klassische Ballett beeinflusst?
6 Wie politisch ist das klassische Ballett?
7 Was macht ein Choreograf?
8 Wo sind eigentlich die Choreografinnen?
9 Wie kann Tanz aufgezeichnet werden?
10 Welche bildenden Künstler wurden vom Ballett inspiriert?
11 Warum gab es um 1900 eine Ballettreform?
12 Hat das Ballett Licht- und Schattenseiten?
13 Kann man Geschichte tanzen?
14 Wie wichtig sind Requisiten für eine Choreografie?
15 Kann man auch ohne Musik Ballett tanzen?
16 Warum dieses weiße Tutu?
17 Welche Rolle spielt eigentlich der Mann im Ballett?
18 Was war der größte Skandal im Ballett?
19 Warum ist Vaclav Nijinsky für das moderne Ballett so wichtig?
20 Sind »Schwanensee« und der »sterbende Schwan« dasselbe?
21 Welche Rolle spielt ein Faun in der Ballettgeschichte?
22 Kann absurdes Theater im Ballett zuhause sein?
23 Wie war das Ballett in der DDR?
24 Tanzt man in den USA anders Ballett?
25 Wie kommt die Fantasie ins Ballett?
26 Kann man Literatur tanzen?
27 Woran erkenne ich Forsythe?
28 Welche Begriffe bestimmen das klassische Ballett?
29 Warum gibt es den Spitzentanz?
30 Wie hat sich die Technik des Balletttanzes verändert?

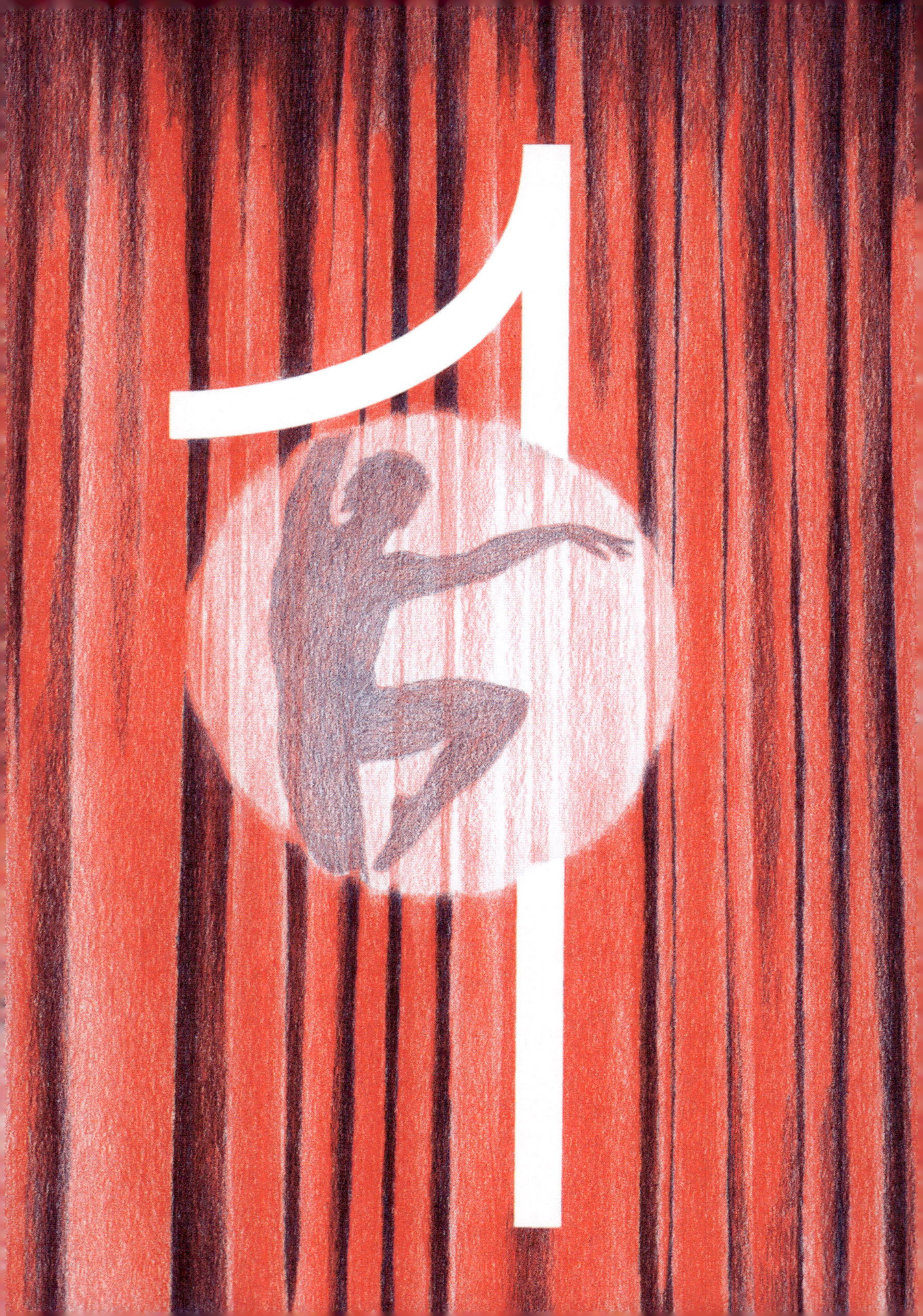

WAS IST BALLETT?

Ballett ist romantisch.
Ballett ist mehr als ein weißes Tutu.
Ballett ist eine flüchtige Kunst.
Ballett zeigt große Emotionen.
Ballett hat eine eigene Schrift entwickelt.
Ballett ist klassisch.
Ballett ist modern.
Ballett ist schwerelos.
Ballett ist getanzte Geometrie.
Ballett ist Kulturgeschichte.
Ballett ist mehr als Spitzentanz.
Ballett arbeitet mit anderen Künsten.
Ballett erzählt Geschichten.
Ballett ist Gestik.
Ballett ist nicht nur für Frauen.
Ballett ist international.
Ballett kann Literatur tanzen.
Ballett unterscheidet sich vom Tanztheater.
Ballett ist hartes Körpertraining.
Ballett ist Leidenschaft.
Ballett kann Musik sichtbar machen.
Ballett ist politisch.
Ballett ist schön.
Ballett ist verstörend.

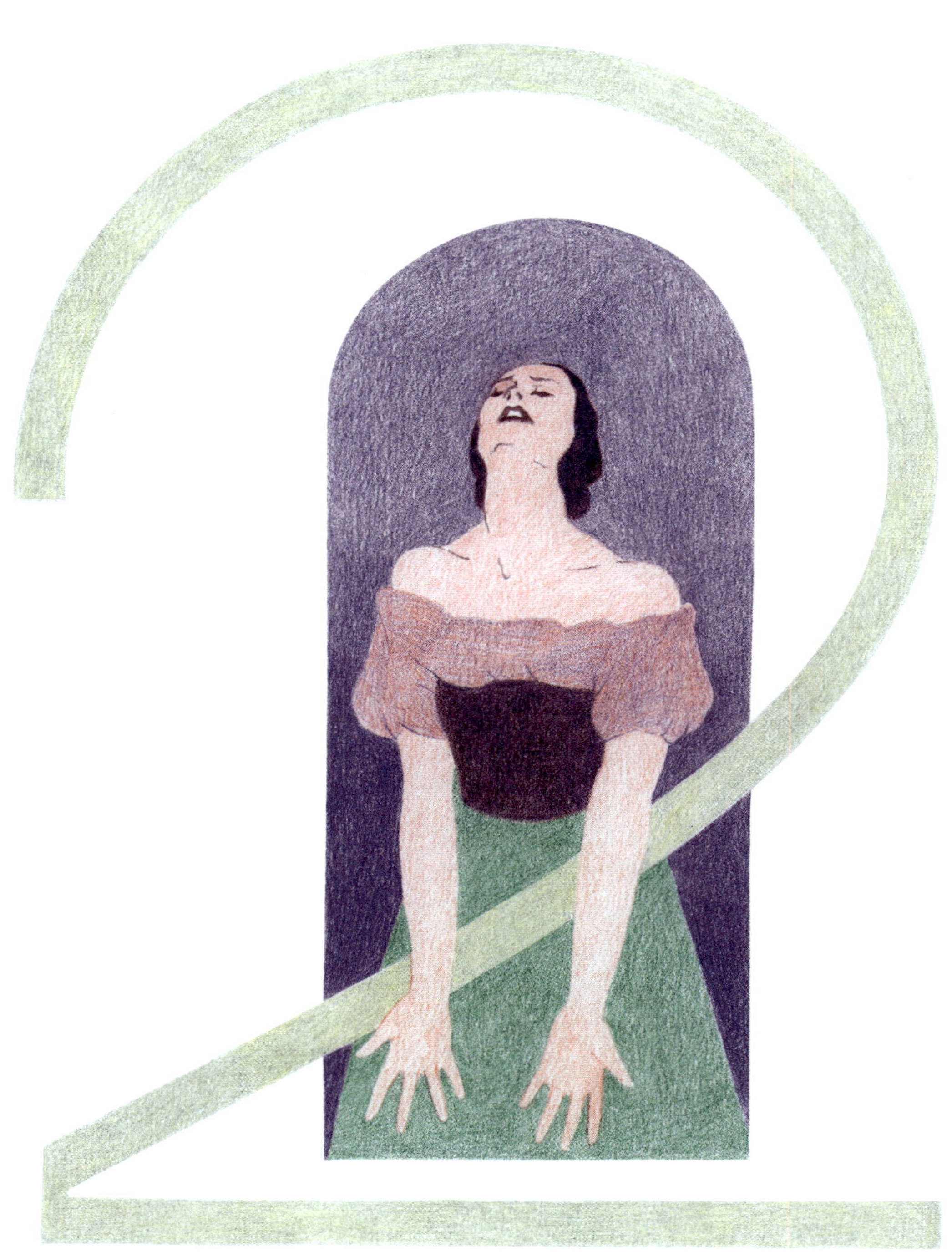

WIE TANZT MAN LIEBE?

»Der Tanz«, sagt der französische Choreograf Maurice Béjart, »kann die Liebe besser erzählen als das Theater. Mit Worten ist es viel schwieriger. Immer das ewige ›Ich liebe dich‹! Eine Arabesque, ein Blick, ein Port de bras, ein Lächeln erzählen die Liebe besser als Worte!«[1]

Er hat natürlich recht. Die vollendete Harmonie, der Gleichklang zweier Seelen – die vollkommene Balance, für einen Augenblick nicht mehr zu wissen, wo höre ich auf und wo beginnt der andere –, das ist Liebe. Und all das lässt sich im Tanz mit nur einer einzigen Figur ausdrücken: Die Liebe ist ein Kreis!

Das berühmteste Liebespaar der Weltliteratur ist *Romeo und Julia*. Shakespeares Tragödie erzählt die Geschichte zweier junger Liebender, die verfeindeten Familien angehören und sich aufgrund unglücklicher Umstände und Missverständnisse umbringen. Seit das Stück 1597 zum ersten Mal im Druck erscheint, rührt das Schicksal des jungen Paares das Publikum immer wieder zu Tränen. Seither wird es vertont, verfilmt, gemalt – und natürlich auch getanzt. 1935 schreibt Sergej Prokofjew im Auftrag des Moskauer Bolschoi-Theaters die Ballettmusik zu diesem Stück. Ursprünglich hat ihn das Kirow-Theater in Leningrad beauftragt, doch dann sind der Direktion die »psychologischen Nuancen« Prokofjews zu heikel, weil sie nicht mit dem herrschenden sozialistischen Realismus in Einklang zu bringen sind. Das Kirow-Theater zieht den Auftrag wieder zurück. Uraufgeführt wird das Ballett drei Jahre später in Brünn in der Choreografie von Ivo Váňa Psota. Seither haben sich viele berühmte Choreografen der Geschichte angenommen: Rudolf Nurejew, John Neumeier, Kenneth MacMillan oder John Cranko.

Aber wie tanzt man nun Liebe? Und warum in der Form des Kreises? Ein Paar einfach zusammen tanzen zu lassen, ist nichts Besonderes. Ein *Pas de deux* (französisch für *Tanz zu zweit*) gibt es in jedem klassischen Ballett. Und natürlich ist auch die zentrale Szene in diesem Ballett – die berühmte Balkonszene – ein großes leidenschaftliches Pas de deux. Doch John Cranko zum Beispiel, der mit seiner Choreografie von *Romeo und Julia* das Stuttgarter Ballett 1962 über Nacht berühmt macht, will in seinen Balletten immer die Emotionen zeigen. Er will Zweifel, Ängste und Sorgen genauso offenbaren wie unendliches Glück und Freude, die große Liebe von Romeo und Julia ebenso wie die Flüchtigkeit des Moments. Dafür wählt er eine Pose, um in einer einzigen Körperhaltung dieses überwältigende Gefühl, das nicht von Dauer sein kann, darzustellen.

Das Liebes-Pas de deux, das Duett der Balkonszene, beginnt mit Julia. Scheu, zitternd und aufgeregt betritt sie die Bühne auf halber Spitze und bleibt fast die ganze Szene über auf der Spitze. Sie tanzt kleine *Pas de bourrées* (Schritte mit mehrfacher Gewichtsverlagerung), denen fast hektisch kurze *Arabesques* folgen (eine Grundposition im Ballett, bei der das Standbein gestreckt und das Spielbein nach hinten im 90-Grad-Winkel ausgestreckt ist), die ihre große Ungeduld und Sehnsucht zeigen. Im romantischen Ballett wird die Figur der *Arabesque* gerne genutzt, um die Sehnsucht nach einer höheren Welt auszudrücken. Dann endlich kommt Romeo. Sie fühlt sich so sehr zu ihm hingezogen, dass ihr Körper einen Halbkreis beschreibt. Romeo antwortet ihr mit derselben Pose. Doch sie berühren sich nicht, was die Zerbrechlichkeit ihres Liebesglücks unterstreicht.

Doch auch in einem anderen Ballett werden die Fragilität und gleichzeitig die Stärke einer großen Liebe in Blicken, Posen und in einem Halbkreis sichtbar: Drei Jahre nach *Romeo und Julia* choreografiert John Cranko *Onegin,* den großen Liebesroman des russischen Dichters Alexander Puschkin. Für das Ballett in drei Akten und sechs Szenen hat Cranko nicht nur die Choreografie, sondern auch das Libretto geschaffen und dafür die Musik verschiedenen Werken Tschaikowskys entnommen. Die Uraufführung der ersten Fassung findet im April 1965 in Stuttgart statt, die der zweiten im Oktober 1967.

Das Ballett spielt auf einem russischen Landgut um 1820 und zehn Jahre später in Sankt Petersburg. Der Zuschauer begegnet zwei sehr verschiedenen Schwestern: Tatjana ist ernst und verträumt, verbringt ihre Zeit mit Lesen und lebt ganz in der Welt der Literatur, während ihre Schwester Olga das Leben leichtnimmt, temperamentvoll ist, tanzt, spielt und lacht. Schon in der ersten Szene verdeutlicht Cranko den unterschiedlichen Charakter der beiden: Tatjana liegt auf dem Bühnenboden und liest, während Olga den Besuch ihres Verlobten, des Dichters Lenski, erwartet. Der kommt schließlich und bringt seinen neuen Freund Onegin mit. Tatjana verliebt sich augenblicklich in ihn.

Wie in *Romeo und Julia* wird das Verliebtsein nur mit den Augen ausgedrückt und zunächst nicht getanzt: Wie Julia auf dem Ball, auf dem sie Romeo zum ersten Mal erblickt und nicht mehr aus den Augen lässt, verfolgt auch Tatjana Onegin ausschließlich mit ihren Blicken. Onegin hingegen empfindet das Landleben und die Menschen als eine Zumutung. Hochmütig sieht er auf alle herab. Auch das wird zunächst nicht getanzt, sondern nur mit einer Körperhaltung gezeigt: Onegin tritt mit dem Rücken zum Publikum auf. Er hat nichts als Verachtung für diese Menschen übrig.

Tatjana jedoch ist verliebt und kann an niemand anderen mehr denken. Nachts, allein in ihrem Schlafzimmer, beschließt sie, ihm einen Brief zu schreiben und ihm ihre Liebe mitzuteilen. Cranko übersetzt das in eine Traumszene, die wieder mit einem Blick beginnt: Als Tatjana in den Spiegel schaut und mit ihren beiden Händen suchend, tastend über den Spiegel fährt, erblickt sie plötzlich statt ihres eigenes Spiegelbilds Onegin, der mit einer großen Kreisbewegung seines rechten Armes nach ihrer

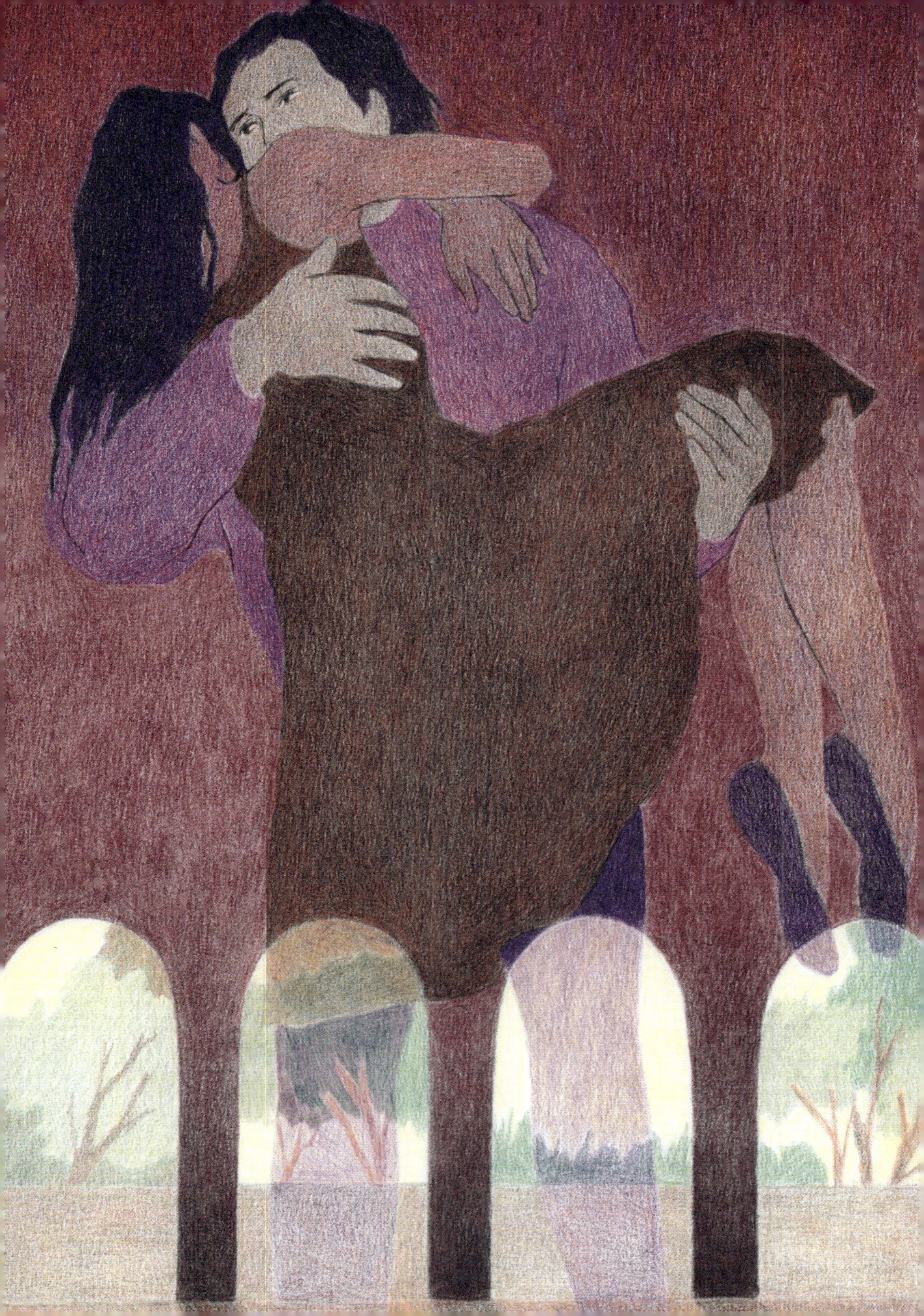

rechten Hand zu greifen scheint, bevor er aus dem Spiegel heraustritt und sie zusammen ein Pas de deux tanzen, in dem er ihre Gefühle erwidert – anders als in der Wirklichkeit. In diesem Pas de deux geht er vollkommen auf sie ein, spiegelt ihre Gesten und trägt sie buchstäblich – in vielen Hebefiguren – auf den Händen.

Doch die Liebesgeschichte geht auch in diesem Ballett nicht gut aus. Onegin erwidert Tatjanas Gefühle nicht und zerreißt ihren Liebesbrief vor ihren Augen. Zehn Jahre später begegnet er ihr noch einmal in Sankt Petersburg auf einem Ball des Fürsten Gremin, mit dem sie inzwischen verheiratet ist. Als Onegin Tatjana erblickt, erkennt er plötzlich, welch großen Fehler er begangen hat. Voller Hoffnung, ihre Liebe zurückzugewinnen, schreibt er dieses Mal einen Brief und besucht sie. Diese letzte Szene ist die dramatischste des ganzen Balletts: Ein Mann und eine Frau kämpfen mit ihren Gefühlen, zwei Seelen ringen mit- und gegeneinander. Zur Musik von Tschaikowskys sinfonischer Dichtung *Francesca da Rimini* gesteht Onegin Tatjana seine Liebe. Cranko wählt für das ergreifende Pas de deux bewusst diese Musik, in der »die Tragik einer Frau« sichtbar wird, »die sich vor Liebe verzehrt und selbst im Höllenfeuer nicht zur Ruhe findet«[2]. Francesca und Paolo sind das berühmte Liebespaar aus dem 5. Gesang von Dantes *Inferno*, das vom eifersüchtigen Ehemann Francescas ermordet wird. Dante besucht das Paar auf seiner Jenseitsreise und findet ein bemerkenswertes Bild für die unstillbare Sehnsucht der beiden nach einander: Er lässt sie in einem riesigen Wirbelwind ständig hintereinander herfliegen, ohne dass sie sich jemals erreichen können.

Zu einem klagend-sehnsüchtigen Klarinettensolo fällt Onegin Tatjana zu Füßen. Er überschüttet sie im wahrsten Sinne des Wortes mit Liebeserklärungen: Zu Beginn ihres Pas de deux umschließt er sie mit seinen Armen in einem Kreis, den er über ihren ganzen Körper zieht, von ihrem Kopf

Wie ein gefangener Vogel windet sich Tatjana in seinen Armen, macht auf der Spitze Fluchtversuche, die vergeblich und zerbrechlich wirken.

bis zu den Füßen – als wolle er seine Gefühle wie einen Umhang um sie legen, während sie hin- und hergerissen ist. Sie strebt zu ihm und zugleich immer wieder von ihm fort. Und wieder lässt Cranko in *Onegin* wie schon in *Romeo und Julia* die beiden Liebenden dieselbe Bewegung der zueinander hingebogenen Körper im Halbkreis ausführen. Doch dieses Mal berühren sie sich. Onegin hält sie am Handgelenk fest. Für einen kurzen Moment scheint es – so die Hoffnung des Zuschauers –, als könne die Liebe diesmal siegen. Wie ein gefangener Vogel windet sich Tatjana jedoch in seinen Armen, macht auf der Spitze Fluchtversuche, die vergeblich und zerbrechlich wirken. Auf dem Höhepunkt der Szene trennt sie sich von ihm mit aller Gewalt. Die Rollen sind nun spiegelbildlich verkehrt: Sie zerreißt Onegins Brief vor seinen Augen und weist ihm die Tür. Fassungslos stürzt er davon, sie bleibt verzweifelt zurück. Diese Verzweiflung choreografiert Cranko nicht hektisch, sondern mit einem langsamen Sinken der Arme, das ihr »zur Salzsäule-Erstarrt-Sein« eindrucksvoll demonstriert, während ihr Kopf sich allmählich nach hinten neigt, was bereits die Ergebenheit in ihr Schicksal symbolisiert, während ganz langsam der Vorhang fällt.

In *Die Kameliendame*, das 1978 uraufgeführt wurde, greift der Hamburger Choreograf John Neumeier übrigens Tatjanas Schlusspose aus Crankos *Onegin* auf. In diesem Ballett nach dem Roman von Alexandre Dumas d. J. über die unglückliche Liebe zwischen einem jungen Mann und einer Kurtisane setzt Neumeier die Pose ein, um Marguerites Verzweiflung darüber auszudrücken, dass sie Armand nicht mehr lieben darf und ihm Gleichgültigkeit vorspielen muss. Er verbindet damit das Schicksal der beiden Frauen, die durch äußere Umstände gezwungen wurden, ihre Liebe aufzugeben und daran innerlich zerbrechen.

Die Idee, die Liebe als Kreisform darzustellen, hat Cranko von Platon übernommen. In beiden Balletten spielt er auf Platons *Symposion* an, einen der Urtexte der europäischen Kulturgeschichte. Darin gibt Platon die Rede von Aristophanes wieder, der die Geschichte von der Erschaffung der Menschen als Kugel erzählt: »Und kreisförmig waren sie selbst [...]. Nachdem nun die Gestalt entzweigeschnitten war, sehnte sich jeder nach seiner anderen Hälfte, und so kamen sie zusammen, umfassten sich mit den Armen und schlangen sich ineinander [...]. Von so Langem her also ist die Liebe zueinander den Menschen angeboren, um die ursprüngliche Natur wiederherzustellen, und versucht, aus zweien eins zu machen und die menschliche Natur zu heilen.«[3]

Auch John Neumeier lässt sich von Platons Kugelmenschen inspirieren, wenn er auf der Bühne Liebe zeigen möchte. 1998 nimmt er sie in die Ballettrevue *Bernstein Dances* auf, um damit seine Verehrung und Freundschaft für den Komponisten zu zeigen. Bernstein selbst hat ihn mit seiner *Serenade after Plato's Symposium* zu dem Text geführt. Neumeier will keine biografische Erzählung auf die Bühne bringen, sondern den Geist Bernsteins, seine Musik, sein Umfeld und die Bedeutung, die der Komponist für ihn hatte, sichtbar machen. So entsteht laut Neumeier »eine Collage einzelner Begebenheiten, arrangiert wie ein getanztes Mosaik und vereinheitlicht durch Bernsteins Musik. Sechs Solotänzer prägen den Ballettabend. Einer von ihnen ist Eros aus Platos *Symposium*. Er tritt immer wieder auf und steuert, motiviert oder inspiriert das Bühnengeschehen.«[4] Ein Paar aber tanzt ganz verschlungen: Sie kugeln und rollen sich dabei vergnügt und verliebt über den Bühnenboden, ohne voneinander zu lassen. Sie sind in ihrer Liebe eine untrennbare Einheit, ein nicht zu durchbrechender Kreis.

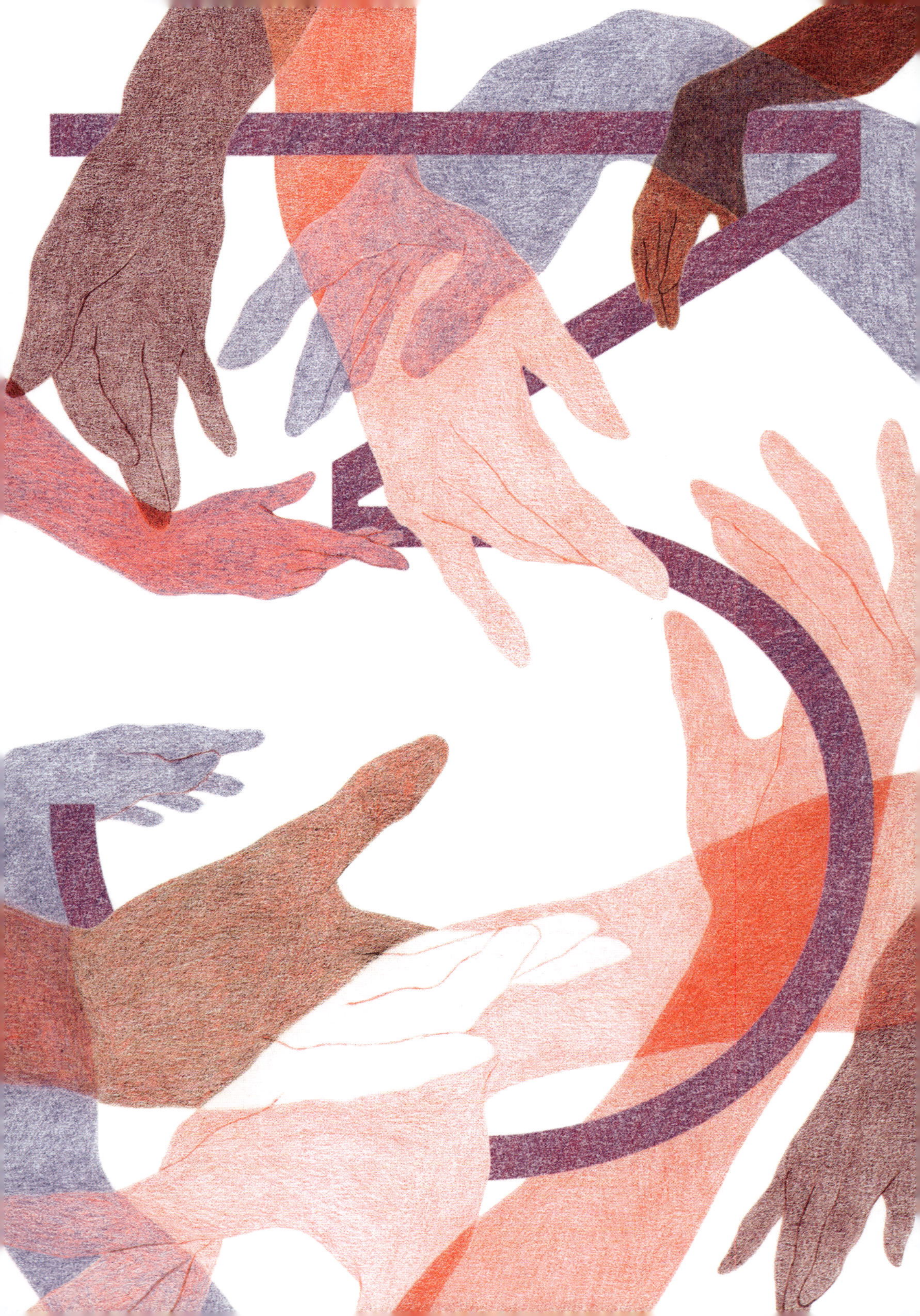

WAS BEDEUTEN GESTEN IN EINEM BALLETT?

Im Ballett gibt es ein festgelegtes Gestenvokabular, das eine Handlung pantomimisch erzählen kann und das noch heute von Tänzern erlernt wird. Es sind einfache Botschaften wie: »komm her«, »ich liebe dich«, »ich bin verheiratet«, »ich lese«, »ich schlafe« usw. Für die Geste »tanzen« führt man beispielsweise beide Hände über den Kopf und lässt die Unterarme ganz schnell – wie kleine Turbinen – umeinanderkreisen.

Seit den Anfängen des Balletts, besonders aber während seiner Hochphase in der romantischen und dann klassischen Phase des 19. Jahrhunderts, ist der Einsatz von Gesten bei einer Choreografie zentral. Es hat einen regelrechten Streit darüber gegeben, ob man reinen Tanz zeigen oder ob man eine Geschichte mithilfe kodifizierter Gesten erzählen kann. Häufig hat man sich dafür entschieden, beides ganz sorgfältig und streng voneinander zu trennen.

Deshalb gibt es zum Beispiel auch im romantischen Ballett *Giselle* (uraufgeführt 1841), choreografiert von Jean Coralli und Jules Perrot, diese klare Trennung. Die eigentliche Handlung der Geschichte Giselles wird vor allem im ersten Akt durch pantomimische Gesten erzählt. Diese sind so kanonisiert und deutlich, dass man die Anfangsszene, in der Giselle Zweifel an Albrechts Liebe hat, tatsächlich wie in einem Stummfilm mit Worten unterlegen könnte. Im zweiten Akt jedoch sieht man nur Tanzszenen mit den sogenannten Wilis: Nach der slawischen Mythologie sind das die Geister junger schöner Frauen, die vor der Hochzeit gestorben sind, deren Tanzlust sie aber nachts aus ihren Gräbern treibt. Wenn sich ein Lebender zu ihnen verirrt, tanzen sie ihn zu Tode.

Weil man jedoch erstens immer nur recht einfache Sätze pantomimisch sagen kann und zweitens die Gesten den Tanz unterbrechen – was die Choreografie zu *Giselle* zu verhindern sucht –, hat man das Pantomimische als störend und zu starr empfunden. Schon der französische Tänzer und Choreograf Jean Georges Noverre, der

1759 die erste Ballettreform mit seinen Briefen über die Tanzkunst anstieß, kritisiert diese Aufteilung im Ballett, das Erzählen und Zeigen durch Pantomime und Tanz. Er plädiert für eine Einheit des Balletts: »Der Choreograf muss sich bemühen, alle seine tanzenden Personen in ihren Handlungen, ihrem Ausdruck und Charakter verschieden anzulegen. Sie müssen zwar auf verschiedenen Wegen gehen, aber doch durch die Verschiedenheit ihrer Bewegungen und ihrer Darstellung das ausdrücken, was der Schöpfer des Werkes für gut befunden hat. [...] Man muss darin jene Verschiedenheit des Ausdrucks, der Form, der Haltung oder des Charakters bemerken können, wie man sie in der Natur antrifft.«[5] Noverre geht es bereits um eine »Natürlichkeit« der Darstellung, doch gehen seine Überlegungen im romantischen und vor allem auch im sogenannten klassischen russischen Ballett wieder verloren, bis um 1900 das Ballett grundlegend reformiert wird. Im 20. Jahrhundert sind es vor allem John Cranko, Kenneth MacMillan und John Neumeier, die das »tanzende Erzählen« wieder ins Ballett einführen. Interessanterweise kommen alle drei aus der Schule des Royal Ballet in London.

Im 20. Jahrhundert hat John Cranko in *Der Widerspenstigen Zähmung* (1969 uraufgeführt) die Wandlungen der Gefühle der Figuren mit einem sehr genauen Spiel ihrer Hände choreografiert. In Shakespeares Stück geht es um zwei Schwestern – eine scheinbar ganz sanftmütige (Bianca) und um eine kratzbürstige (Katharina). Katharina, so verlangt es der Vater, soll zuerst heiraten, bevor Bianca die Ehe eingehen darf. Natürlich findet sich ein junger Mann, der wettet, nichts sei leichter als die kratzbürstige Katharina gefügig zu machen. Die Spannung der Handlung und die Komik entstehen dadurch, dass sich das Kräfteverhältnis zwischen den beiden umkehrt. Cranko hat drei Pas de deux dafür geschaffen:

Gesten zeigen das Innere der Figuren, ihren Seelenzustand, ihre Zweifel, Qualen oder Freuden.

Im ersten Pas de deux ist Katharina die Stärkere und Petruchio derjenige, der etwas von ihr will. Im zweiten ist er der Überlegene und sie seine ihm untergebene Frau. Und im dritten Pas de deux finden sie zu einer Balance, die vermuten lässt, dass dieses Paar eine sehr glückliche Ehe führen wird.

Als Petruchio im ersten Kampf Katharinas Arme über ihrem Kopf festhält, ist das der erste Umschwung ihrer beider Gefühle: Zögernd ergreifen sie ihre Hände, danach zeigen sie die ersten schwebenden Hebefiguren, die für Crankos Choreografien so typisch sind. Hat Petruchio Katharina zuvor mehrfach kopfüber gehalten – als wolle er ihre Welt buchstäblich auf den Kopf stellen –, hebt er sie nun mit ausgestreckten Armen weit über sich empor. Cranko zitiert nicht zufällig damit die Hebefigur aus dem Liebes-Pas de deux aus *Romeo und Julia*.

Das Motiv der Wandlung der Gefühle macht Cranko vor allem mit einer Geste deutlich, die eine lange Tradition hat: mit dem Griff ums Handgelenk. Bei den Ägyptern, Griechen und auch bei den Römern markiert diese Geste die Grenze zwischen Diesseits und Jenseits, in der Kunstgeschichte gilt sie als Zeichen des Übergangs von einem Zustand in einen anderen, vom Leben zum Tod oder auch von der Krankheit zum Heil, sie bedeutet Unterwerfung und Unterdrückung, aber auch die Rückkehr nach Hause. Den Griff ums Handgelenk sieht man auf alten Darstellungen der Fahrt ins Totenreich, auf diese Weise zieht aber auch Aeneas seinen Vater aus Troja mit sich fort, auf Ikonen hält Christus so die Hand Adams fest. In der christlichen Ikonografie gilt sie daher auch als Geste des Wunders.

Cranko greift diese Geste nun in *Der Widerspenstigen Zähmung* auf. Petruchio zieht Katharina triumphierend mit sich, nachdem sie der Hochzeit zugestimmt hat. Mit derselben Geste zieht er sie auch nach der Hochzeit aus ihrem bisherigen freudlosen Dasein in ihr neues, gemeinsames Leben. Es ist der Beginn der Wandlung Katharinas und auch der Beginn eines glücklicheren Lebens, das allen Beteiligten wie ein Wunder erscheint, denn bis zu diesem Augenblick hatte niemand – nicht einmal sie selbst – eine andere Seite an Katharina erlebt als ihre widerspenstige.

Damit zeigen John Cranko und auch weitere Choreografen des 20. Jahrhunderts, dass sie keine Rückkehr zur reinen Pantomime wollen, weil dieses Erzählen nur äußerlich ist, sondern sie wollen dem Zuschauer durch Gesten das Innere der Figuren zeigen, ihren Seelenzustand, ihre Zweifel, Qualen oder Freuden. Und so widmen sie jeder Pose, Haltung oder Hebefigur größte Aufmerksamkeit. Angefangen vom Blick bis zu den Fingerspitzen überlassen sie nichts dem Zufall. Dass sie dabei mitunter auf Gesten zurückgreifen, die aus der bildenden Kunst kommen, birgt ein neues schöpferisches Potenzial: So können sie ihre Figuren mit zusätzlichen Bedeutungsschichten unterlegen, was vermutlich bis heute den Reiz ihrer Ballette ausmacht.

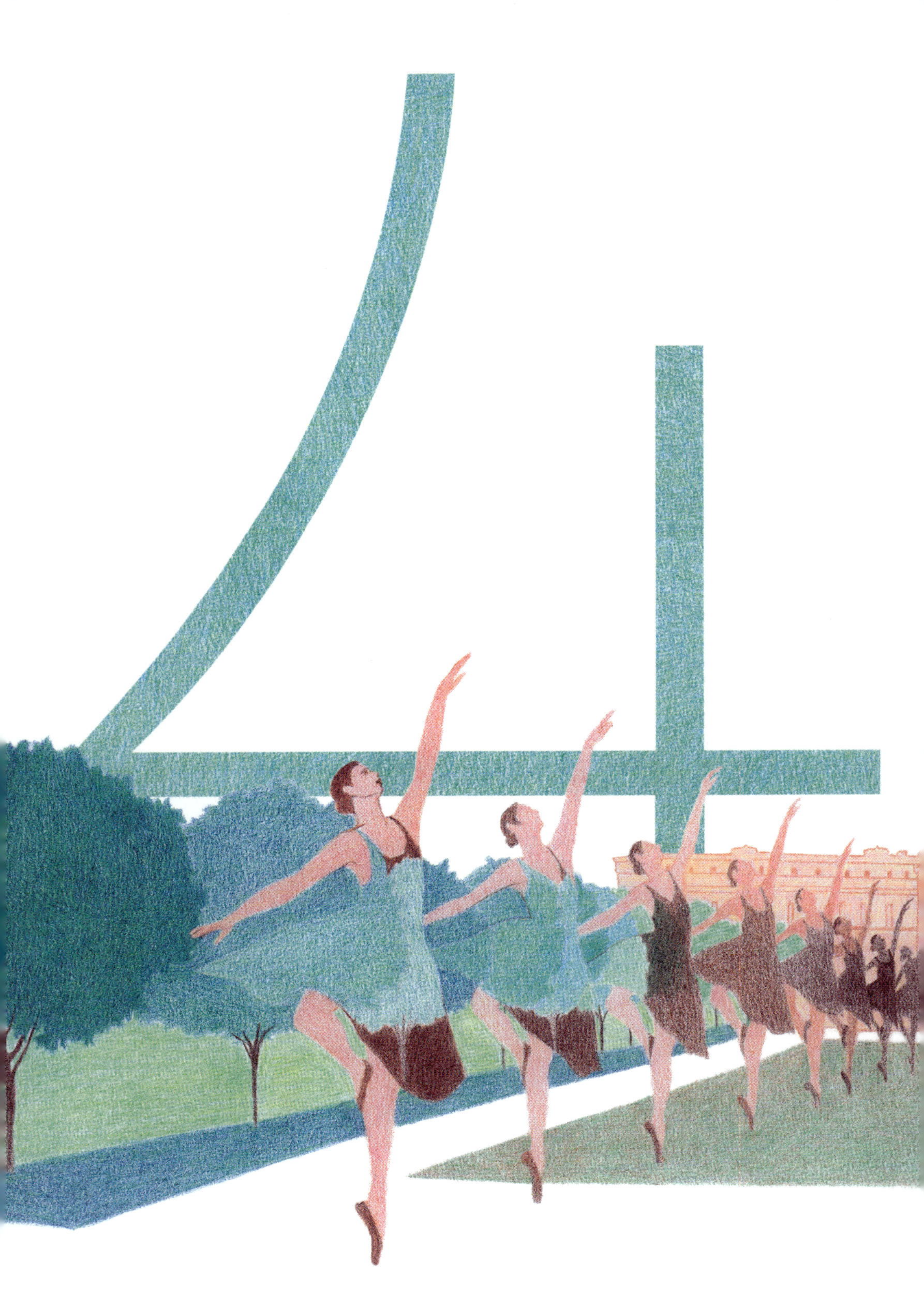

WAS HAT DAS BALLETT MIT GEOMETRIE ZU TUN?

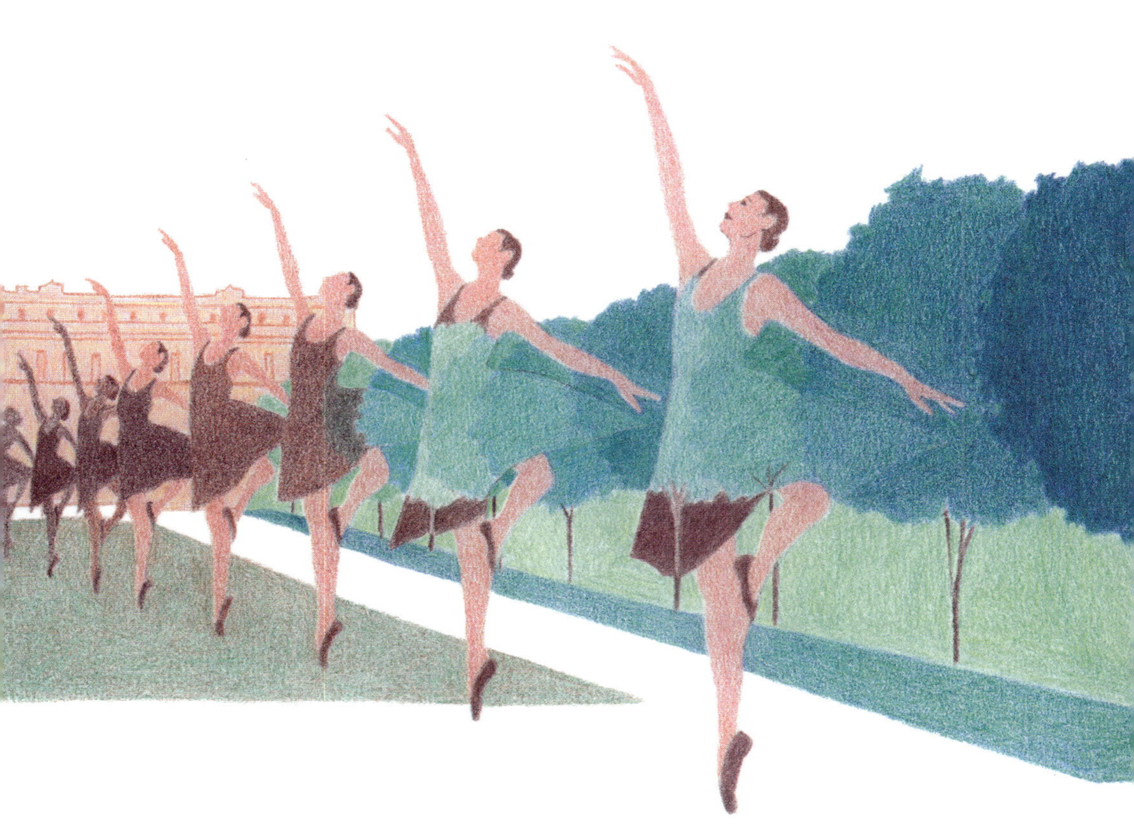

An einem Februartag des Jahres 1653 tanzt der französische König Louis XIV. im Louvre in Paris den Sonnengott Apoll im *Ballet royal de la nuit*. Die Handlung des Balletts erstreckt sich über zwölf Stunden und wird in Echtzeit aufgeführt. Die Göttin der Morgenröte Aurora erscheint mit ihren Begleitern, den zwölf Stunden, und der Sonnengott erhebt sich, um das Böse der Nacht zu verjagen.

Über zweihundert Jahre später wird ein klassisches Ballett zum Synonym für Ballett überhaupt – bis heute: *Schwanensee* (1895) von Marius Petipa und Lew Iwanow. Man kann tatsächlich behaupten: Dieses Ballett ist getanzte Geometrie und damit eine Huldigung an den Herrscher, mit dem die Ballettgeschichte beginnt.

König Louis XIV., der täglich mit Hingabe tanzt, gründet einige Jahre nach seinem Auftritt als Sonnengott 1661 in Paris die *Académie Royale de Danse* (königliche Tanzakademie). Sie legt die Schritt- und Bewegungsfolgen der Tänze genau fest, weshalb man seither vom akademischen Tanz bzw. vom Ballett spricht. Zur Vervollkommnung der Technik wiederholen die Tänzer täglich diese Schrittfolgen, die auf geometrischen Prinzipien basieren. Zuvor haben nur höfische Laien und Begeisterte getanzt, doch nun wird die Bühne zunehmend von Berufstänzern eingenommen, und die Bewegungen werden bald so kompliziert, dass Louis XIV. das Tanzen vor Publikum aufgeben muss.

1700 erscheint in Paris das Buch *Choreografie* von Raoul Auger Feuillet, das zum ersten Mal alle tänzerischen Elemente in eine schriftliche Form bringt, so dass sie wie ein Alphabet erlernbar werden. Das ist unter anderem die Geburtsstunde der fünf Grundpositionen der Füße, die bis heute jede Ballettschülerin und jeder Ballettschüler verinnerlichen muss.

Die Gepflogenheiten am Hof des sogenannten Sonnenkönigs spiegeln sich in der Struktur des Balletts in Versailles wider. Auch die Terminologie, die heute noch am Ballett der Pariser Oper gebraucht wird, geht auf diese Zeit zurück. Tänzer werden als *Coryphées* (führende Mitglieder des Corps de Ballet), *Sujets* und *Grand Sujets* (Solisten) sowie *Étoiles* (Erste Solisten) bezeichnet. Eine große Tradition des Corps de Ballet ist das *Grand Défilé* – eine hierarchisch angeordnete Aufreihung der gesamten Compagnie, vom jüngsten Schüler bis zu den Étoiles – diese Art Parade findet immer noch regelmäßig im Palais Garnier statt, der Spielstätte des Pariser Balletts.

Diese strenge geometrische Anordnung des Corps de Ballet, die man auch in *Schwanensee* sieht, zeigt die absolutistische Weltanschauung des Sonnenkönigs. Sein Herrschaftsprinzip des *l'état c'est moi (der Staat bin ich)* kommt auch darin zum Ausdruck, dass er ständig von seinem gesamten Hofstaat umgeben sein will. Als Vierjähriger ist er Zeuge des Aufstands der Adligen gegen die Monarchie gewesen. Dieses traumatische Ereignis führt dazu, dass er stets den gesamten Hofstaat im Blick *(à coup d'oeil)* haben will. So schauen ihm beispielsweise annähernd einhundert Menschen täglich beim Aufwachen oder Zubettgehen zu. Die Gunst des Königs und die Stellung am Hof lassen sich an der Nähe oder Entfernung ablesen, die man zum Herrscher einnehmen darf; das Leben in Versailles ist durch strenge Regeln und Etikette gekennzeichnet. So ist zum Beispiel auch vorgeschrieben, mit wie vielen Schritten man sich dem König nähert oder wie tief man sich zu verneigen hat.

Diese strenge Formalisierung hat sich auch auf den Tanz übertragen. In Petipas Choreografie von *Schwanensee* führt Prinz Siegfried die in einen Schwan verzauberte Odette an der Reihe der Schwäne entlang, die wie ein Hofstaat so aufgereiht stehen, dass sie in der Gesamtheit die leitmotivische Figur der *Arabesque* nachbilden (mit dem im 90-Grad-Winkel angehobenen Spielbein).

1682 verlegt Louis XIV. seinen Wohnsitz vom Pariser Louvre nach Versailles und lässt den Garten vom Gartenarchitekten André Le Nôtre anlegen. 36 000 Arbeiter schütten Terrassen auf, heben Kanäle und Seen aus, roden Wälder und legen Sümpfe trocken. Am Ende entsteht in Versailles ein Garten, der nicht nur durch geometrische Formen die absolutistische Weltanschauung zum Ausdruck bringt, sondern auch einige typische Merkmale für Barockgärten aufweist: So sorgen in Form geschnittene Büsche und Bäume bei entsprechendem Sonnenstand dafür, dass vielfältige Ornamente und Arabesken auf die Wege gezeichnet werden, die mit gegenüberliegenden Skulpturen einen Dialog führen. Zum anderen spielt Wasser eine große Rolle: Zahlreiche Brunnen, Fontänen, Wasserspiele, Seen, Wasserfälle oder kleine Kanäle betonen Bewegung und Lebendigkeit. In den Innenräumen wird das Wasser durch Spiegel ersetzt – der große Spiegelsaal wird zum Zentrum des Versailler Schlosses.

Zum neuen Lebensgefühl des Barocks gehört auch die Sehnsucht nach dem Unendlichen, die in Wegen zum Ausdruck kommt, die bis zum Horizont führten. Im Mittelalter und in der Renaissance sind die Gärten noch von hohen Mauern umschlossen gewesen. Man hatte Angst vor dem, was sich außerhalb der Gartenmauern befand, vor Dämonen, wilden Tieren oder feindlichen Menschen. Im Zeitalter des Barocks ändert sich das. Mit dem Aufstieg der Naturwissenschaften – insbesondere der Mathematik – wächst das Gefühl, Welt, Himmel und Zukunft seien berechenbar. Der Versailler Garten mit seinen geradlinigen und kreisförmigen Mustern verdeutlicht diesen Glauben an die Beherrschung der Natur durch die Wissenschaft. Die geometrischen Muster ermöglichen mit ihren geraden Linien lange Sichtachsen, den *coup d'oeil*, der dem Sonnenkönig so wichtig war.

All das hat Petipa in seiner Choreografie von *Schwanensee* aufgenommen. Die Anordnung des Corps de Ballet spielt in diesem Ballett eine zentrale Rolle. Die Gruppierung ist streng symmetrisch, und man sieht auch in den choreologischen Skizzen zum ersten Bild des ersten Aktes, dass das Corps de Ballet in strahlenförmig vom Zentrum ausgehenden Linien angeordnet ist, während im zweiten Bild das geometrische Muster der Beete Versailles nachgebildet ist.

Dass das klassische Ballett auch auf der Vorstellung gründet, dass Geometrie nicht nur Symmetrie, sondern auch Harmonie ist, wird in *Schwanensee* deutlich und zeigt sich immer wieder in der Figur der *Arabesque*, die auch die *weißen Akte* dominiert. *Weiße Akte* (*ballets blancs*) nennt man ein Ballett oder einen Akt des Balletts im klassisch-akademischen Stil mit reduzierter Handlung und viel kunstfertigem Tanz. Die Tänzerinnen tragen lange weiße Kleider oder Tutus wie z.B. in *Giselle*, *Schwanensee* oder *Les Sylphides*.

Über seine choreografische Arbeit sagt Petipa: »Die Choreografie basiert – ähnlich der Architektur – auf der Schönheit und Harmonie der Linien, und eben das gibt es in den heutigen Balletten nicht.«[6] Der berühmte Tanz der *Vier kleinen Schwäne* im zweiten Akt kann seine Wirkung nur durch diese absolute Exaktheit und Präzision der Schritte und Kopfhaltungen entfalten. Das gleichmäßige Nicken der vier kleinen Schwäne im Takt hätte auch dem Sonnenkönig gefallen. Und es erinnert an ein mechanisch laufendes Uhrwerk: 1656 erfindet Christiaan Huygens die erste Pendeluhr, nur drei Jahre nach dem Auftritt des Sonnenkönigs auf der Ballettbühne.

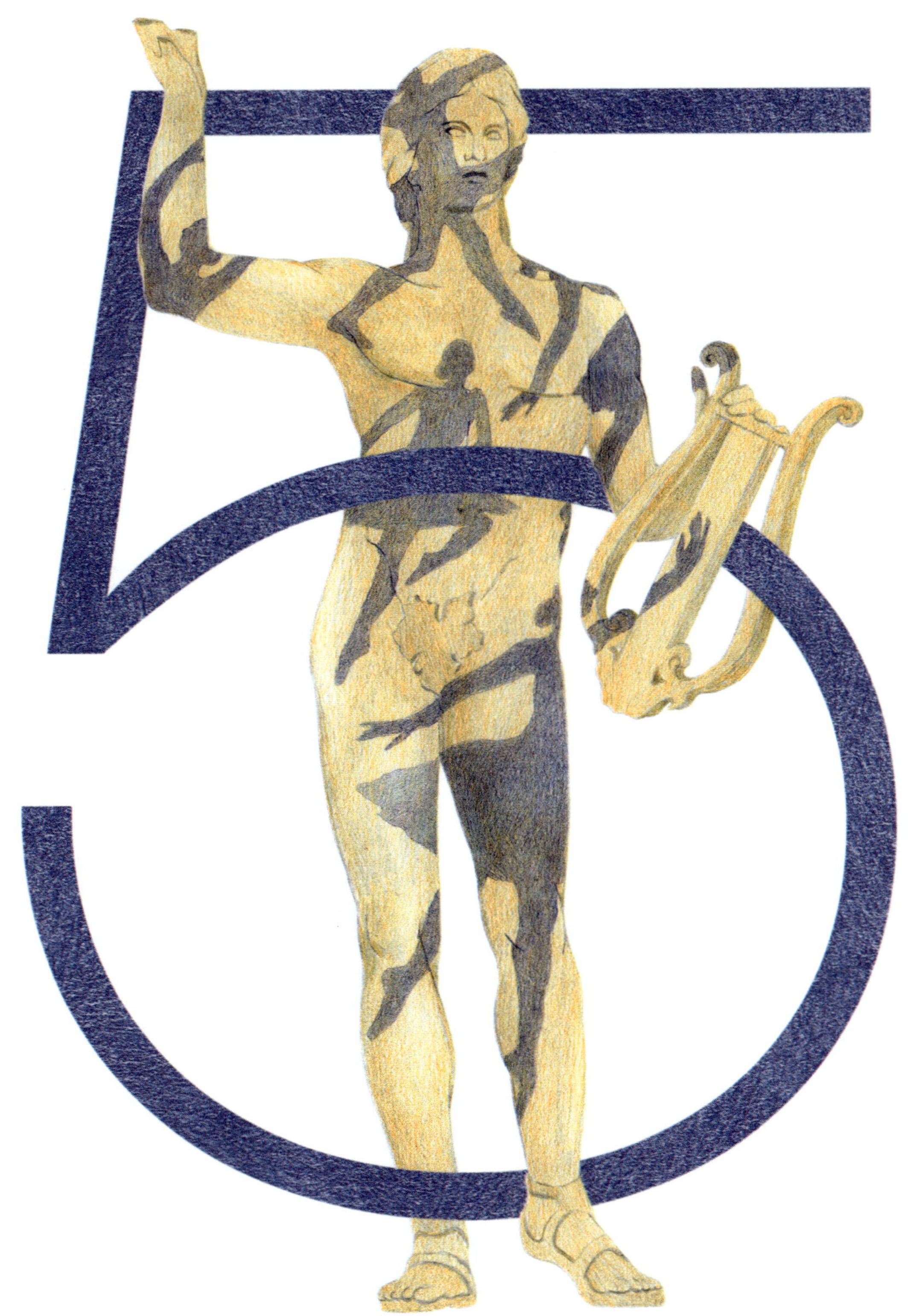

WIE HAT DIE ANTIKE MYTHOLOGIE DAS KLASSISCHE BALLETT BEEINFLUSST?

Das klassische Ballett, das im Barock durch Regeln kodifiziert wird, entdeckt genau wie Malerei, Architektur oder Literatur jener Zeit die antike Mythologie für sich. Doch die antiken Geschichten werden nicht einfach wiederholt, sondern man erkennt, dass sich das gegenwärtige Lebensgefühl mit den bekannten Geschichten aus Homers *Odyssee*, Ovids *Metamorphosen* oder Vergils *Aenesis* noch viel besser ausdrücken lässt. So treten nicht nur die antiken Götter oder Helden selbst wieder auf, sondern es scheint noch viel reizvoller, auf antike Geschichte anzuspielen und damit die Handlung zu bereichern.

Der französische König Louis XIV. demonstriert in Versailles seine Macht visuell nicht nur mit nach geometrischen Prinzipien gestalteten Parkanlagen, sondern auch durch Bezüge zur griechischen Mythologie. Überall in Versailles finden sich Skulpturen, Brunnen oder Grotten, die einen Bezug zum Sonnengott Apoll haben. Louis tanzt nicht nur den »Sonnengott« im *Ballet royal de la nuit*, er identifiziert sich mit ihm, er wird zum »Sonnenkönig«. Apoll ist in der griechischen Mythologie der Gott der schönen Künste (der Musik und der Dichtung), der von den neun Musen und Nymphen begleitet wird, er ist aber auch der Gott des Lichts, der Wahrsagekunst und des Schönen. Zugleich tritt er als strafender Vollstrecker der Gerechtigkeit auf.

Apoll ist somit ein ambivalenter Gott, der einerseits mit dem Tod in Verbindung gebracht wird, andererseits für dessen Überwindung durch Kunst und Harmonie steht. Sein Begleittier ist der Schwan, mit dem ebenfalls Tod und Harmonie assoziiert werden, Schwäne werden als Seelenvögel der Verstorbenen verehrt. Im Motiv des Schwans im Ballett vereinen sich also Leben und Tod, Trauerklage und Weissagung, er ist

Musen- und Seelenvogel. Im Ballett *Schwanensee* ist diese Ambivalenz in den beiden Schwanenprinzessinnen Odette/Odile eindrücklich verkörpert. In dieser Doppelrolle des weißen und des schwarzen Schwans, Odette/Odile, zeigt sich die Gleichzeitigkeit von Licht und Schatten, die auch in Versailles gegenwärtig ist. Tänzerisch ist die Rolle für die Ballerina eine große Herausforderung, da in der Regel beide Figuren von ein und derselben Tänzerin getanzt werden.

In *Schwanensee* tritt Prinz Siegfried mit einem Bogen auf, als er mit seinen Freunden während der Jagd an den See kommt, an dem sich der Schwan in Odette verwandelt. Mythologisch gelesen, begegnet Siegfried der Kunst in Gestalt des »doppelgesichtigen« Apolls. Eine Lesart, die sich in John Neumeiers Interpretation von *Schwanensee* wiederfindet, die das Schicksal Siegfrieds mit dem des kunstliebenden Bayernkönigs Ludwig II., dem Erbauer Neuschwansteins, verknüpft. Vor diesem Hintergrund der Doppeldeutigkeit Apolls ist auch nachvollziehbar, dass Siegfried Odile mit Odette »verwechselt«.

Die Grotte Apolls, in der der Gott von Nymphen umsorgt wird, liegt in Versailles an einem See. Auch Siegfried in *Schwanensee* entdeckt an einem See zum ersten Mal Odette und wird Zeuge, wie das Wasser die Fähigkeit hat, zu verwandeln. Und an einem See finden beide – in der tragischen Fassung – schließlich den Tod.

In der Nähe der Grotte Apolls ist in Versailles übrigens der *Latona-Brunnen* (*Bassin de Latone*) zu bewundern, einer der schönsten der insgesamt 55 Springbrunnen der riesigen Anlage. Der Brunnen erzählt die Geschichte von Leto (römisch: Latona), der Mutter von Apoll, die ihre Kinder vor bösen Bauern mithilfe der Götter schützen will. Die Götter erhören sie und verwandeln die Bauern in Frösche: Den Brunnen zieren 24 Frösche, aus deren Mäulern Wasser sprudelt. Der chinesische Nationalzirkus nimmt 2018 dieses Motiv auf und lässt zur Musik von *Schwanensee* den Tanz der *Vier kleinen Schwäne* von vier kleinen Fröschen tanzen.

Das Begleittier des Sonnengotts Apoll ist der Schwan. Im Ballett vereinen sich im Motiv des Schwans Leben und Tod, Trauerklage und Weissagung, er ist Musen- und Seelenvogel.

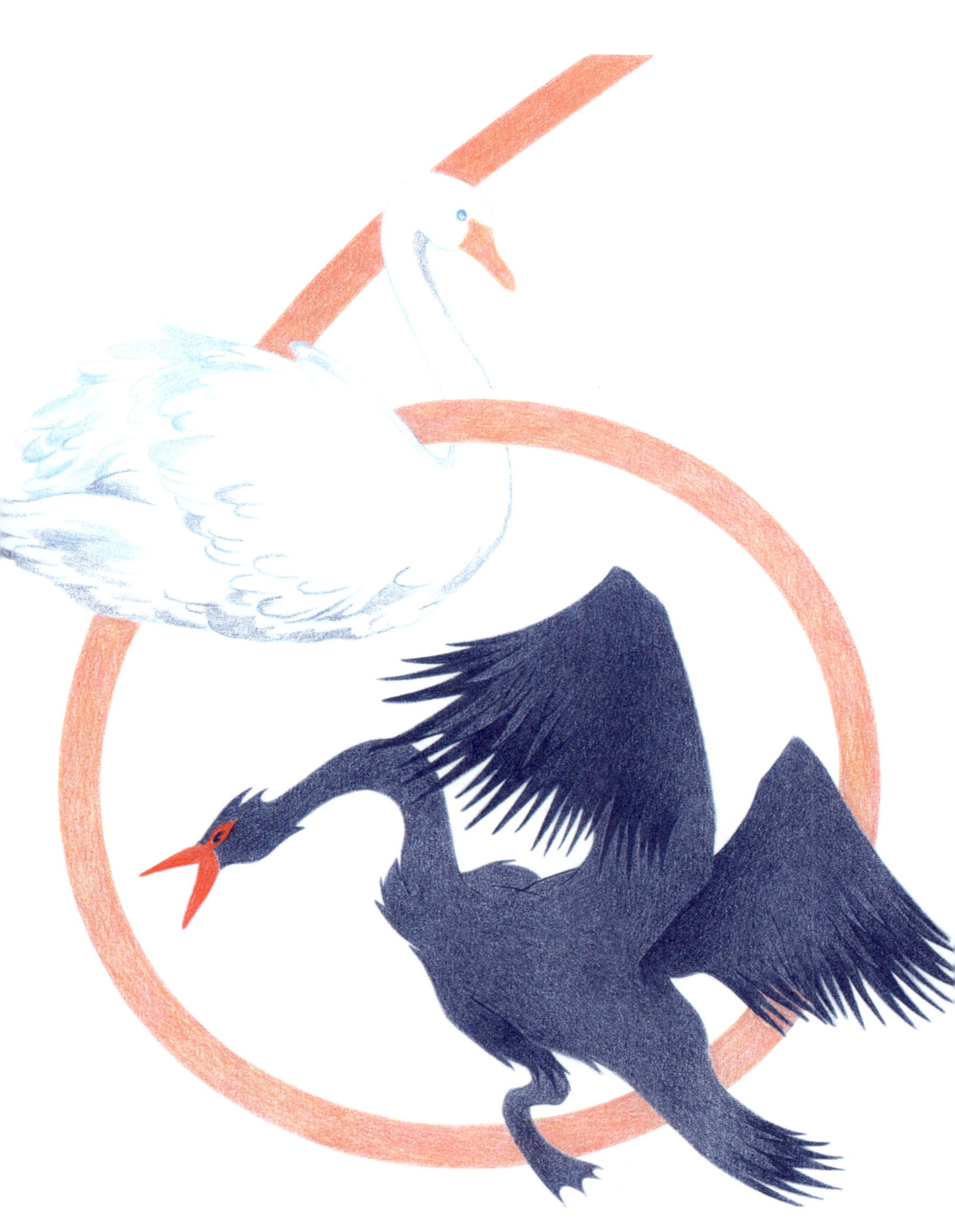

WIE POLITISCH IST DAS KLASSISCHE BALLETT?

Auf die Frage, ob der klassisch-akademische Bühnentanz heute überhaupt noch eine Existenzberechtigung habe angesichts der Tatsache, dass doch der zeitgenössische Tanz am häufigsten Politik und das aktuelle Zeitgeschehen auf die Bühne bringe, antwortet der Schweizer Choreograf Martin Schläpfer: »Er wird nicht aussterben, weil er ein europäisches Kulturphänomen ist. [...] Ich glaube, dass viele Leute das Gefühl haben, der zeitgenössische Tanz sei politischer und näher an der Gesellschaft, weil die Tänzer darin viel mehr sie selber sein können.«[7] Aber ist dem so? Schläpfer, der selbst alle großen klassischen Ballette wie *Dornröschen*, *Nussknacker* oder *Schwanensee* getanzt hat, hinterfragt damit gewiss nicht die Legitimation des klassischen Balletts, doch seine Aussage zeigt, wie viel Aufklärungsarbeit hinsichtlich der klassischen Ballette noch zu leisten ist und wie viele kulturgeschichtliche Lücken vor allem auf Seiten des Publikums zu schließen sind.

Um beim *Schwanensee* zu bleiben: Petipas Ballette sind keineswegs »unpolitisch« oder harmlos, weder nur »poetisch« noch »inhaltlich nicht überzeugend«[8]. Sowohl der Inhalt des Balletts als auch dessen Rezeption war und ist zum Teil auch politisch motiviert, was kaum reflektiert wird.

Das ist besonders interessant, wenn man sich beispielsweise die Ballettgeschichte der DDR anschaut. Nach dem Zweiten Weltkrieg sind in der neugegründeten DDR nur drei Ballettgenres politisch akzeptiert: russische Klassiker, sowjetische Ballette und neue DDR-Schöpfungen. Der sogenannte deutsche Ausdruckstanz hingegen ist verpönt. Ausgeklammert werden muss hier die in Dresden lebende und arbeitende Ausdruckstänzerin Gret Palucca, deren persönliche und tänzerische Geschichte eine andere, nicht minder komplizierte ist.

Tanzkunst, Tanzausbildung und Tanzkritik haben sich in der DDR an der Ballettentwicklung und Ausbildung in der Sowjetunion zu orientieren. Die sogenannte

Waganowa-Methode ist verbindlich, übrigens auch in Westdeutschland und anderen Ländern. Diese Unterrichts-Methode, die die russische Tänzerin Agrippina Waganowa 1948 in ihrem berühmt gewordenen Buch *Die Grundlagen des klassischen Tanzes* beschreibt, legt zum Beispiel sehr viel Wert auf die Armhaltung (das sogenannte *Port de bras*). In der DDR wird ausschließlich diese Methode befolgt, in Italien hingegen zum Beispiel sind einige Schrittvarianten erlaubt und in den USA entwickelt der georgisch-amerikanische Choreograf George Balanchine am New York City Ballet einen ganz eigenen Tanzstil, der sich von Waganowas Ästhetik stark unterscheidet. Statt der gerundeten Arm- und Fingerhaltungen zieht Balanchine die Bewegungen weit auseinander und in die Länge.

Das Ballett ist in der Sowjetunion und in der DDR der sozialistischen Ideologie unterworfen. Bewegungen werden immer auch als »Vorwärtsbewegungen« verstanden, im Sinne des Aufbaus des neuen Staates und der Abgrenzung vom kapitalistischen Westen. Zu den DDR-Ballettneuschöpfungen gehört unter anderem das 1953 an der Deutschen Staatsoper Berlin uraufgeführte Ballett *Das Recht des Herrn* (Libretto: Albert Burkat, Musik: Viktor Bruns), das als »sehr gelungener Versuch eines realistischen Balletts in der Deutschen Demokratischen Republik«[9] gefeiert wird. Wie sehr der Tanz vom System instrumentalisiert wird, offenbart auch die Handlung: In *Das Recht des Herrn* lyncht eine aufgebrachte Dorfgemeinschaft am Ende ihren Gutsherrn. Dreieinhalb Wochen vor der Uraufführung schlagen sowjetische Panzer den Aufstand des 17. Juni in der DDR blutig nieder. Es folgt eine große Verhaftungswelle der sogenannten »Provokateure«, die DDR-Regierung baut ihren Überwachungs- und Unterdrückungsstaat weiter aus. Das Ballett kommt der DDR-Regierung sehr gelegen, zeigt es doch mit der Tötung des Gutsbesitzers, dass in der neuen sozialistischen Zeit auch gewaltsame Maßnahmen legitim sind.

Das Ballett wird von Daisy Spies choreografiert. Sie ist eine Schülerin Rudolf von Labans, der den deutschen Ausdruckstanz in den 1920er Jahren entwickelt hat. 1926 tanzt sie im *Triadischen Ballett*, einem experimentellen Ballett des Bauhausmalers Oskar Schlemmer und des Stuttgarter Tänzerpaars Elsa Hötzel und Albert Burger (1922). Bekannt wird es vor allem wegen der ungewöhnlichen Kostüme. Erst nach ihrer Laban-Ausbildung hat Spies bei Viktor Gvosky den klassischen russischen Tanz kennengelernt.

Die klassischen russischen Ballette werden in der DDR – genau wie in der Sowjetunion – ausschließlich als zuckersüße Märchenballette inszeniert, mit denen man problemlos auch auf Tournee gehen kann. Das ist durchaus im Interesse des Regimes, das seine »besten Produkte« – als solche sieht man seine Künstler – im feindlichen Ausland nur zu gern zeigen will, obwohl gerade bei Auslandstourneen die ständige Gefahr der Republikflucht mitreist. Neben den Valuta will man auch die Bestätigung, dass das sozialistische Ausbildungssystem das beste und erfolgreichste sei.

Doch sehr bald merkt man, dass die realistischen neuen DDR-Ballette im Westen nicht gut ankommen. Die Häuser bleiben leer. So setzt man noch stärker auf die bewährten russischen Klassiker. Der umgekehrte Weg für West-Choreografen, in der DDR zu inszenieren oder dort mit ihren Compagnien aufzutreten, ist ungleich schwieriger. 1967 gelingt dem Stuttgarter Choreografen John Cranko aber ein Gastspiel mit seiner Truppe an der Komischen Oper in Berlin und eine künstlerische Begegnung mit dem dortigen Chefchoreografen Tom Schilling. Zwei Jahre später (1969) kann Cranko an der Komischen Oper *Jeu de Cartes* (*Das Kartenspiel*) einstudieren, ein eigentlich unbeschwertes Ballett des Komponisten Strawinsky. Die Regimekritik, die Cranko

> Petipa choreografiert Mitte des 19. Jahrhunderts keinesfalls nur süßen Kitsch. Er ist kein naiver Zeitgenosse und nimmt die Unruhen und Missstände im Zarenreich sehr genau wahr.

in seiner Inszenierung deutlich zum Ausdruck bringt, entgeht jedoch der DDR-Zensur: Cranko parodiert Petipa, der in jener Zeit auf den DDR-Bühnen nicht aufgeführt wird, weil seine Ballette als zu »bourgeois« gelten. Zusätzlich erklingt zum Mischen der Karten am Beginn der Pokerpartie deutlich Marschmusik, was an die allgegenwärtigen Aufmärsche im Sozialismus erinnert.

Erst 1987, zur 750-Jahr-Feier Berlins, werden weitere Starchoreografen aus Westdeutschland eingeladen: Pina Bausch, die das Tanztheater in Wuppertal aufgebaut hat, John Neumeier und Maurice Béjart.[10] Und immerhin tanzt man nun, kurz vor dem Fall der Mauer, Werke von George Balanchine und übernimmt damit den amerikanischen neoklassischen Stil, den die russische Choreografin Bronislawa Nijinska und später George Balanchine in New York als Reaktion auf den modernen Ausdruckstanz in den 1940er Jahren eingeführt haben. Selbstbewusst erinnert sich Balanchine, der als junger Tänzer am Mariinsky-Theater in Sankt Petersburg ausgebildet worden ist, in seinen Memoiren an seine erste Russlandtournee, dass eigentlich er es gewesen sei, der das »wahre russische« Ballett wieder nach Russland zurückgebracht habe.[11]

Dabei hat Petipa Mitte des 19. Jahrhunderts keinesfalls süßen Kitsch choreografiert. Aufgrund der engen und wohlwollenden Beziehung, die das Zarenhaus zum Ballett pflegt, kann er seine politischen Aussagen nur vorsichtig und subtil formulieren, doch diese werden zunächst absichtlich verschwiegen und gehen dann durch die jahrzehntelange sozialistische Aufführungspraxis oder später auch durch Desinteresse oder Nichtwissen verloren.

Petipa ist kein naiver Zeitgenosse und nimmt die Unruhen und Missstände im Zarenreich sehr genau wahr. Als er 1895 *Schwanensee* choreografiert, hat der letzte russische Zar Nikolaj II. die Regentschaft übernommen, der 1917 im Zuge der Oktoberrevolution mit seiner Familie erschossen wird. Der Niedergang der Monarchie in Russland zeichnet sich bereits im ausgehenden 19. Jahrhundert ab, es gibt zahlreiche Attentate und Aufstände im Reich gegen die Zarenfamilie. Petipas *Schwanensee* kritisiert nicht die Aristokratie, sondern warnt mittels der in jeder Szene überdeutlichen Anspielung auf die Geometrie, die Harmonie und Ordnung ausdrückt, vor dem Chaos, das sich schon bald auf den Straßen abspielen würde.

Die politische Brisanz von *Schwanensee* wird erst der österreichische Choreograf Johann Kresnik wieder kenntlich machen, der in jungen Jahren unter Balanchine getanzt hat. Er kreiert 1971 *Schwanensee AG* und nennt es ein »Choreographisches Theater«. Er vermeidet jede Assoziation mit dem klassisch-akademischen Ballett, das er strikt ablehnt. Kresnik will mit seinen politischen, unbequemen und oft schockierenden Stücken provozieren, die bestehenden Verhältnisse kritisieren. In seiner Choreografie widmet sich der Prinz seinem Kriegsspielzeug, die Schwäne sind Fabrikarbeiterinnen, die in einer »Schwanen AG« organisiert sind und alles andere als anmutig erscheinen, während auf einer Leinwand die russisch-jüdische Primaballerina des Bolschoi-Theaters Maja Plissetskaja, deren Vater von Stalin hingerichtet worden war, den »sterbenden Schwan« tanzt.

Noch einmal ein anderer Blick auf den zeitgenössischen Tanz, der laut Martin Schläpfer für viele Zuschauer »politischer« sei. Als der deutsche Ausdruckstänzer Rudolf von Laban um 1900 mit seinen Bewegungsstudien beginnt und auf dem Monte Veritá seine Sommerkurse hält, trifft er auf eine Stimmung, die eine Erneuerung des Tanzes anstrebt. Der deutsche Ausdruckstanz greift neue pädagogische Konzepte auf, auch ein neues Verständnis von Musik. Doch seine Schülerin Mary Wigman wird später ihre Sympathien für die nationalsozialistische Ästhetik nie verbergen, wie Elisabeth Nehring aufdeckt: »Die Fackelaufzüge, Aufmärsche und Paraden erscheinen ihr als ›eine einzige große Choreografie‹, in der sich ein ›kultisch-feierliches Lebensgefühl‹ zeige. In ihrem Buch *Die deutsche Tanzkunst* erklärt sie 1935, der Ausdruckstanz sei von ›deutschem Wesen‹ und ihre Choreografien dazu gedacht, eine deutsch-völkische Gemeinschaft zu stiften.«[12]

Der neue Körperkult der Nazis, die Choreografie der Massen, die Joseph Goebbels perfekt beherrscht, faszinieren Laban und Wigman. 1933 übernimmt Laban die Leitung der Deutschen Staatsoper und der Deutschen Tanzbühne und wird zum künstlerischen und theoretischen Chefideologen des NS-Regimes in Sachen Tanz. Doch dann fällt er bei den Nationalsozialisten in Ungnade, wird zum Staatsfeind erklärt und muss schnellstmöglich nach England emigrieren – wohin sich sein Schüler Kurt Jooss schon 1933 abgesetzt hat,[13] weil der die Entlassung seiner jüdischen Tänzer nicht akzeptieren will. Diese Verstrickung des deutschen Ausdrucktanzes mit der Politik des Naziregimes sowie die Rolle der Tänzer im Exil werden erst allmählich aufgearbeitet.

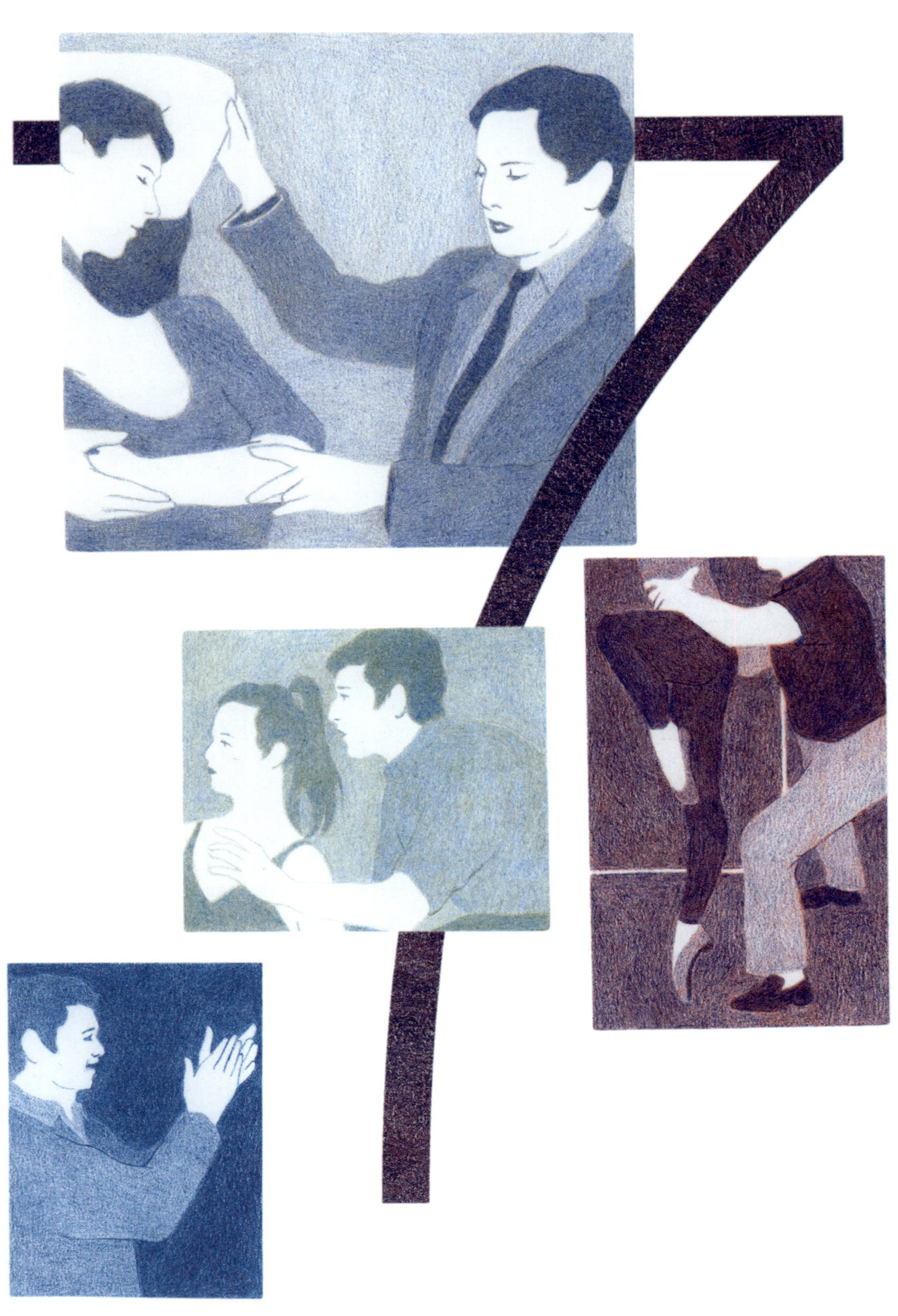

WAS MACHT EIN CHOREOGRAF?

Ein Choreograf oder eine Choreografin sind die konzeptionellen Erfinder einer Choreografie, sie wählen das Thema eines Stückes und suchen die Musik aus. Gemeinsam mit den Tänzerinnen und Tänzern entwickeln sie im Studio, auf der Probebühne oder im Ballettsaal die Schrittfolgen einer Choreografie und fügen diese dramaturgisch zueinander. Viele Choreografen sind Autodidakten und kommen sogar nur auf Umwegen zum Tanz. Diejenigen, die zuvor Tänzer waren, stehen plötzlich vor dem Problem eines Perspektivwechsels. War ihr Fokus zuvor auf ihren eigenen Körper gerichtet, müssen sie nun ihren Blick nach außen wenden, sich in einen Stoff, in andere Tänzer und die Musik vertiefen, um eigene Visionen zu entwickeln. Genau wie bei einem Theaterstück der Regisseur die entscheidende Interpretationsinstanz ist oder es bei einer Sinfonie einen großen Unterschied macht, ob man Beethovens Neunte von Herbert von Karajan, Claudio Abbado oder Simon Rattle hört, so ist es der Choreograf, der ein Ballett zum Leben erweckt. Bevor es die Videotechnik oder die Tanznotationen von Laban oder Benesh gegeben hat, können – wenn überhaupt – nur Skizzen der Choreografen Auskunft darüber geben, wie sie das Stück interpretiert haben. So bleibt als wichtigste Quelle der Überlieferung das Körpergedächtnis der Tänzer und der Ballettmeister.

Ein kurzer Blick beispielsweise auf die Ballettgeschichte des Shakespeare'schen *Sommernachtstraums* zeigt, wie wichtig der Choreograf ist. 1962 übersetzt George Balanchine die Komödie als erstes abendfüllendes Ballett mit dem New York City Ballet zur Musik von Felix Mendelssohn Bartholdy. 1964 choreografiert Frederic Ashton das Stück als Einakter unter dem Titel *The Dream* für das Royal Ballet, und John Neumeier entwickelt 1977 seine Fassung für das Hamburger Ballett. Während Ashton Mendelssohn Bartholdys Musik von John Lanchbery bearbeiten lässt, ergänzt Balanchine seine Choreografie mit verschiedenen anderen Werken Mendelssohn Bartholdys: Ouvertüren, Nocturne, einem Intermezzo und einem Auszug aus der Neunten Sinfonie. Im Unterschied zu Ashtons und Neumeiers Inszenierung lässt Balanchine der Geschichte des Elfen Oberon und seiner Frau Titania im ersten Akt mehr Raum und erzählt sie mit viel Tanz. Er konzentriert sich auf die verschiedenen Liebeswirren mit einer Reihe von Pas de deux, Umarmungen, Bitten und Enttäuschungen, wobei Oberon und Titania nicht zusammen tanzen, sondern von ihrer jeweiligen Gefolgschaft für ihre Soli sehr bewundert werden. Im zweiten Akt folgt Balanchine der Tradition Petipas und treibt weniger die Handlung voran, sondern zeigt stattdessen formale Tänze und Divertissements – eine choreografierte Abfolge von Soli, Pas de deux oder Gruppentänzen.

Ashton dagegen erzählt in knapp fünfzig Minuten die Geschichte der Liebesverwirrungen in einem in blau-grüne Farben getauchten Märchenwald, wobei er unter anderem die Rolle des Puck durch viele hohe Sprünge und Pirouetten ins Zentrum rückt. Den geltungssüchtigen Handwerker Zettel, der am liebsten alle Rollen selbst spielen würde und der schon bei Shakespeare eine Parodie auf das Spezialistentum der Handwerker ist, lässt Ashton als Esel verwandelt auf Spitze tanzen, was den Handwerkern, die ein Theaterstück aufführen wollen, eine ironische Facette gibt.

Neumeier wiederum nimmt die zwei Welten Shakespeares ernst und setzt sie nicht nur in den Kostümen um – die in schimmernde Catsuits gekleidete Feen sehen aus, als seien sie einem Science-Fiction-Film entstiegen –, sondern auch in der Musikauswahl. Die realistische Welt der vier Athener choreografiert er zu Mendelssohn Bartholdys Musik, die Elfenwelt hingegen zur neuen Musik von György Ligeti und die Handwerkerszenen zu Drehorgelmusik. Dabei erkennt man an den Bewegungen von Puck, dass er ein Luftgeist ist: Er zieht ein Knie an, dreht es auswärts, streckt das Bein in einer diagonalen Effacé-Pose langsam aus, verlagert seinen Schwerpunkt, grätscht über den Boden, schüttelt den Kopf, um seinen Schabernack abzuschütteln und windet sich akrobatisch am Boden, wobei die Füße nach oben zeigen. Und während bei Balanchine das Feenvolk zumeist von Kindern gespielt wird, ist es bei Neumeier das Corps de Ballet, das Titania wortwörtlich auf Händen trägt.

Liegt auch allen drei Inszenierungen derselbe Text zugrunde, so sind drei vollkommen verschiedene Ballette entstanden mit einem eigenen Bewegungsvokabular und einer unverwechselbaren Ästhetik, die die unterschiedliche künstlerische Konzeption der drei Choreografen widerspiegeln und damit wiederum das Ballett überhaupt erst erfahrbar machen für das Publikum.

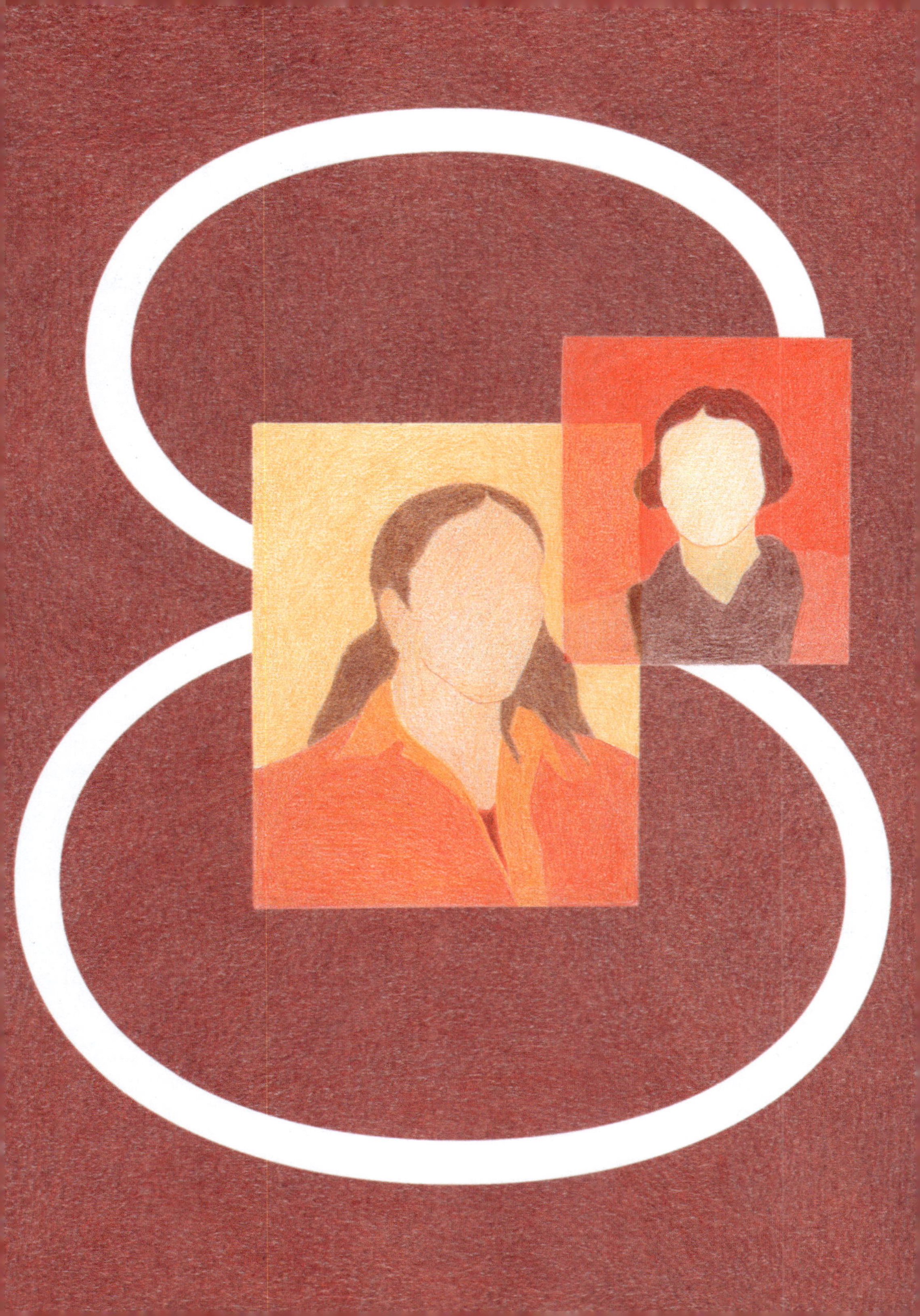

WO SIND EIGENTLICH DIE CHOREO-GRAFINNEN?

Die erste bekannte Choreografin der Geschichte ist Bronislawa Nijinska, die Schwester des berühmten Tänzers und Choreografen Vaclav Nijinsky. Obwohl auch schon Tänzerinnen davor choreografisch tätig gewesen sind, haben sich ihre Arbeiten meist nicht erhalten. Bekannt ist, dass zum Beispiel die romantische Tänzerin Marie Taglioni für ihre Kollegin Emma Livry *Le Papillon* choreografiert hat oder die dänische Tänzerin und Ballettmeisterin Lucile Grahn ebenfalls im 19. Jahrhundert Ballette in Szene setzte.

Dennoch ist es bemerkenswert, dass es bis heute immer noch sehr viel weniger berühmte Choreografinnen im klassischen Ballett gibt als im Tanztheater. Bronislawa Nijinska und fast einhundert Jahre später Marcia Haydée bilden hier eine Ausnahme. Beide sind, solange sie noch als Tänzerinnen arbeiten, die Musen ihrer Choreografen. So probiert Nijinsky an seiner Schwester wie an einem Modell seine neuen Bewegungen und Gesten aus, auch weil Bronislawa immer sofort versteht, was er von ihr will. Allerdings wird sie während der Proben zu *Sacre du printemps* 1913 in Paris schwanger und kehrt nach Russland zurück. Vor Nijinskys Zwangseinweisung in Ludwig Binswangers Sanatorium in Kreuzlingen 1919 auf Veranlassung der Ehefrau Nijinskys sehen sich die Geschwister nicht mehr wieder.

In Russland choreografiert Bronislawa 1914 zum ersten Mal: das Ballett *La Tabatière*. Als es nach dem Ersten Weltkrieg für sie wieder möglich ist, in den Westen zu reisen, schließt sie sich wie schon vor dem Krieg den Ballets Russes an und choreografiert ab 1921 mehrere Stücke für die Truppe, bis sie von den Choreografen George Balanchine und Léonide Massine verdrängt wird. Dazu zählen unter anderem *Les Noces* (1923), *Les Biches* (1924) und im selben Jahr auch *Le Train bleu*.

In den 1930er Jahren geht sie nach Amerika, eröffnet eine Ballettschule in Los Angeles und leitet ab 1967 schließlich das Buffalo Ballet Theater. 1935 bereichert sie

Max Reinhardts Hollywood-Verfilmung von *Ein Sommernachtstraum* um die von ihr entwickelte Elfen-Szene: Aus undurchsichtigen Nebelschwaden laufen zur Musik Mendelssohn Bartholdys die Elfen dicht gebückt hintereinander in einer großen Schlangenbewegung in den Himmel hinein.

Bronislawa Nijinska ist die eigentliche Begründerin des neoklassischen Balletts, das jedoch bis heute mit dem Namen George Balanchine und dem New York City Ballet verbunden ist. Die Hinwendung zu diesem Ballettstil, der erst später diese Bezeichnung erhält, zeichnet sich bei ihr schon mit der Choreografie zu *Les Biches* ab. Das Neoklassische sieht man in der Rückwendung zum romantischen Ballett, allerdings in abstrakterer Ästhetik – auch als Antwort auf den Ausdruckstanz, der das klassische Ballett immer mehr zu verdrängen droht. Das bedeutet, dass die Schrittfolgen des akademischen Tanzes zwar strikt beibehalten werden, dafür aber zum Beispiel das *Port de bras* der Arme freier gestaltet wird. In *Les Biches* kann man das schon besonders gut sehen. »Biches« bezeichnet im Französischen nicht nur »Hirschkühe«, sondern auch »junge Mädchen« (in der Mehrzahl) und ist eine Anspielung an das Bild von Antoine Watteau *Parc aux biches* und an den gleichnamigen Roman von Xavier de Montépin, der 1862 erscheint. Der Maler Watteau, der mit den *Fêtes galantes* eine neue Gattung geschaffen hat, übt mit seinen pastellfarbenen heiteren Bildern, auf denen sich prachtvoll gekleidete Menschen in einer Parklandschaft vergnügen, durchaus auch Gesellschaftskritik. Beides übernimmt Nijinska in ihre Choreografie: Mit ebenfalls zarten Pastelltönen überträgt sie das leere gesellschaftliche Luxusleben der 1920er Jahre aufs Ballett. *Les Biches* beginnt mit dem Auftritt der Dame des Hauses, die unablässig an einer langen Zigarettenspitze zieht und mit einer Hand mit ihren langen Perlenketten im Stil Coco Chanels spielt. Auf dem Kopf trägt sie eine Art Helm mit gelben Straußenfedern wie es bei den Kostümen des höfischen Balletts im 16. und 17. Jahrhundert üblich gewesen ist, um bei der Kerzenbeleuchtung die Hauptfiguren besser erkennbar zu machen. Die durchdachte choreografierte Beinarbeit drückt passend dazu aus, wie gelangweilt und nervös diese Dame durchs Leben stolziert. Dieses leere Um-Sich-Selbst-Kreisen zeigt Nijinska mit winzigen Sprüngen auf der Stelle in der 5. Position im *Changement*, gefolgt von sinnlosen kleinen Laufschritten. Es gibt kein *Port de bras*, sondern nur ein hektisches Hin- und Herlaufen und das nervöse Spiel mit dem Schmuck. Die vielen Wiederholungen dieser Bewegungsabfolge kehren bei den anderen jungen Frauen im Stück später wieder.

Ähnlich wie ihr Bruder 1913 bereits in *Jeux* Tanz und Sport verbunden und ein eher erschreckend kaltes Bild der Moderne vorgeführt hat, reizen auch Nijinska – noch deutlicher in *Le Train Bleu* – die Bewegungen des Tanzes im Zusammenspiel mit verschiedenen Sportarten (Tennis, Golf, Schwimmen). Das Ballett *Le Train Bleu* ist Teil des Rahmenprogramms der Olympischen Spiele 1924 in Paris, Coco Chanel entwirft dafür die Sportkostüme, Jean Cocteau schreibt das Libretto, Darius Milhaud komponiert die Musik.

Nijinskas Choreografie ist ungleich heiterer als die ihres Bruders. Interessant und neu sind ihre Bewegungsmuster für die Frauen, weshalb die Londoner Kritikerin Edith Shackleton zufrieden schreibt, der Feminismus habe nun auch aufs Ballett abgefärbt.[14] In Erinnerung an *Jeux* lässt Nijinska die Schwimmer zwar immer wieder die gleichen Handbewegungen ausführen, doch was bei ihrem Bruder noch wie ein Krampf der Hände ausgesehen hat, wirkt bei ihr nun ganz natürlich: Die Sportler wollen das Muskelspiel ihrer Arme zeigen!

Auch Marcia Haydée ist zunächst die Muse eines Choreografen – nämlich von John

Nijinskas Choreografie von 1924 ist ungleich heiterer als die ihres Bruders. Interessant und neu sind ihre Bewegungsmuster für die Tänzerinnen, weshalb die Londoner Kritikerin Edith Shackleton zufrieden schreibt, der Feminismus habe nun auch aufs Ballett abgefärbt.

Cranko. Erst nach seinem Tod tritt sie 1987 zum ersten Mal selbst als Choreografin an die Öffentlichkeit: mit einer Neuinterpretation *Dornröschens*. Doch das Spannende an ihrer Inszenierung ist nicht, dass sie eine neuartige Deutung der bösen Fee Carabosse liefert, sondern dass sie Petipa genau gelesen hat und ernst nimmt. So gibt es in Petipas Nachlass Zeichnungen, die dokumentieren, dass er Blumengirlanden und auch Blumenkörbe vorgesehen hat. Haydée setzt das im ersten Akt um, der zum wahren Rosenfest wird – im doppelten Wortsinn: Auch wegen der pastellfarbenen Kostüme des Ausstatters Jürgen Rose glaubt man als Zuschauer in einem Rosenbeet zu stehen, besonders beim ersten Auftritt des Prinzen. Im ersten Akt kleidet Jürgen Rose die Tänzer in Rokokokostüme vor einer Bühnenausstattung in sanftem Blau. Im zweiten Akt tritt das Corps de Ballet als Jagdgesellschaft in Kleidern auf, wie sie um 1890 in Mode waren. Das beliebte Reiten bei den Damen der Gesellschaft hat damals die Röcke kürzer werden lassen, der Sonnenschirm bzw. die Reitgerte ersetzt den Fächer, die Silhouette ähnelt dem zu dieser Zeit getragenen Sans-Ventre-Korsett (*sans ventre*: *ohne Bauch*). In dieser Atmosphäre träumt der Prinz zum ersten Mal von Dornröschen, und hier sind Haydées Anspielungen an die Aufstellung des Corps de Ballet aus *Schwanensee* bis hin zu Auroras gekreuzten Handgelenken unübersehbar. Zwischen den in nun hauchzarte Jugendstilgewänder gehüllten Damen des Corps de Ballets sucht der Prinz nach Dornröschen und ist ganz verzaubert von ihr.

Auch bei der Interpretation Carabosses, die sie als »Ausgestoßene« und »Vernachlässigte« zeigt, zitiert Haydée die Ballett-tradition. Es ist eine Anspielung an die Hexe Madge in dem Ballett *La Sylphide*. Haydées Inszenierung vermittelt genau wie in *La Sylphide*, dass das Liebesglück ständig von einer Macht bedroht werden kann, auf die man keinen Einfluss hat und die man besser nicht reizen sollte. Carabosse wird vom Zeremonienmeister auf der Gästeliste vergessen und sprengt mit ihrem Zorn die königlichen Feierlichkeiten.

Haydées Choreografie verlangt besonders von den männlichen Tänzern durchweg eine gewaltige Sprungkraft. Dadurch bekommt ihre Inszenierung etwas sehr Virtuoses und Spannungsgeladenes. Atemberaubend sind aber vor allem ihre sehr weich choreografierten *Port de bras*, die von einem Spiel der Hände begleitet werden, das bis in die Fingerspitzen ausgefeilt ist und die Musik gleichsam zu dirigieren scheint. Jeder Arm, jedes Bein scheint im Orchester ein anderes Instrument in Gang zu setzen. Und so, wie die Instrumente im Orchester zusammen den Zauber von Tschaikowskys Musik hervorbringen, bringt das scheinbar mühelose Spiel der Arme, Beine, Hände und Finger den Zauber des Märchens auf die Bühne.

Haydée hat einmal in einem Interview gesagt, dass sie auch als Choreografin eigentlich immer Tänzerin geblieben sei. Und als Tänzerin sei sie nicht nur mit ihrem starken Ausdruck, sondern auch mit ihren unerschrockenen Bewegungen aufgefallen. Berühmt wird die Szene in *Der Widerspenstigen Zähmung*, in der Tanzpartner Richard Cragun ihr einfach den Fuß wegzieht und sie ungebremst auf den Bühnenboden stürzt.

Diesen Blick für die passenden Bewegungen, die genau auf den jeweiligen Tänzer zugeschnitten sind, charakterisieren auch ihre eigenen Choreografien. So mischt sie Elemente von John Cranko mit Maurice Béjart und begegnet der Tradition mit Innovation. Haydée choreografiert musikalisch. Wenn der Vorhang sich bei *Dornröschen* hebt, sieht man zunächst ganz kurz ein regloses Bild: Ein kurzes Einatmen haucht den Figuren Leben ein. Und es endet auch mit einem reglosen Bild – wie ein sanftes Ausatmen. Die Geschichte ist aus, das Buch wird zugeklappt.

Das Beispiel von Marcia Haydée zeigt, dass Choreografinnen dem klassischen Ballett – um im Bild zu bleiben – neuen Atem einhauchen können, dass sie es um andere Sichtweisen und Interpretationen bereichern. Dennoch sind Frauen in dieser künstlerischen Funktion immer noch sehr selten anzutreffen. Im Tanztheater und im Modern Dance mag das anders aussehen.

Interessanterweise sind aus der École mudra, einer Tanzschule, die Maurice Béjart 1970 in Brüssel gegründet hat und die eine entscheidende Rolle bei der Entstehung des zeitgenössischen Balletts spielt, einige Choreografinnen hervorgegangen wie Anne Teresa de Keersmaker, Michèle Noiret, Michèle Anne De Mey oder Maguy Marin. Möglicherweise bahnt sich auch hier allmählich ein ähnlicher Wechsel an wie in der Musik hin zu den Dirigentinnen. Aber der Weg scheint noch ein langer zu sein.

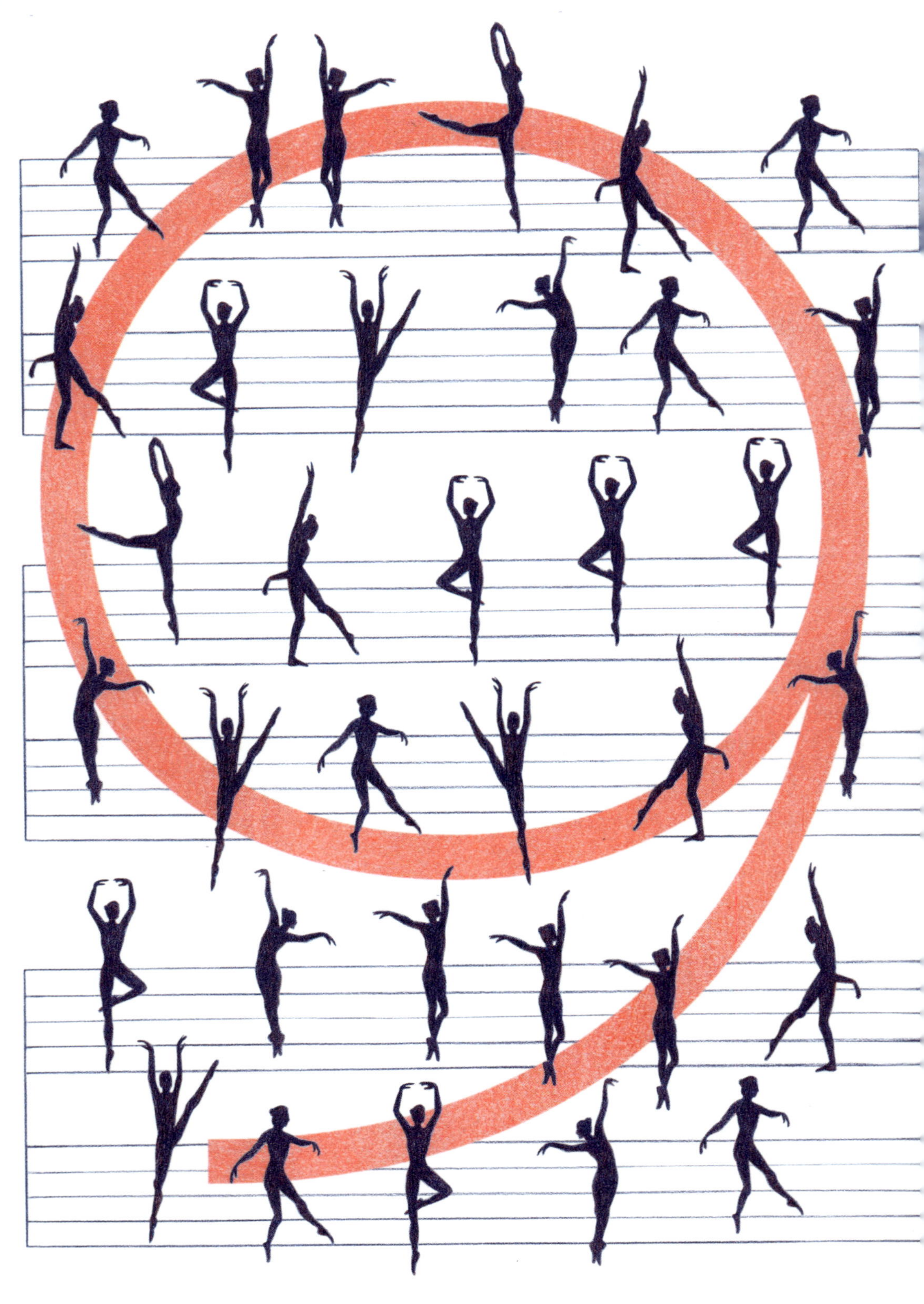

WIE KANN TANZ AUFGEZEICHNET WERDEN?

Tanz ist eine flüchtige Kunst. Das gilt für die Musik gleichermaßen. Dennoch ist ihr etwas gelungen, was der Tanz nie zustande gebracht hat: eine verbindliche Notation, die über die Jahrhunderte hinweg eine Choreografie bewahren und weitergeben könnte. Viele Choreografien sind daher verloren gegangen, einige wurden mithilfe des Körpergedächtnisses der Tänzer an die nachfolgende Generation weitergegeben. Kate Castle schreibt, »Tanzschrift ist nicht weniger als der Tanz selbst immer dem geschichtlichen Wandel unterworfen gewesen.« Es könne keine über die Jahrhunderte verbindliche Tanzschrift geben, denn mit einer solchen könne man nicht den veränderten künstlerischen Ausdruck abbilden. So bleibe sie »immer zeitbedingte Erscheinung«.[15]

Doch seit dem Spätmittelalter gibt es immer wieder Versuche, eine Tanzschrift zu entwickeln. Um 1470 erscheint das sogenannte *Tanzbüchlein der Margarete von Österreich* in Flandern. Es soll eine Gedächtnisstütze für die Tänzer bei der Ausführung der *Basses Danses*, der *Bodentänze*, sein. Doch erst der französische Priester Thoinot Arbeau, der 1589 das Buch *Orchésographie* über die Tanzkunst verfasst, gilt als Begründer der Bewegungsnotierung.

Heute sind vor allem die *Laban-Notation* von 1926 und die *Benesh-Notation* von 1956 feste Begriffe. Die *Benesh Movement Notation*, entwickelt vom Ehepaar Joan und Rudolf Benesh Ende der 1940er Jahre, versteht sich als ein auf alle Tanz- und Bewegungsarten übertragbares System, obwohl sie sich vor allem am klassischen Tanz orientiert. Sie wird noch heute gelehrt. Benesh überträgt das 5-Notenlinien-System der Musik auf die Darstellung des Körpers: Die oberste Linie entspricht dem Kopf (Scheitel), die zweite Linie bezeichnet die Schulterlinie, die dritte die Taille, die vierte die Knielinie und die fünfte die Bodenlinie, auf der die Füße platziert werden. Um nun einen Bewegungsablauf darzustellen, wird Körperstellung an Körperstellung gereiht und

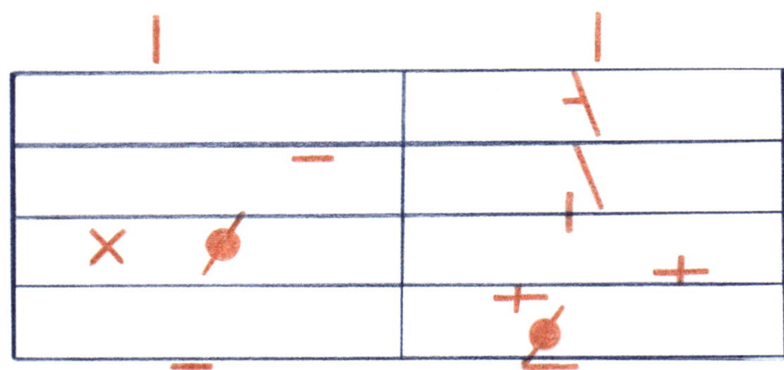

diese Positionen mit sogenannten Bewegungslinien verbunden. Alle seitlichen Bewegungen werden mit kleinen waagerechten Strichen angegeben. Vorwärts wird mit einem kleinen senkrechten Strich und rückwärts mit einem Punkt markiert. Wenn zum Beispiel das rechte Bein auf Schulterhöhe angehoben werden soll, verlangt das in der Notation einen waagerechten Strich auf der zweiten Linie. Diagonalen werden mit Schrägstrichen notiert.

Dass dieses Notationssystem die Tanzchoreologen, also die Aufzeichnenden, vor schwierige Aufgaben stellt, zeigt ein einfaches Beispiel: Um ein *Grand jeté*, also einen großen Sprung mit weit gespreizten Beinen, genau aufzuzeichnen, bedarf es eines ganzen Zeichenbündels.[16]

In Erinnerung an den großen Ballettreformer des 18. Jahrhunderts, Jean Georges Noverre, hat Fritz Höver 1958 die Noverre-Gesellschaft gegründet – mit dem Ziel, das Ballett dem Stuttgarter Publikum näherzubringen. Rainer Woihsyk, bis 2020 Vorsitzende dieser Gesellschaft, sieht den Beruf des Choreologen inzwischen als hochgefährdet an, weil die Tanzschrift sehr arbeitsintensiv sei und nur von Experten gelesen werden könne. Dennoch sei die Exaktheit der *Benesh Notation* bis ins Detail einfach wunderbar. »Wenn vier Reihen mit Tänzern dastehen, ist es auf DVD nicht mehr darstellbar. Da kann man nur noch die Phantasie walten lassen.«[17]

Der Tanzlehrer, Reformator und Schriftentwickler Rudolf von Laban geht hingegen von einem vertikalen System aus, das von unten nach oben gelesen wird und den Körper von hinten abbildet. In seiner Notation sind die Ursprünge des klassischen Balletts und seine Nähe zur Geometrie noch deutlich. Laban zufolge hat der »Körper eines normal biegsamen Menschen die Möglichkeit, alle Punkte einer fast kugelförmigen Umraumform mit seinen Extremitäten zu berühren. Alle Bewegungsformen sind auf diesen Umraum bezogen.«[18] Da sich bei einer Kugel jedoch keine Punkte finden, aufgrund derer sich bestimmte Richtungen fixieren ließen, wählt Laban als Umraumform den Ikosaeder als kugelähnlichsten, doch eckigen Körper mit 12 von ihm durchnummerierten Ecken.[19]

Inzwischen hat die Videokamera das mühevolle Aufzeichnen ergänzt bzw. ersetzt. Doch auch diese Methode ist umstritten. Heute gehen die Beurteilungen der Choreografen über die Möglichkeiten, Tanz aufzuzeichnen, sehr auseinander. Der Schweizer Choreograf Martin Schläpfer zum Beispiel bevorzugt filmische Aufnahmen, die für ihn mehr Gedächtnisstützen sind als Rekonstruktionen, weil er mit jeder neuen Besetzung an seinen Tanzstücken weiterarbeitet. Die über Jahrzehnte hinweg am Stuttgarter Ballett wirkende Choreologin Georgette Tsinguirides hingegen, die von John Cranko Mitte der 1960er Jahre extra nach London geschickt worden ist, damit sie die *Benesh-Notation* studieren und auf diese Weise zu seinem Gedächtnis werden soll, hält dagegen: »Wenn man mit Video arbeitet, neigen die Tänzer dazu, das Vorbild zu kopieren, ohne eigenen Charakter zu entwickeln.«[20] Daher kommt vielleicht die ablehnende Haltung vieler Choreografen, ihre Ballette aufzunehmen. Der 1945 in Malmö geborene schwedische Choreograf Mats Ek hat weltweit den Theatern seine Lizenzen für seine Ballette entzogen, weil er Neuinterpretationen seiner Werke verhindern möchte. Sie können nun leider nicht mehr aufgeführt werden, weil sie nicht aufgezeichnet worden sind.

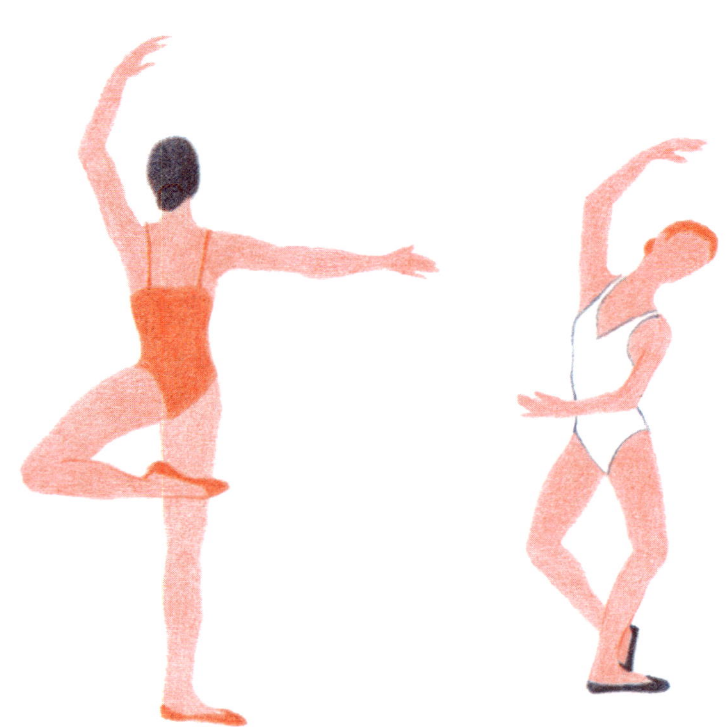

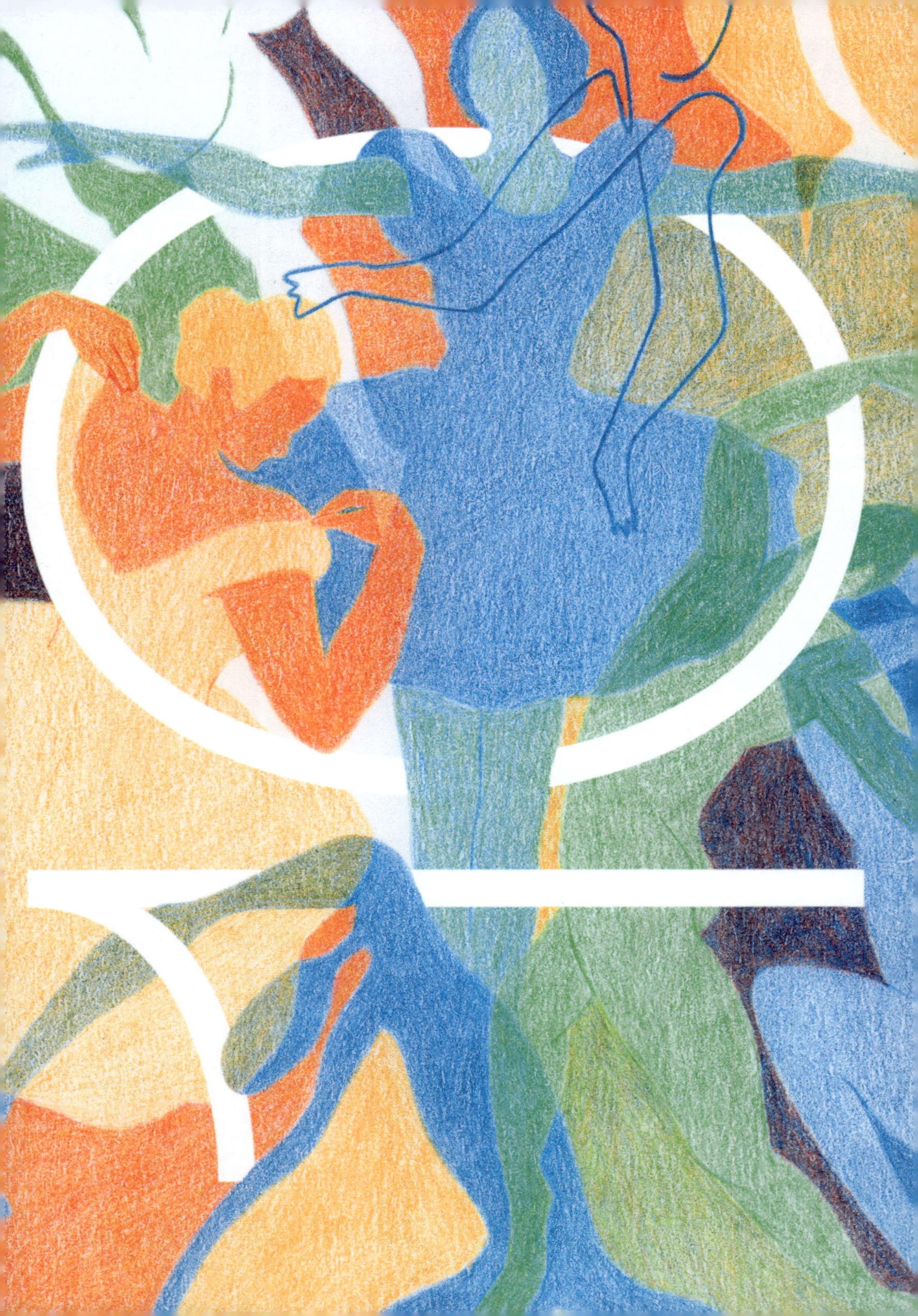

WELCHE BILDENDEN KÜNSTLER WURDEN VOM BALLETT INSPIRIERT?

Tanz und bildende Kunst sind von jeher sehr eng miteinander verbunden und haben sich gegenseitig beeinflusst. Immer wieder haben Choreografen Themen oder auch Gesten von Gemälden, Zeichnungen oder Skulpturen in ihre Arbeit aufgenommen, um Emotionen oder Geschichten zu verstärken und zu spiegeln. Umgekehrt sind Maler fasziniert von der Bewegung und Leichtigkeit des Tanzes und versuchen seit Jahrhunderten, sie in Bildern festzuhalten. Dabei spannen sich die Pole zwischen strenger Disziplin und ungezügelter Ekstase.

Besonders im 20. Jahrhundert haben sich Künstler mit dem Tanz beschäftigt. Bei Edgar Degas, Ernst Oppler, Pablo Picasso, Henri Matisse, Erich Kirchner, Wassily Kandinsky und Emil Nolde füllt die Beschäftigung mit dem Tanz ganze Bände. Die Flüchtigkeit oder das Archaische, die Dynamik oder die Anmut reizen sie genauso wie die Ablösung von der menschlichen Form zum abstrakten Kunstwerk. So begleitet beispielsweise Kandinsky den neuen Ausdruckstanz Gret Paluccas mit einigen Bewegungsskizzen.

Für die Beziehung zwischen Ballett und Kunst steht zuallererst natürlich der Impressionist Edgar Degas, der sich Ende der 1860er Jahre für das Sujet des Balletts zu interessieren beginnt, zu einer Zeit, als sich das Pariser Ballett eigentlich in einer Krise befindet. Das Zeitalter der großen Primaballerinen, der sogenannten *Étoiles* im romantischen Ballett wie Marie Taglioni, Fanny Elßler, Lucile Grahn, Carlotta Grisi oder Fanny Cerrito, die den zuvor eher gesichtslosen Tänzerinnen Charakter und Individualität gegeben haben, ist vorüber und das der avantgardistischen Ballets Russes (ab 1909) noch nicht angebrochen. Als sich Degas dem Ballett zuwendet, gibt es keine herausragenden Balletttänzerinnen mehr. Und so malt er sicher nicht zufällig vor allem die Mühsal des Tanzes und zeigt erschöpfte Tänzerinnen in der Pause oder bei der Probe, das Corps de Ballet und die unbekannte »gesichtslose« Tänzerin.

1909 änderte sich das Bild des Balletts schlagartig mit dem ersten Auftritt der Ballets Russes in Paris. Diese berühmte Balletttruppe mit russischen Tänzerinnen und Tänzern, die ab dann zwanzig Jahre lang aufsehenerregende Ballettvorstellungen geben wird, ist bald auch außerhalb von Paris so bekannt, dass sie auf Welttournee geht. Es gehört zu der Idee des Gesamtkunstwerks, das dem Impresario dieser Gruppe Sergej Djagilew (in französischer Schreibweise Serge Diaghilev) vorschwebt, dass er immer wieder auch russische oder französische bildende Künstler anfragt, die farbenfrohen Kostüme und Bühnenbilder der Balletttruppe zu entwerfen.

Sind es in der Anfangsphase häufig die beiden russischen Maler Léon Bakst und Alexander Benois, kommen später aus der französischen Avantgarde Georges Braque, Max Ernst, Henri Matisse, Pablo Picasso und Georgio de Chirico hinzu. Bei Bakst und Benois dominiert ein Farbenrausch, der optisch die Sehnsucht nach dem Orient bedient. Es ist die »russische Phase« (1909–1917) der Ballets Russes. Mit der Ausstattung von Picasso, Braques oder de Chirico sind wir in der »französischen Phase« (1917–1929), die stark kubistisch geprägt ist.

Die Auswahl der Künstler zeigt insofern auch die Entwicklung, die Djagilews Truppe durchlief. Kann er bis zum Ersten Weltkrieg noch das »folkloristische«, »orientalische« Russland im Westen präsentieren, hat man nach dem Krieg kein Interesse mehr daran. Um weiterhin im Theater begeistern zu können, muss sich Djagilew den Künstlern der westlichen Avantgarde zuwenden. *Parade* war z. B. ein Stück über eine Schaustellertruppe, die auf einer Straße Proben ihrer Kunst zeigt, um das Publikum ins Theater zu locken: Ein chinesischer Zauberkünstler jongliert mit einem Ei, Akrobaten zeigen eine Nummer auf dem Seil und ein amerikanischer und ein französischer Manager machen Reklame. Leider bleibt das Publikum am Ende dennoch aus. Der Autor Andreas Backöfer schreibt: »Das Neue und Verwirrende bei *Parade* hatte weniger mit dem Kubismus als mit der Einführung von ›anspruchsloser, populärer Unterhaltung in die heiligen Hallen des Balletts‹ zu tun: der Auftritt der überdimensionalen Manager-Konstruktion oder des zirkushaften Zwei-Mann-Pferdes, die pantomimenhaften Bewegungen der Tänzer sowie Musik im Ragtime-Stil. Durch den fast gänzlichen Verzicht auf eine narrative Struktur und die Einführung von ›low-culture‹-Elementen wurde in *Parade* eine Isolierung und Fragmentierung der einzelnen Bezugsebenen erreicht.«[21]

Eine Sonderrolle in der Beziehung von Ballett und Malerei nimmt zweifellos auch der Impressionist der Max Liebermann'schen Schule Ernst Oppler ein, der viele Jahre die Ballets Russes zeichnerisch begleitete. Wir verdanken heute unter anderem auch seinen Skizzen, dass die Rekonstruktion der verloren gegangenen Ballette von Nijinsky gelingen kann. So hält er beispielsweise 1912 eine Szene aus *L'Après-midi d'un Faune* mit Bleistift und Tusche fest (der Faun verfolgt die zwei Nymphen), die nicht nur die Posen zeigen, sondern auch die Farben der Kostüme. Ebenso malt er Nijinskys Sprung in der Rolle des Harlekins in Fokines *Carnaval* (zur Musik von Robert Schumann) als Ölgemälde 1922. Bekannt werden aber vor allem seine Radierungen von Anna Pawlowa im *Sterbenden Schwan*.

Bei Henri Matisse bleibt das Interesse für den Tanz, auch nach seiner Zusammenarbeit mit den Ballets Russes, bestehen. 1920 stattet er zur Musik von Strawinsky das von Léonide Massine choreografierte Ballett *Le Chant du Rossignol* (*Der Gesang der Nachtigall*) aus. Bleistiftskizzen, Lithografien, Collagen, Ölgemälde oder auch Bühnenbilder durchziehen sein Werk. »Der Tanz spiegelt bei Matisse«, so die Autorin

Helga Thalhofer, »einen idealisierten Zustand von Ausgeglichenheit, den Traum der ›verlorenen Harmonie der Seele‹ wider: von der malerischen Farbenkraft der *Lebensfreude* von 1905/06 zu den erotisierten Formen des *Tanzes II* von 1909/10 und des *Tanzes von Merion* von 1932/33.«[22]

Doch nicht nur die klassische Avantgarde ist vom Tanz fasziniert. Auch Pop-Art-Künstler wie Andy Warhol mit *Tanzdiagramm* oder Robert Rauschenberg mit *Merce Cunningham* nehmen in den 1950er und 1960er Jahren das Thema in ihren Werken auf. Die Künstler interessiert jedoch weniger die Dokumentation des Ballettlebens oder die Kreation von Bühnenbildern, vielmehr versuchen sie die Bewegung selbst in ihre Werke zu integrieren. So verlagert sich die Zusammenarbeit der bildenden Künstler hin zu den Performance-Künstlern. Zwischen 1963 und 1967 choreografiert Robert Rauschenberg sogar selbst dreizehn Performances unter anderem mit den amerikanischen Tänzerinnen und Choreografinnen des modernen Tanzes wie Simone Forti, die auch Malerin war, Deborah Hay, die sich vor allem für den postmodernen Tanz einsetzt, und Carolyn Brown, die 1963 mit einer ersten Tanzperformance bekannt wird, bei der sie ein von Rauschenberg entworfenes Kostüm trägt und sich auf einer riesigen Rollschuhbahn bewegt: »In Rauschenbergs häufig dezentralisiertem Bühnengeschehen treten Kostüme und Requisiten aus dem Bereich des Alltäglichen miteinander in absurde Konstellationen.«[23], meint Gisela Sprenger-Schoch.

Choreografen wie John Neumeier nutzen bis heute Bilder aus der Kunstgeschichte, um damit die Interpretation ihrer Geschichte anzureichern. So ist das Bühnenbild für *Orphée & Eurydice* eine Nachbildung des Bildes von Alfred Böcklins *Die Toteninsel,* womit Neumeier Djagilews Idee des Gesamtkunstwerks wieder aufgreift und in seiner Inszenierung Oper, Ballett und bildende Kunst vereint.

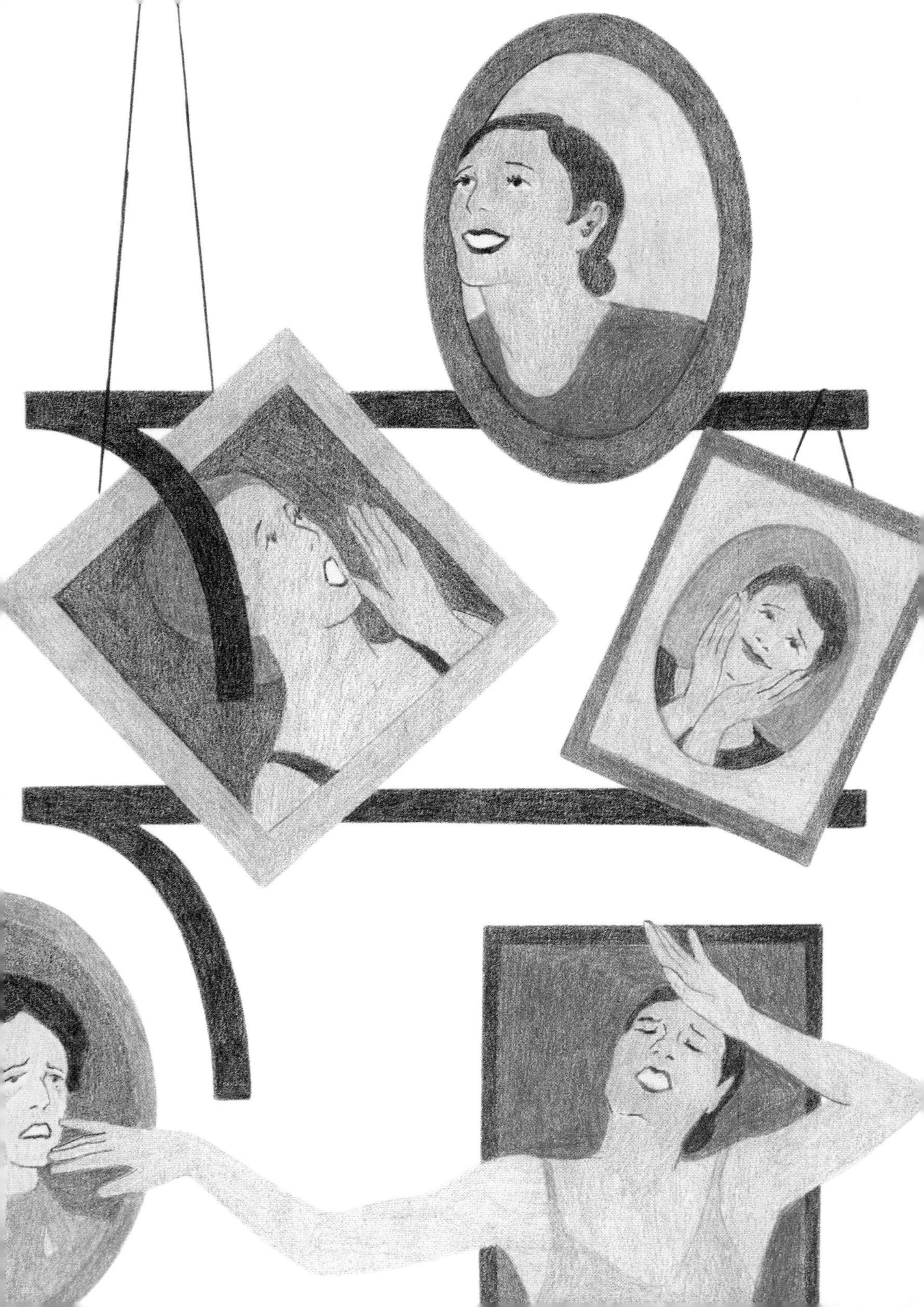

WARUM GAB ES UM 1900 EINE BALLETT-REFORM?

Gegen Ende seines langen choreografischen Lebens muss Marius Petipa erleben, dass seine Ballette nicht mehr an die früheren Erfolge anknüpfen können. Um 1900 geht seine Ära zu Ende. Die nachfolgenden jungen Choreografen, allen voran der Russe Michail Fokine am Sankt Petersburger Mariinsky-Theater, empfinden die pantomimischen Gesten der romantischen und klassischen Petipa-Ballette als zu eng und zu starr. Fokine hat das Gefühl, der Tanz werde durch die pantomimischen Einlagen zu sehr unterbrochen: »Aller Tanz in den alten Balletten reduzierte sich auf die Höflichkeitsfloskel zum Publikum. [...] Die natürlichste und schönste Bewegung des Menschen ist die Vorwärtsbewegung. Das Ballett entwickelte aber Seitwärtsbewegungen, die eine Überzahl von zweiten Positionen, die ich so hasse, zur Folge hatte.«[24]

So steht Fokine vor dem Problem, entweder nur noch handlungslose Ballette zu schaffen oder aber eine Möglichkeit zu finden, Worte bzw. die Geschichte selbst wirklich zu *tanzen*. Für ihn gilt: »Das Ballett muß in Übereinstimmung mit der Epoche gebracht werden, in der es spielt. Die Tänze, die Mimik, der Gestus dürfen nicht wie in alten Balletten ein für alle Mal festgelegt sein, sondern müssen zum jeweiligen Stil passen. Die Kostüme dürfen ebenfalls nicht starr festgelegt sein (kurzes Tutu), sondern müssen mit dem Sujet übereinstimmen.«[25]

In der ersten Saison 1909 der berühmten Ballettcompagnie Ballets Russes in Paris bringt Fokine das einaktige handlungslose Ballett *Les Sylphides* auf die Bühne, in dem ein Dichter bei Mondschein in einem Wald mit ätherischen Sylphiden tanzt. Die Sylphiden sind Waldgeister, die zwar einen Menschenkörper, aber keine Seele haben. Fokine schafft damit das erste abstrakte Ballett – zur Musik von Chopin, weshalb er die erste Fassung des Balletts *Chopiniana* nennt, wie es noch heute in Russland heißt. Die zweite Fassung unterscheidet sich von der ersten: Es sind jetzt fünf kurze, voneinander unabhängige Tableaus. Mit den Kostümen – weiße duftige Gazekleider mit kleinen Flügeln an den Rücken der Tänzerinnen – spielt Fokine auf Marie Taglioni an, die im romantischen Ballett *La Sylphide* von 1832 große Triumphe in Paris gefeiert hat. Es ist das erste Ballett, in dem sowohl der Spitzentanz gezeigt als auch das weiße Tutu zum Vorbild für das klassische Ballettkostüm wurde.

Fokine stößt mit seinen Choreografien für die Ballets Russes eine grundlegende Reform des Balletts an, das sich in letzter Konsequenz vom klassischen Ballett Marius Petipas lossagt. Später fordert er, dass die Tänzer ihre Spitzenschuhe ausziehen und vorzugsweise barfuß tanzen sollen, wie z.B. in seinem Ballett *Schéhérazade*, einem Meilenstein der modernen Ballettgeschichte.

Fokines choreografischer Nachfolger bei den Ballets Russes wird der Ausnahmetänzer und Choreograf Vaclav Nijinsky, der die Ballettreformen weiterführt und radikalisiert. Er lehnt die tänzerischen Einzelposen vehement ab, aus deren Zusammenspiel das klassische Ballett entstanden ist und das bis heute dem Waganowa-Unterrichtssystem zugrunde liegt. Der neue ideale Tanz ist seiner Vorstellung nach weder ein nach strengen Prinzipien zusammengesetztes Bild aus einer Fülle von Einzelschritten oder Posen noch ein ekstatischer Rauschzustand, wie ihn seine Zeitgenossin, die Tänzerin Mary Wigman, im neuen deutschen Ausdruckstanz zeigt.

Für Nijinsky ist der Tanz eine untrennbare Einheit aus Zeigen und Erzählen, im Tanz bislang zwei getrennte Bewegungsmodi. Für jede seiner Choreografien erfand er völlig neue Bewegungsmuster, die für die Tänzer eine große Herausforderung darstellten. Damit überwindet er die Diskussion über das richtige Verhältnis zwischen Tanz und Handlung, zwischen reinen Tanzposen und Pantomime. Ohne Nijinskys radikalen Bruch mit der Balletttradition wären die heutigen Choreografen, die klassische und zeitgenössische Tanzstile problemlos nebeneinander zeigen, nicht denkbar: sei es John Neumeier, der sich offen zu seiner Liebe und Verehrung zu Nijinsky bekennt, sei es das neoklassische Ballett von George Balanchine, das Musik sichtbar machen will, oder das Ballett der Choreografen Jiři Kylian oder William Forsythe.

Ohne Nijinskys radikalen Bruch mit der Balletttradition wären die heutigen Choreografen nicht denkbar.

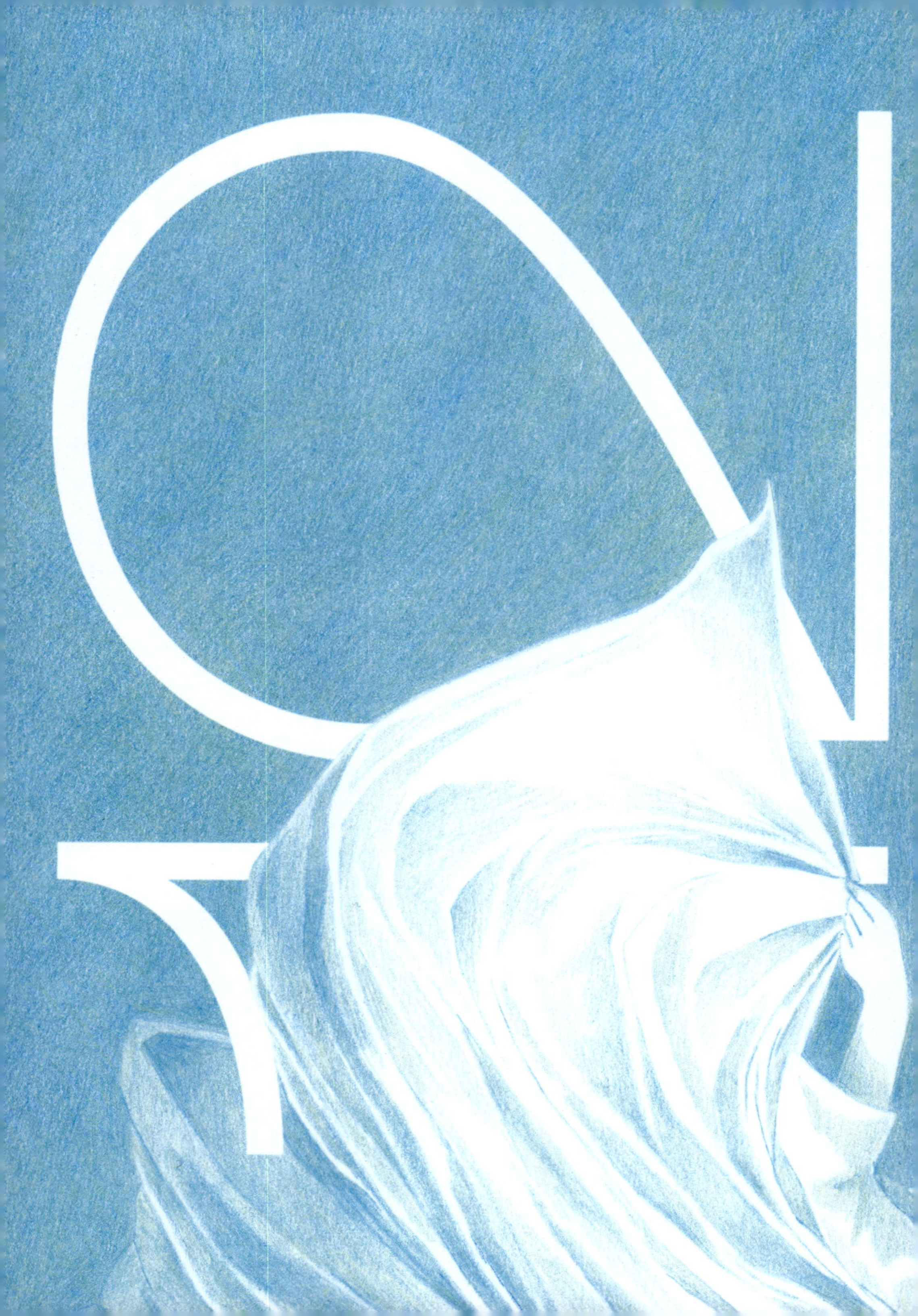

HAT DAS BALLETT LICHT- UND SCHATTEN-SEITEN?

Nicht nur in Russland denkt man um 1900 intensiv über neue Tanzformen nach. Zur selben Zeit betreten zwei Amerikanerinnen in Paris und London die Tanzbühne, die für nachhaltigen Eindruck sorgen: Loïe Fuller und Isadora Duncan, beide übrigens keine ausgebildeten Tänzerinnen. Fuller ist seit 1892 mit dem von ihr entwickelten *Danse lumineuse* (*Lichttanz*) bzw. *Serpentinentanz* in Paris eine gefeierte Tänzerin. Damit führt sie eine völlig neue Art des Kunsttanzes ein, dessen wichtigster Bestandteil ihr Kostüm ist: In ihre Ärmel sind lange Stöcke eingenäht, und beim Tanzen bewegt sie mithilfe dieser Stöcke die sie einhüllenden Stoffbahnen. Ein geschickt eingesetztes Scheinwerferlicht verstärkt den Effekt, und sie schwingt die Stoffbahnen so schnell in Wellen und Spiralen, dass unterstützt vom Bühnenlicht daraus eine Art »Feuertanz« wird.

Isadora Duncan sieht Fuller tanzen und ist beeindruckt. Dennoch schlägt sie den entgegengesetzten Weg ein: Statt große Stoffbahnen um sich zu werfen, entdeckt sie die fließenden Gewänder des alten Griechenlands und tanzt barfuß mit offenen Haaren. Ihr »Nicht-Tanz« wird von Auguste Rodin und dem Komponisten Maurice Ravel bewundert, doch von Nijinsky, dem professionellen Tänzer, abgelehnt.

Es ist die Zeit der Jahrhundertwende. Die schnelle Industrialisierung, die Verstädterung in den Gründerjahren, das zunehmende soziale Elend großer Schichten sorgen bei vielen Menschen für ein Gefühl der Leere und begünstigen Aussteigerbewegungen, die sich auch im Tanz widerspiegeln. Duncans »Zurück zum antiken Griechenland«, zum Ursprung der Kultur, trifft den Nerv der Epoche, die sich erst selbst finden muss.

Um 1900 kommen auf dem Monte Veritá in der Schweiz Literaten, Künstler, Bohemiens und Wissenschaftler auf der Suche nach einem alternativen Leben zusammen,

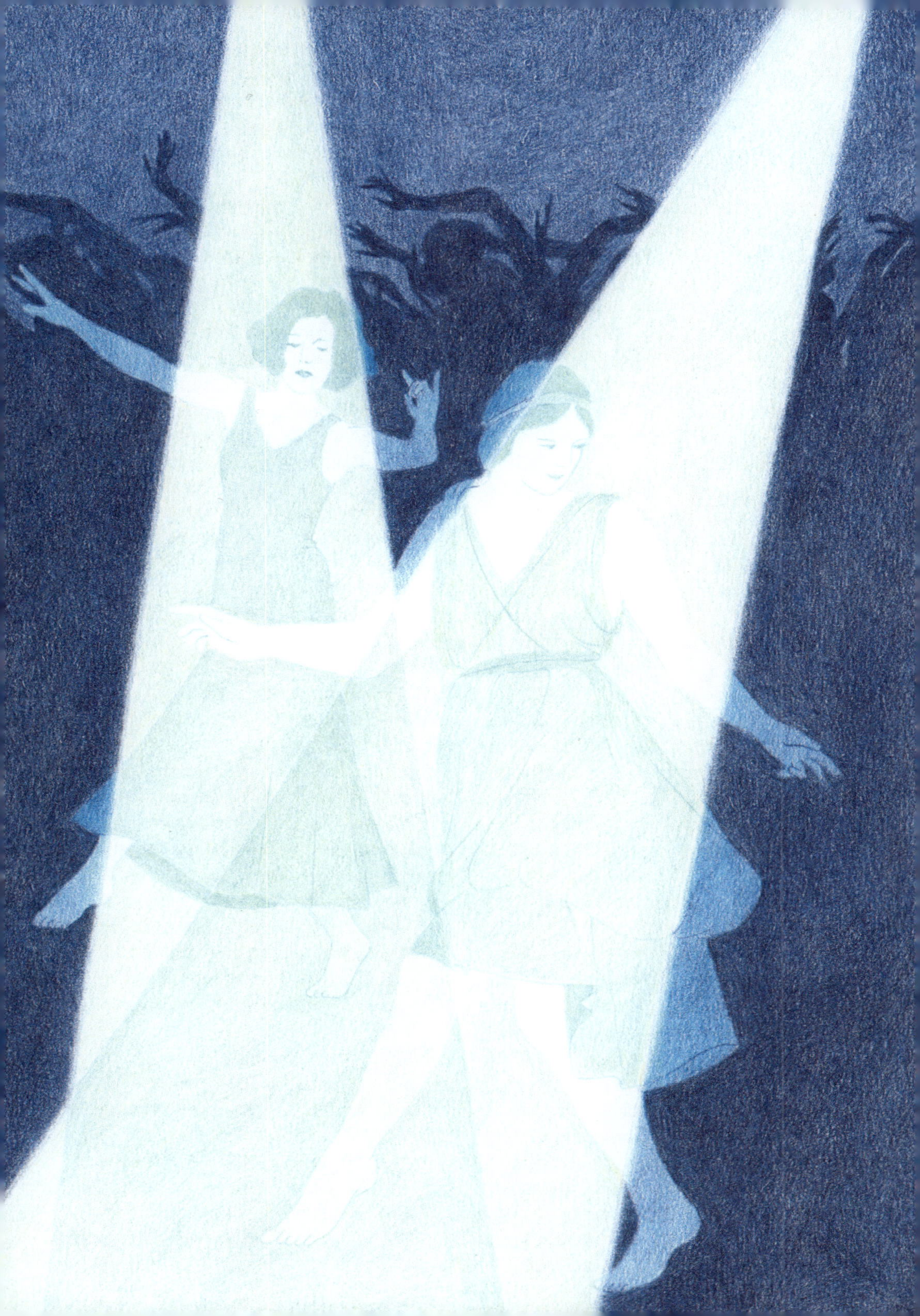

ohne die Hektik der Großstädte und weit weg von der Zivilisation. Sie ernähren sich vegan, propagieren die freie Liebe, verehren das Licht und – tanzen.

Führend in diesem neuen Tanzstil werden Rudolf von Laban und seine Schülerin Mary Wigman, die zuvor Rhythmische Gymnastik in Hellerau studiert hat. Beide probieren neue Formen des Ausdruckstanzes. Es ist die Zeit der Entstehung der tänzerischen Eurhythmie, die noch heute an den Waldorfschulen gelehrt wird. Wie Fuller und Duncan suchen sie nach neuen Wegen, ein Körperbewusstsein zu entwickeln und die Tanzkunst vom akademischen Korsett zu befreien. Der Tanz soll einem natürlichen Bewegungsfluss folgen, das akademisch-klassische Ballett mit seinen vorgeschriebenen Schritten und Körperhaltungen wird als zu fest empfunden – in den vorgeschriebenen Bewegungsformen könne sich nicht das innere Erleben des Tänzers ausdrücken.

Laban geht es um eine gesamte Erneuerung des modernen, seinem Selbst entfremdeten Menschen. Sein von ihm geschaffenes System, Tanz zu verschriftlichen – die sogenannte *Laban-Notation* – ist zweifellos ein Meilenstein in der europäischen Tanzgeschichte.

Doch die beiden kommenden Weltkriege werfen ihre Schatten voraus, und in dem sich verändernden politischen und gesellschaftlichen Klima finden Laban und seine Anhänger keine klare Stimme. So ist seine Politisierung des Tanzes ein düsteres Kapitel der deutschen Tanzgeschichte. Die Autorinnen Lilian Karina und Marion Kant schildern, wie auf den von ihm initiierten Tänzerkongressen 1927 in Magdeburg, 1928 in Essen und 1930 in München »Töne zur ›nationalen‹ und zur ›rassischen‹ Erneuerung des Tanzes hörbar« wurden. »Nicht nur gewann die deutsche Seite des Ausdruckstanzes an Bedeutung. Das Deutsche wurde zu einem wichtigen ästhetischen Kriterium des Tanzschaffens gemacht, unter Verbannung des wie auch immer gearteten ›andern‹. Mit der Formulierung des Deutschen und des Absoluten als zentraler tänzerischer und choreografischer Kategorie setzt nach Meinung einiger Kritiker der Niedergang des neuen deutschen Tanzes ein.«[26]

Diese Verengung auf das Nationale ist dem klassischen Ballett immer fremd geblieben. Trotzdem ist zu fragen, wie es dazu kommt, dass die tänzerische Avantgarde sowohl in der Sowjetunion als auch in Deutschland ihre Vereinnahmung durch das jeweilige totalitäre Regime nicht bemerkt. Die russische Avantgarde wird erst zum künstlerischen Steigbügelhalter Stalins, bis sie ab etwa 1934 von Stalin selbst systematisch abgeschnitten wird. Ihre Anhänger werden ermordet oder fliehen ins Ausland. George Balanchine erinnert sich: »Das Theater war natürlich nicht mehr das Kaiserliche Theater. Viele Komitees waren plötzlich entstanden. Die Orchestermusiker hatten ihr eigenes, ebenso die Mitglieder des Chors, selbst die Bühnenhandwerker. Das Komitee der Bühnenhandwerker entschied, welche Ballette auf den Spielplan kamen – und entschied sich meistens für diejenigen mit der einfachsten Kulisse.«[27]

In Deutschland dagegen dienen sich Laban und Wigman den nationalsozialistischen Machthabern an, bis auch sie zu ihrer Überraschung in Ungnade fallen. Letztlich kommen die Ablehnung der Tradition und der neue Tanz in der Gemeinschaft dem totalitären Regime sehr entgegen. Sie bedienen sich bei der Choreografie der Massen so lange der Tanzpädagogen, bis die Massen von selbst nach ihren Vorgaben »tanzen«.

Eine Tanzgeschichte der Tänzer, die ins Exil vertrieben oder ermordet wurden, steht bis heute noch aus. Diese dunkle Seite des Ausdruckstanzes wird gerne diskret übergangen, und man hat mitunter den Eindruck, dass der Kampf zwischen Ballett und Ausdruckstanz noch immer so gekämpft wird, als hätte es diese Zeit nie gegeben.

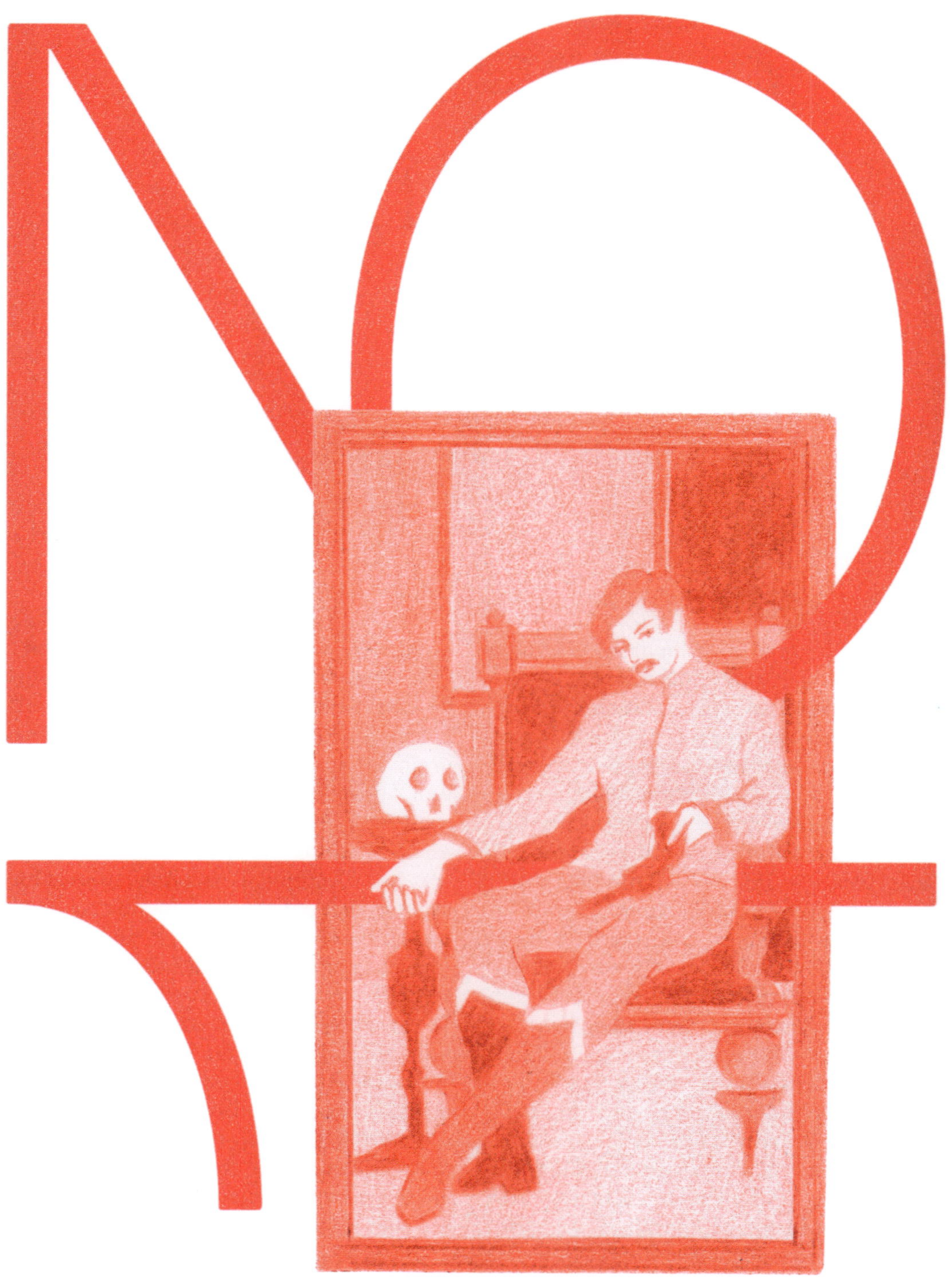

KANN MAN GESCHICHTE TANZEN?

Wie erschreckend manchmal historische Ereignisse nicht nur für die Beteiligten selbst, sondern auch für Außenstehende sein können, zeigt in der zweiten Hälfte des 20. Jahrhunderts besonders eindrucksvoll der Choreograf Kenneth MacMillan in seinen Arbeiten mit dem Londoner Royal Ballet. MacMillan interessieren leidenschaftliche Gefühle sowie Biografien von Menschen, die an den äußeren Umständen zerbrechen. So choreografiert er 1974 *Manon* nach dem Roman des Abbé Prevost, der viel Autobiografisches des Autors enthält, oder *Winter Dreams* (1991) nach dem Stück *Die drei Schwestern* von Anton Tschechow. In beiden Balletten zeigt er, wie die Figuren von ihren Träumen und Sehnsüchten bis zur Selbstaufgabe besessen sind.

Mit *Mayerling* (1978 uraufgeführt) wendet sich MacMillan wieder einem geschichtlichen Stoff zu: Es ist ein Ballett über den Selbstmord des österreichischen Thronfolgers Rudolf und seiner Geliebten Mary Vetsera im Ort Mayerling 1889. In verstörenden Pas de deux choreografiert er den Charakter Rudolfs und zeigt in dieser Figur die zerrissene und innerlich erstarrte K.u.K.-Monarchie Österreich-Ungarns kurz vor ihrem Untergang. Rudolf, der umsonst Liebe und Wärme bei seiner Mutter Elisabeth sucht – sie schaut ihn durchweg gleichgültig an und wehrt seine Berührungen ab –, trägt von Anfang an eine tiefe Todessehnsucht in sich. MacMillan greift das sogenannte *Vanitas*-Motiv aus der Kunst des Barocks auf (Eitelkeit und Vergänglichkeit), das oft ein Paradoxon beinhaltet: Das Vergängliche scheint wieder zum Greifen nah, bleibt aber unerreicht, das lebendig Wirkende ist tot und das Klingende klingt nicht. In den Gemälden des Barocks wird dies häufig so dargestellt, dass eine Kerze dem Bildbetrachter kein Licht gibt oder ein Totenschädel etwas zusammenhanglos auf einem Tisch liegt.

MacMillan baut das letztere Bild in seine Choreografie ein und unterlegt es auch mit deutlichen Anspielungen auf *Hamlet*.

Immer wieder hält Rudolf nachdenklich einen Totenschädel in der Hand, manchmal spielt er mit ihm genauso fasziniert wie mit seiner Pistole, mit der er versehentlich auf einer Jagd einen Höfling erschießt. Der Zuschauer wird bewusst darüber im Unklaren gelassen, ob Rudolf erschrickt, weil er jemanden getötet hat oder weil er bedauert, seinen Vater Kaiser Franz-Joseph nicht getroffen zu haben.

In MacMillans Choreografie ist Rudolf ein getriebener, gewalttätiger und grausamer Mann, dessen exzessive Pas de deux mit seinen Partnerinnen als Vergewaltigung der Frauen gezeigt werden. Es sind extreme Pas de deux, die zutiefst verstören. Das Ballett ist durchgehend zur Musik Franz Liszts choreografiert, der nicht nur Untertan der K.u.K.-Monarchie war, sondern mit der französischen Comtesse Marie d'Agoult jahrelang ein ähnliches Liebesverhältnis unterhielt, das die Frau fast an den Rand des Wahnsinns trieb.

Schon einige Jahre zuvor hat MacMillan in einem Ballett die Brutalität geschichtlicher Ereignisse auf die Bühne gebracht. So bewegt das Schicksal der letzten Zarentochter Anastasia Nikolejewa Romanowa nach dem Zweiten Weltkrieg immer wieder die Gemüter. Gerüchte, dass sie doch nicht zusammen mit ihrer Familie erschossen worden sei, tauchen auf, es gibt verschiedene Frauen, die sich als Anastasia ausgeben. Filme werden gedreht, Bücher und Musicals geschrieben, bis endlich 2007 durch russische Archäologen zweifelsfrei festgestellt wird: Anastasia ist ebenso wie ihr Vater, der letzte Zar Russlands, 1918 hingerichtet worden.

Kenneth MacMillan fasziniert die Geschichte der Zarentochter. 1967 ist der Choreograf des Royal Ballet für kurze Zeit an der Berliner Oper in West-Berlin und will dort ihrem Schicksal eine Choreografie widmen. Doch sein Ballett, konzipiert als Einakter, wird kein großer Erfolg. Im geteilten Berlin der 1960er Jahre hat man kein Interesse, sich mit dem Schicksal der Zarenfamilie näher zu beschäftigen. Wieder zurück in London, fügt MacMillan dem Ballett 1971 noch zwei weitere Akte hinzu, die die glückliche Zeit vor der Ermordung der Zarenfamilie und die allmähliche Bedrohung durch die russischen Revolutionäre zeigen.

Das Ballett *Anastasia* erzählt jedoch nicht die Biografie der Zarentochter, sondern es zeigt die Höhepunkte eines Lebens in Bildern – zwischen Vergnügen und Untergang. Die Familie feiert in einem Augenblick noch unbekümmert mit den Marineoffizieren, einen Moment später lässt die Nachricht vom Kriegsausbruch die Gesellschaft vor Schreck erstarren.

Insbesondere der zweite Akt des Balletts zur Musik von Tschaikowskys Sinfonie Nr. 3 zeigt das ungewöhnliche choreografische Denken und Können MacMillans: Der Zar gibt trotz der Unruhen auf den Straßen einen großen Ball zu Ehren Anastasias und lässt dabei als besondere Überraschung eine Ballerina aus dem Mariinsky-Theater auftreten. Es ist die Geliebte des Zaren, Matilda-Maria Kschessinskaja.

Diese Ballerina, die noch unter Petipa getanzt hat, tritt in MacMillans Choreografie auf dem Ball des Zaren in einem schwarzen Kostüm auf und tanzt mit ihrem Partner ein Grand Pas de deux, das ganz dem klassischen Aufbau aus Petipas Balletten folgt: Entrée – beide Tänzer, Adagio – lyrischer Teil, Variation Mann, Variation Frau, und schließlich die Coda – der abschließende Teil des Grand Pas de deux, Frau und Mann tanzen wieder gemeinsam, aber mit unterschiedlichen Schritten, das Finale endet mit einer Pose.

Durch den historischen Bezug zu Petipa und zur wichtigen Rolle des Balletts im zaristischen Russland gewinnt die Inszenierung eine weitere Ebene. Mithilfe der Musik Tschaikowskys wird dieser Bezug noch verstärkt. Dieser hat die dritte Sinfonie nach *Schwanensee* komponiert, eine tänzerische Musik, die in einer fröhlichen

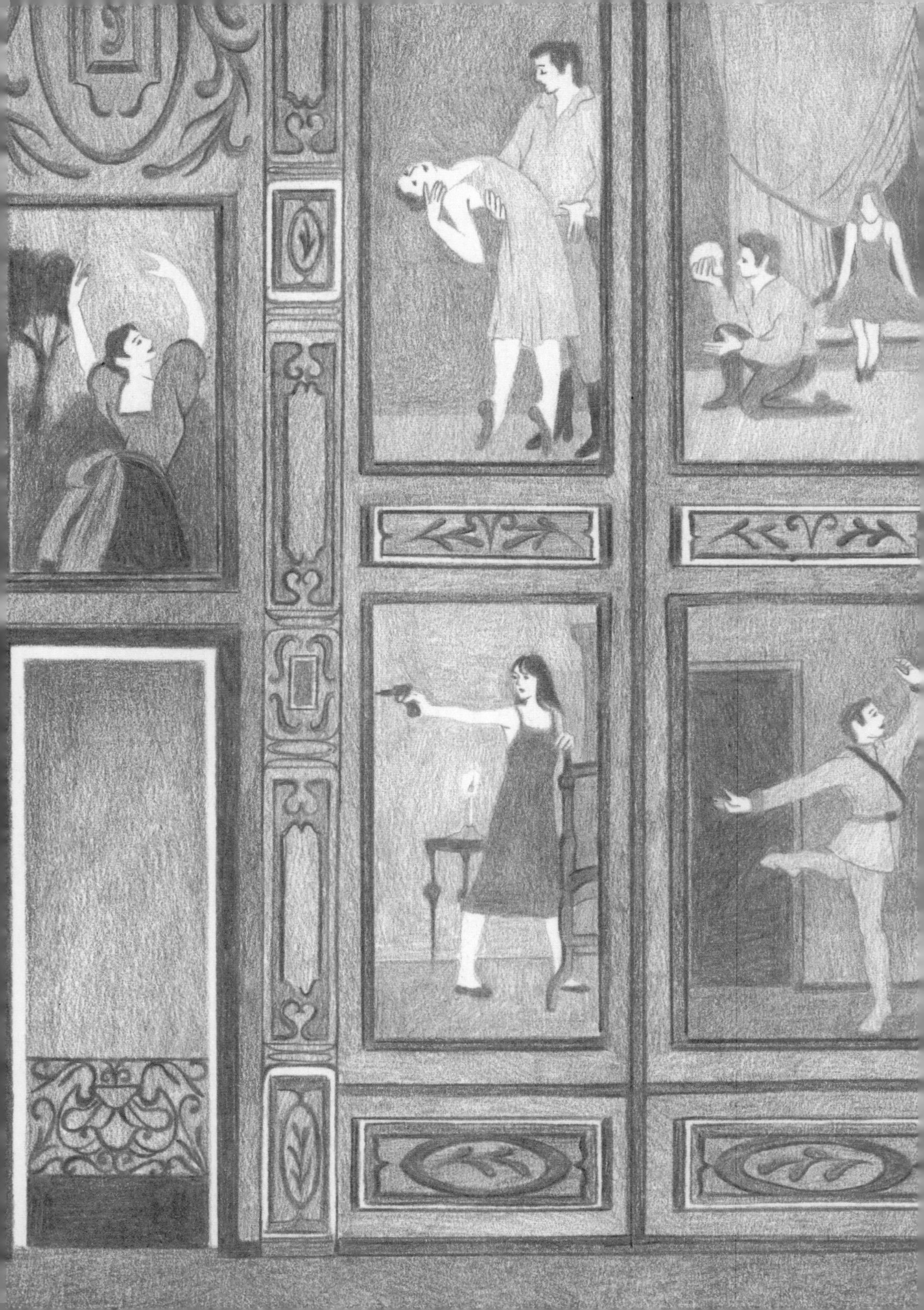

Polonaise endet, die MacMillan – genau wie Choreograf John Cranko im Ballett *Onegin* – mit Bedacht gewählt hat. In beiden Balletten untermalt diese Musik das ausgelassene gesellschaftliche Leben der russischen Adeligen in Sankt Petersburg. Und immer wieder wird Ballettgeschichte zitiert: Die Zarin, in strahlendem Weiß gekleidet, ist auf Matilda Kschessinskaja eifersüchtig. Der Zar tanzt mit beiden Frauen, die ihre Bewegungen gegenseitig spiegeln, in einem Pas de Trois, der deutlich an *Schwanensee* erinnert. Ist es dort der Prinz, der zwischen Odette und Odile hin- und hergerissen ist, schwankt der Zar zwischen der schwarzen Kschessinskaja und der weißen Zarin. Die drei werden immer wieder gestört, in *Schwanensee* vom Zauberer Rotbart, in *Anastasia* von Rasputin, dem man zu Lebzeiten auch böse magische Kräfte nachgesagt hat.

MacMillan erzählt *Anastasia*, indem er Stimmungen und Atmosphären schafft. Der zweite Akt endet mit dem Hissen der roten Fahne durch die Revolutionäre, im dritten Akt wird Anastasia in einem Krankensaal von Erinnerungen geplagt, die sie offensichtlich nicht mehr loslassen. Ihre Erinnerungen laufen buchstäblich unablässig wie ein innerer Film ab: Auf einer großen Videoleinwand sieht man das Erschießungskommando der Soldaten, das die Zarenfamilie exekutiert hat und die Leichen in einen Graben wirft, gefolgt von Originalaufnahmen der Zarenfamilie, die immer wieder die echte Anastasia in Großaufnahme zeigen.

Anastasia sitzt vor dieser Leinwand und scheint sich nicht sattsehen zu können an diesen Bildern. Das Publikum sieht einer Frau zu, die allmählich zwischen Film und Realität nicht mehr unterscheiden kann, und wird doch selbst damit konfrontiert, dass sich Bühnengeschehen und Dokumentarisches, Kunst und Realität, kaum trennen lassen.

Choreografiert hat MacMillan diese schizophrene Auflösung des Bewusstseins zu elektronisch-fremdartig klingender Musik, die allmählich in die Sechste Sinfonie des tschechischen Komponisten Boleslav Martinů übergeht. Vertritt im Ballett MacMillan den Neoklassizismus, ist es in der Musik Martinů. Statt herkömmlicher Formen zieht Martinů freiere, rhapsodische vor, so dass die Grundlage seiner Musik eher Motive sind, die vielschichtig gewandelt werden. Parallel dazu wandeln sich auch Anastasias Bewegungen: Es sind keine neoklassischen Ballettschritte mehr, sondern eckige mit harten Sprüngen, die in ihrem angstvollen Ausdruck an den Tanz der Auserwählten in Nijinskys *Sacre du Printemps* erinnern.

Die Figuren aus der Vergangenheit tauchen wieder auf und bilden eine geschlossene Wand gegen sie, die sie nicht durchdringen kann. Immer, wenn Anastasia auf diese gesellschaftliche Formation zutritt, schütteln alle heftig verneinend und ohne Pause den Kopf. Sie verfällt zunehmend dem Wahnsinn: In der letzten Szene steigt sie auf ihr Krankenbett und fährt damit in langsamen, aber ununterbrochenen Kreisen über die Bühne, während ihre leere Augen die um sie herumstehende Familie nicht mehr erkennen.

Die Übersetzung historischer Ereignisse für den Tanz folgt hier einer Methode, die bereits aus der Historienmalerei der Renaissance bekannt ist: Im Mittelpunkt stehen der Held oder die Heldin, deren Geschichte in verdichteten Bildern erzählt wird. Nicht die Chronologie eines Lebens ist wichtig, um Geschichte auf die Bühne zu bringen, sondern das Wissen darum, dass ein historischer Charakter sich durch Situationen, Herausforderungen und auch den Einfluss anderer Menschen entwickelt hat. Dass wir nicht seine Lebensdaten benötigen, sondern dass wir ihn *erkennen* müssen. Und sich durch diese Erkenntnis auch unsere Wahrnehmung und Sicht auf historische Ereignisse verändert.

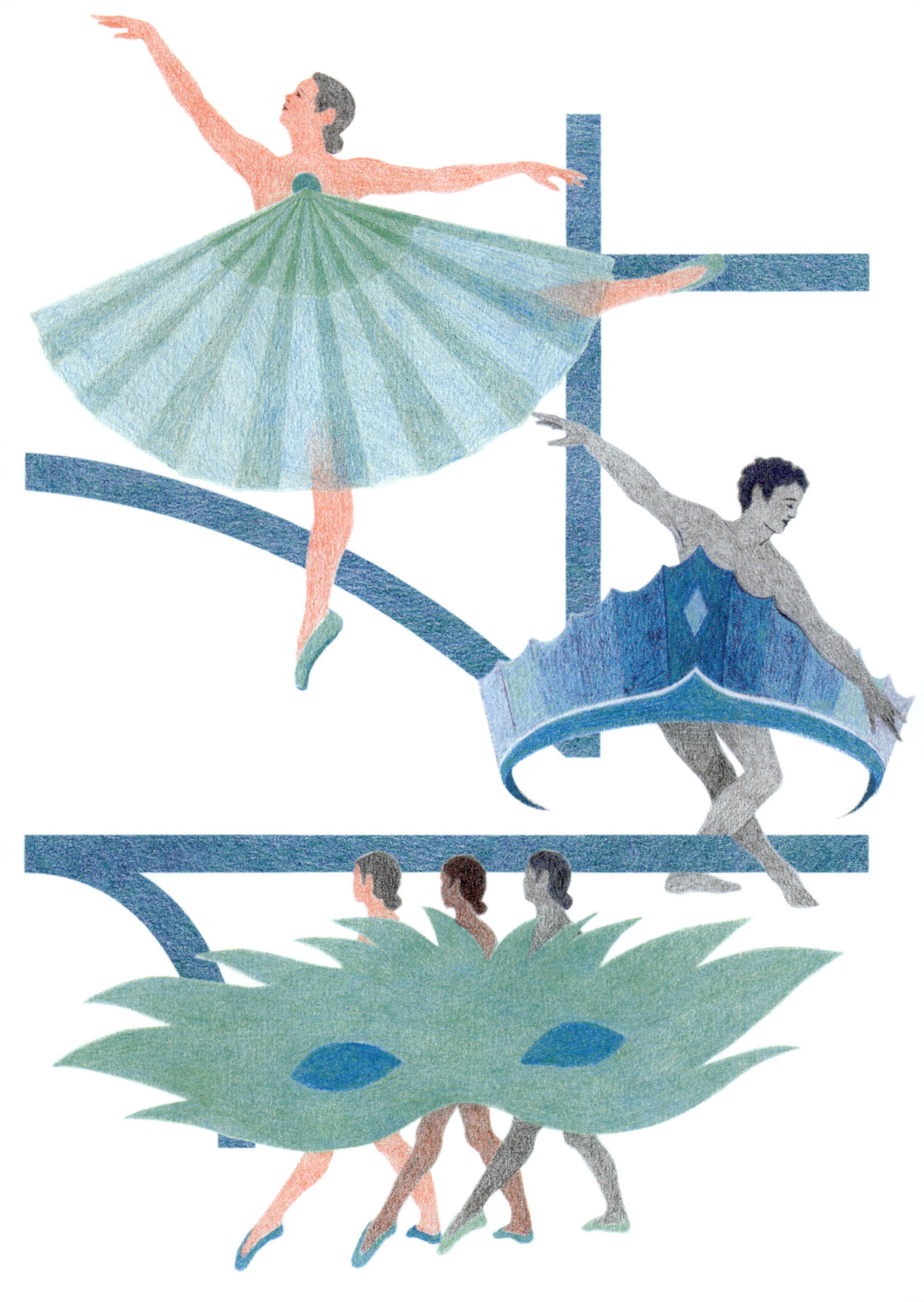

WIE WICHTIG SIND REQUISITEN FÜR EINE CHOREOGRAFIE?

In den Aufführungen des berühmten Commedia dell'arte-Theaters zwischen dem 16. und 18. Jahrhundert tragen alle Figuren eine Maske – bis auf das Liebespaar, womit die Aufrichtigkeit ihrer Gefühle hervorgehoben werden soll, während die anderen ihre Verwechslungs- und Possenspiele treiben. In der Choreografie von *Romeo und Julia* von John Cranko trägt Romeo in Anspielung auf diese Tradition eine Maske, als er Julia zum ersten Mal auf dem Ball begegnet. Diese Maske hält er sich immer wieder schnell vor das Gesicht, wenn er mit einem der Gäste spricht. Der erste Blickkontakt mit Julia aber ist ohne Maske, er begegnet ihr unverstellt und offen.

Jahrhunderte nach der commedia dell'arte erzählt der Choreograf John Cranko mit der Musik von Prokofjew seine Version der Geschichte dieses Paares, das sich nicht lieben darf, weil die Familien miteinander verfeindet sind. In der berühmten Balkonszene gibt es bei Cranko zwar keinen Balkon, dafür aber nimmt er den Shakespear'schen Text an anderer Stelle wörtlich. In der zweiten Szene des zweiten Akts sagt Romeo: »Der Liebe leichte Schwingen trugen mich; / Kein steinern Bollwerk kann der Liebe wehren.« Bei Cranko tritt Romeo mit einem weiten großen roten Umhang auf, den er um sich schwingt, bevor er ihn fallen lässt, nachdem er Julia erblickt hat. Dieser Umhang spiegelt die Szene, in der Julia von ihrer Mutter das Ballkleid erhält, das zugleich auch ihr Verlobungskleid sein soll.

Die beiden schleichen zuerst ein wenig schüchtern umeinander herum, doch dann erlebt der Zuschauer, wie diese Schüchternheit bald einer – bei aller Verliebtheit – sehr großen Ernsthaftigkeit weicht. Hier sind zwei, die keine Spiele miteinander spielen, sondern die sofort wissen, dass sie füreinander bestimmt sind.

Es ist zwar eine völlig aussichtslose, unglückliche Liebe, aber eine große. Und diese Attribute lässt Cranko tanzen: aussichtslos, groß und überirdisch schön. Das kann man nur mit Hebefiguren zeigen, die den Eindruck vermitteln, die Tänzerin fliege und habe die Erde schon verlassen. Mit gewaltigen Arabesques, die Beine weit nach oben geworfen, presst sie das von der Mutter erhaltene Kleid an sich, in diesem Moment von einer strahlenden Zukunft träumend.

Julia tanzt dieselbe ausgelassene Bewegung, als sie zu ihrem ersten Stelldichein eilt, die lange orangefarbene Schleppe ihres Kleides ausbreitend. Am Ende der Szene jedoch befällt sie ein Gefühl der Angst: Mit groß aufgerissenen Augen, die in die Ferne gerichtet sind, fällt ihr die Schleppe aus der Hand – als sei sie vorher lebendig gewesen und jetzt nicht mehr. Später drückt der sterbende Romeo mit derselben Bewegung Julias vermeintlich toten Körper an sich und deckt sich mit ihr zu.

Wenn sich Romeo und Julia auf dem Ball begegnen, greift Cranko zum Requisit der Maske als Zeichen ihrer Liebe, vor allem aber der Heimlichkeit ihrer Liebe. Die aussichtslose Situation der beiden wiederum zeigt er, indem ihr verträumtes Pas de deux immer wieder jäh von der Festgesellschaft gestört wird und sie im Weitertanzen nur durch Blicke verbunden sind.

Und noch ein weiteres Requisit ist Beweis dafür, dass Cranko die Textvorlage genau kennt und umsetzt: Zu Beginn des Stückes gesteht Romeo seinem Freund Benvolio, dass er in eine Dame verliebt sei. Das Ballett beginnt damit, dass eine Dame ganz kurz mit einem weit geöffneten Fächer auf dem Balkon erscheint und Romeo, sobald sie ihn erblickt, den nun geschlossenen Fächer herabwirft, den er aufhebt und an sich drückt. Auf dem Ball begegnen sich beide wieder. Inzwischen haben sich Romeos Gefühle jedoch gewandelt: Er begehrt nicht mehr diese Dame, sondern Julia. Er gibt ihr den geschlossenen Fächer zurück, sie lässt ihn wieder vor seine Füße fallen. Ein letztes Mal hebt er ihn auf und gibt ihn ihr – diesmal geöffnet. Sie nimmt ihn an und schließt ihn.

Obwohl John Cranko immer wieder betont, dass sich im Ballett nur Gegenwart tanzen lasse, hat er mithilfe der Requisiten eine Möglichkeit gefunden, ahnungsvoll in die Zukunft zu schauen (mit Julias Schleppe) oder auch die Vergangenheit als Erinnerung heraufzubeschwören (mit dem Fächer).

Ein Fächer spielt auch im von Cranko 1969 choreografierten Ballett *Der Widerspenstigen Zähmung* eine Rolle. Drei Herren machen Bianca den Hof, Lucentio, Hortensio und Gremio. Jeder von ihnen wirft ihr jeweils einen Gegenstand auf den Balkon: eine Rose, einen Fächer und einen Handschuh – *die* Requisiten des höfisch-galanten Liebesspiels. Wenig später sieht man, wie Bianca nachdenklich diese drei Gegenstände in der Hand hält und weiß – ohne dass Cranko die Pantomine bemühen muss –, dass sie über die drei Bewerber nachdenkt.

Crankos kluges und behutsames Choreografieren zeigt, wie ungeheuer wichtig Requisiten in einem Ballett sein können. Und dass auch ein Kostüm (ein Umhang) zum Requisit werden kann, weil es sowohl Tänzer als auch Handlung trägt. Ein Requisit kann Zukünftiges und Vergangenes erzählen, das innere Seelenleben der Protagonisten spiegeln und Dinge offenbaren, die nicht gesagt bzw. getanzt werden können.

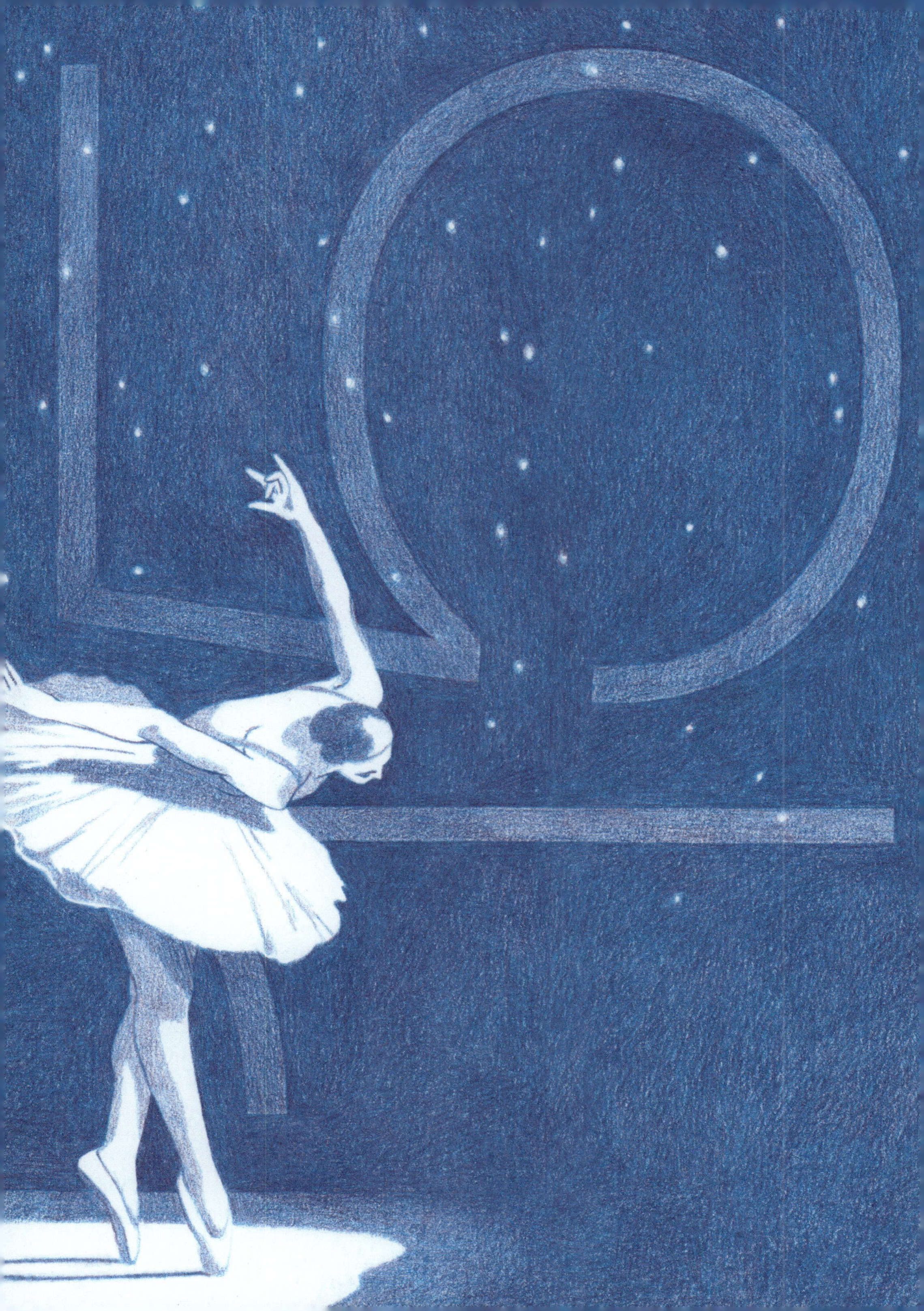

KANN MAN AUCH OHNE MUSIK BALLETT TANZEN?

Als 2018 der Choreograf William Forsythe in London *A Quiet evening of Dance* uraufführt, verzichtet er im ersten Teil des Stückes auf alles, was die Zuschauer vom reinen Tanz ablenken könnte: eine Bühnenausstattung, aufwändige Kostüme, eine Handlung – und vor allem auf Musik. Das setzt eine ganz eigene Dynamik in Gang, die in den Reaktionen des Publikums sichtbar wird. Der eine Teil der Zuschauer fühlt sich gelangweilt, der andere ist jedoch fasziniert von der puristischen Darbietung. Das Stück, das auf diese Weise herrschende Normen missachtet, ist laut der Kritikerin Eva-Elisabeth Fischer »das auf Wesentlichste reduzierte künstlerische Resümee aus fast 50 Jahren Tanz und Choreografie«.[28]

Denn bereits ein gutes halbes Jahrhundert vorher, 1959, wagt der amerikanische Choreograf Jerome Robbins mit *Moves* am New York City Ballet ein ähnliches Experiment, weil er davon überzeugt ist, dass der Körper nicht der Musik bedürfe, die auch immer eine Vorwegnahme, eine Motivation oder eine Stimulation bedeute.[29] Robbins will, dass der Zuschauer allein von der in völliger Stille ablaufenden tänzerischen Bewegung gefesselt wird.

Forsythe und Robbins knüpfen jedoch an einen noch viel früheren Moment der Tanzgeschichte an. 1919 wird der berühmte Vaclav Nijinsky auf Betreiben seiner Frau Romola in eine Nervenheilanstalt in Kreuzlingen am Bodensee eingeliefert. Davor, am 19. Januar 1919, hatte Nijinsky zu einem letzten öffentlichen Tanzabend eingeladen, den er »Meine Hochzeit mit Gott« nannte. In seinem Tagebuch notiert er: »Ich möchte, dass die Zuschauer bei der Arbeit zusehen. Sie bekommen ja immer alles fertig geliefert. Ich will ihnen die Qual der Schöpfung zeigen, die Agonie des schaffenden Künstlers.«[30] Seine Frau Romola ist Augenzeugin dieses letzten Kampfes und berichtet: »Er nahm einen Stuhl und setzte sich und starrte das Publikum an, als wolle er die Gedanken jedes einzelnen lesen. Alle warteten still wie in einer Kirche. Sie warteten. Die Zeit verging. Der Zustand muß etwa eine halbe Stunde gedauert haben. [...] Er saß völlig regungslos. [...] Nun tanzte Vaclav – großartig, aber auf erschreckende Art. Er nahm einige Rollen mit schwarzem und weißem Samt und legte sie in Form eines großen Kreuzes über die Länge des Raums. Am Kopfende stellte er sich mit offenen Armen hin, selbst ein lebendiges Kreuz. ›Jetzt werde ich euch den Krieg tanzen, mit seinem Leid, seiner Zerstörung, seinem Tod. Den Krieg, den ihr nicht verhindert habt, für den ihr also mitverantwortlich seid.‹ Es war beängstigend. Vaclavs Tanzen war so brillant und wunderbar wie immer, aber anders. [...] Es war tragisch; seine Gesten waren monumental, und er verzauberte uns derart, dass wir ihn förmlich über Leichen schweben sahen. [...] Und er tanzte, tanzte weiter, wirbelte durch den Raum, riß uns mit in den Krieg, in die Vernichtung [...]. Es war der Tanz um sein Leben, gegen den Tod.«[31]

Wie unterschiedlich ein Tanzen ohne Musik aufgenommen werden kann, zeigen die Reaktionen auf Nijinskys Auftritt. Während Romola diese Form des reglosen Stillsitzens und anschließenden Tanzens als Zeichen des ausgebrochenen Wahnsinns deutet, ist der an diesem Abend ebenfalls anwesende Schweizer Schriftsteller Maurice Sandoz sehr empfänglich für diese neue Tanzsprache, die Durchdringung von Bewegung. Die Grenze zwischen Betrachter und Tanzendem scheint in seinem letzten Tanz zum Schweigen der Musik aufgehoben. Seine Körperbewegungen rufen wiederum im »Körper« des Publikums eine Resonanz hervor: Sie lassen es nicht gleichgültig.

So legt Nijinsky mit seinem Tanz etwas offen, das 1933 der amerikanische Tanztheoretiker John J. Martin als »Metakinese« bezeichnen[32] wird und worauf Robbins und Forsythe später aufbauen werden. Nicht zuletzt wird das Wissen darum, dass der Zuschauer die Bewegungen des Tänzers auf der Bühne in ähnlicher Weise wahrnimmt wie seine eigenen, auch den modernen Ausdruckstanz Martha Grahams stark beeinflussen. Nijinskys letzter Tanz ist kein Ausdruck des Wahnsinns, sondern einer tänzerischen und künstlerischen Weiterentwicklung, mit der er seiner Zeit weit voraus war.

Mit dieser Vorstellung hat Nijinsky den verstummten, vergessenen, unsichtbar gewordenen leiblichen Menschen wieder sichtbar gemacht und dafür eine neue Sprache gefunden, die viele seiner Zeitgenossen noch nicht verstanden und auch zutiefst verstörte. Danach hat er nie wieder getanzt.

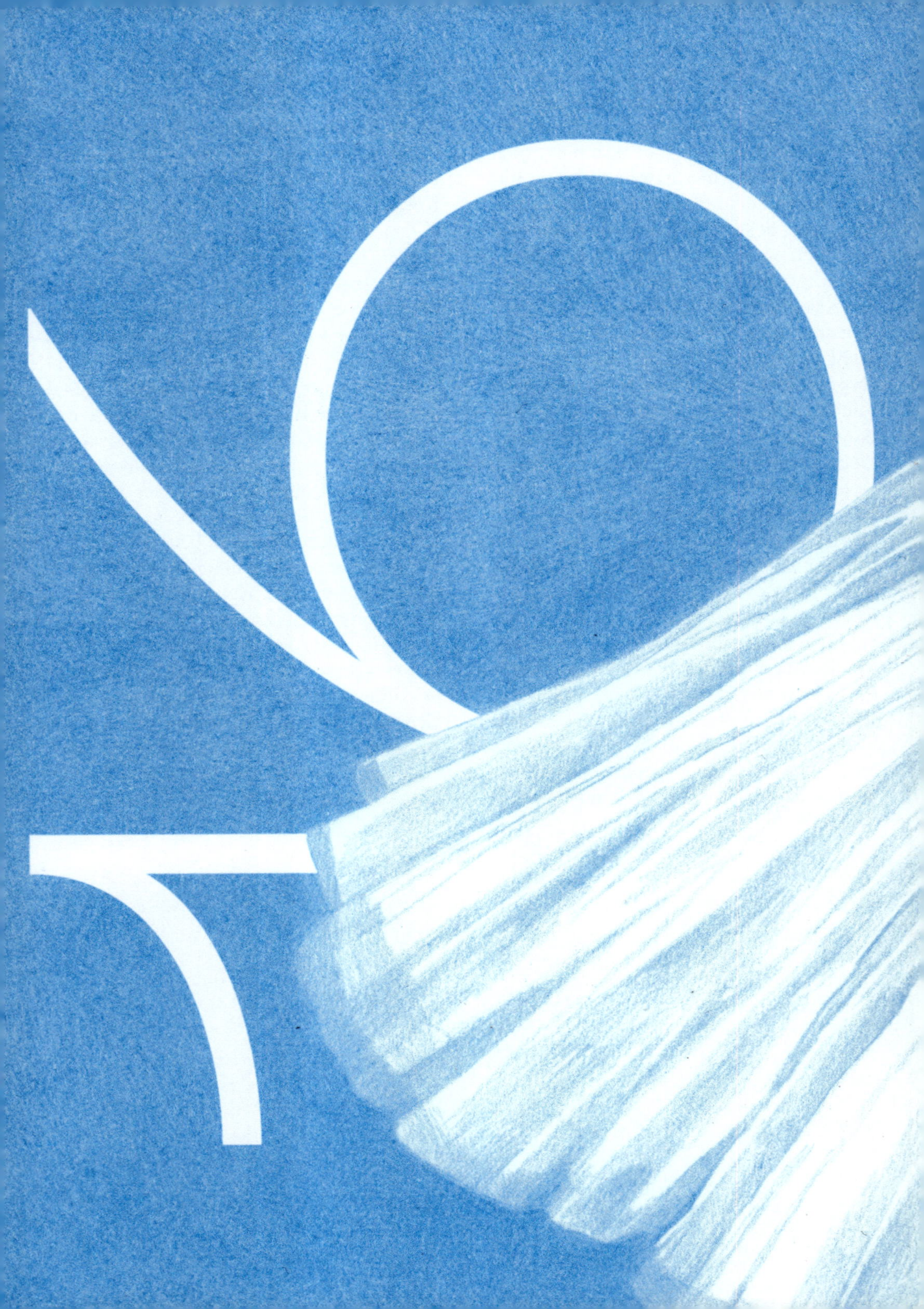

WARUM DIESES WEISSE TUTU?

Eigentlich beruht das weiße Tutu auf einem Irrtum von Kostümmeistern.

Bis Mitte des 17. Jahrhunderts spielen ausschließlich Männer Theater und tanzen Ballett. Ausgehend von einem typischen klassizistisch-römischen Heroenkostüm, das einen separaten Schoßteil hat, nehmen damalige Kostümmeister fälschlicherweise an, dass der Schoß der oberschenkellangen Soldatentunika, der unter dem Brustpanzer hervorschaut, ebenfalls ein separater Rock sei. Aus dieser Fehlinterpretation entwickelt sich schließlich das erste Ballettröckchen, *tonnelet* (*Fässchen*) genannt. Das *tonnelet* ist ein steifer Tanzrock, der waagerecht von der Taille absteht und auf diese Weise Sprünge und Akrobatik ermöglicht. Auf diese Weise entsteht die bis heute charakteristische Form.

Das Tutu einer Balletttänzerin aus einem steifen, gaze-artigen Stoff geht also auf das höfische Ballettkostüm zurück. Doch Frauenbeine sind im 17. Jahrhundert erst einmal tabu, ein *tonnelet* wird ausschließlich bei Männern toleriert. Nur im Rahmen des sogenannten *Nymphentanzes* dürfen Frauen in antikisierender Kleidung bei einer Aufführung am Hof tanzen, sonst haben sie dort nichts zu suchen. Der von ihnen getragene Reifrock (*pannier*), der den Körper wie eine Kuppel umspannt, lässt nicht einmal die Beinbewegungen erahnen.

1730 tritt jedoch die Tänzerin Marie Camargo in einem nur bis zum Knöchel reichenden Rock auf und zeigt ihre Füße: eine Sensation! Was im Leben noch völlig undenkbar ist, wird auf der Bühne möglich. Gegen Ende des 18. Jahrhunderts erlaubt die *mode à la grècque* auch endlich leichtere Ballettkostüme, und man liebt es, nun Geister und Feen auf dem Theater zu zeigen. So entsteht die »Figur der immateriell-

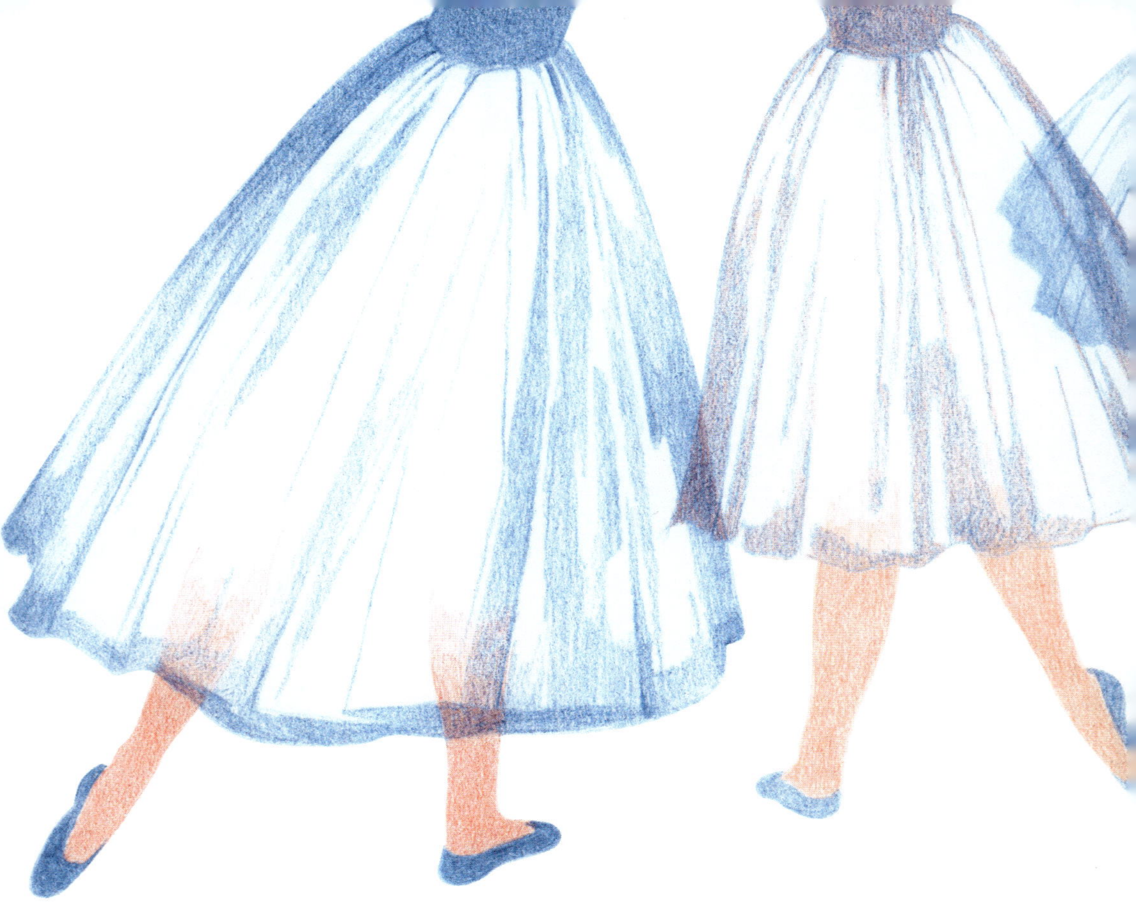

schwerelosen, weiß gekleideten Ballerina. Weiß stand nun für die morbide Faszination von Unschuld und Todesahnung.«[33]

Es ist schließlich Marie Taglioni, die 1832 in *La Sylphide* zum ersten Mal mit einem Tutu auftritt, entworfen von Eugène Lami: damals ein wadenlanger, glockenförmiger Rock, der es ihr möglich macht, ihre Fußarbeit zu zeigen. Bis dahin haben die Tänzerinnen Reifröcke getragen, die ihre Füße eher verbargen. Mit dem kürzeren Tutu kann Taglioni auch viel höhere Sprünge ausführen, und der zarte Rock hilft ihr, die mädchenhafte Aura der Unschuld als Sylphide zu verstärken. So wurde das Tutu zum Synonym für diese Illusion der Schwerelosigkeit der sogenannten *Ballet blancs* – Akte in Balletten, in denen die Ballerina und das weibliche Corps de Ballet weiße Kleider oder Tutus tragen. In den romantischen Balletten waren das in der Regel Szenen mit Geistern, Feen oder verwunschenen Jungfrauen. Die berühmtesten *Ballets blancs* sind der zweite Akt von *Giselle*, der zweite und vierte Akt von *Schwanensee* sowie der Auftritt der Schatten im dritten Akt von *La Bayadère*, heute oft in kurzen Röcken.

In der Zeit der Romantik ist das Tutu aber immer noch wadenlang und hauchzart. Bis zum Ersten Weltkrieg gilt es als unschick-

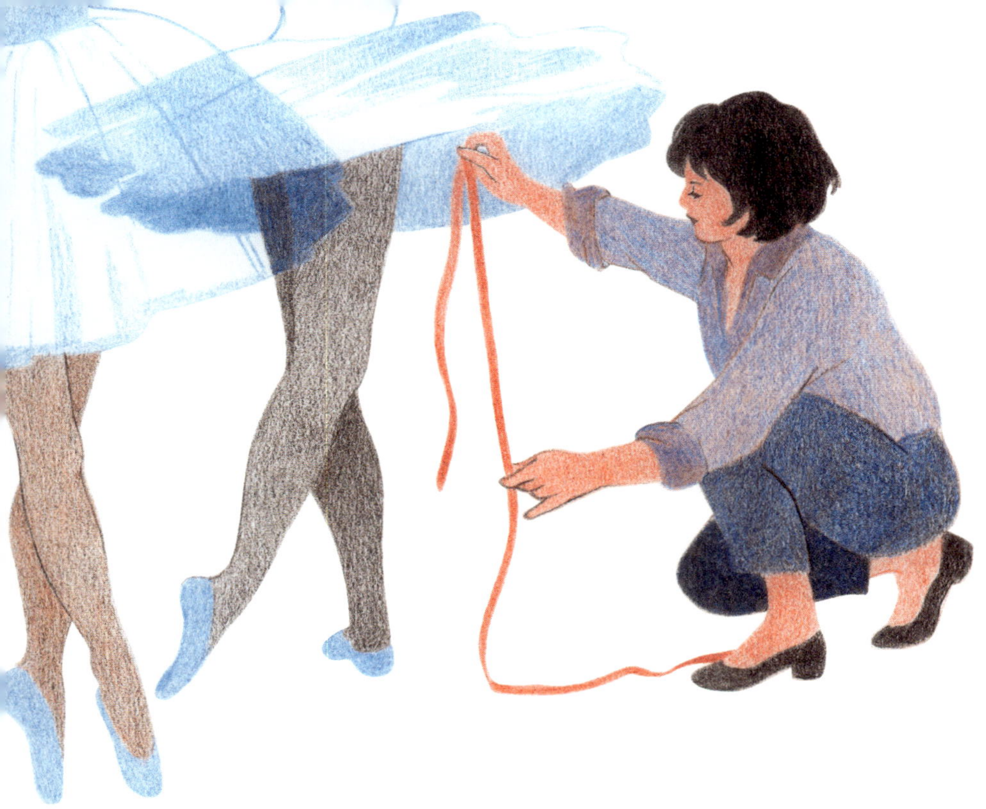

lich für Frauen, zu viel Bein zu zeigen. Noch um 1900 kann zum Beispiel der Maler und Schriftsteller Bruno Schulz aus Galizien die Männerwelt mit seinen Zeichnungen von zur Schaugestellten schwarzbestrumpften Damenwaden verwirren. Zur selben Zeit hält Henri de Toulouse-Lautrec in Paris in seinen Bildern fest, wie Männer beim Cancan der Tänzerinnen im Moulin Rouge den Kopf verlieren.

Die vermeintlich »unanständigsten« Tutus im Ballett sind jedoch die ganz flachen, die wie ein auf den Kopf gestellter Teller aussehen und steif abstehen. Die mit mehreren Gazeschichten übereinander genähten Ballettröcke verwendet Petipa schon 1895 im *Schwanensee*, während die übrige Damenwelt noch bis 1920 warten muss, bis der Rocksaum bis zum Knie hochrutschen darf. Heute lehnen viele Choreografen das Tutu ab, weil es nicht nur ein Symbol des klassischen Balletts ist, sondern auch – je nach Länge natürlich – gewisse technische Fehler der Ballerina kaschieren kann. Aus diesem Grund lassen Choreografen wie Maurice Béjart oder eine Generation später Wayne McGregor ihre Tänzerinnen nur im Trikot tanzen. Sie wollen und fordern stets die absolute technische Perfektion. Damit schaffen sie auch eine neue Tradition, die heute im klassischen Ballett fest verankert ist.

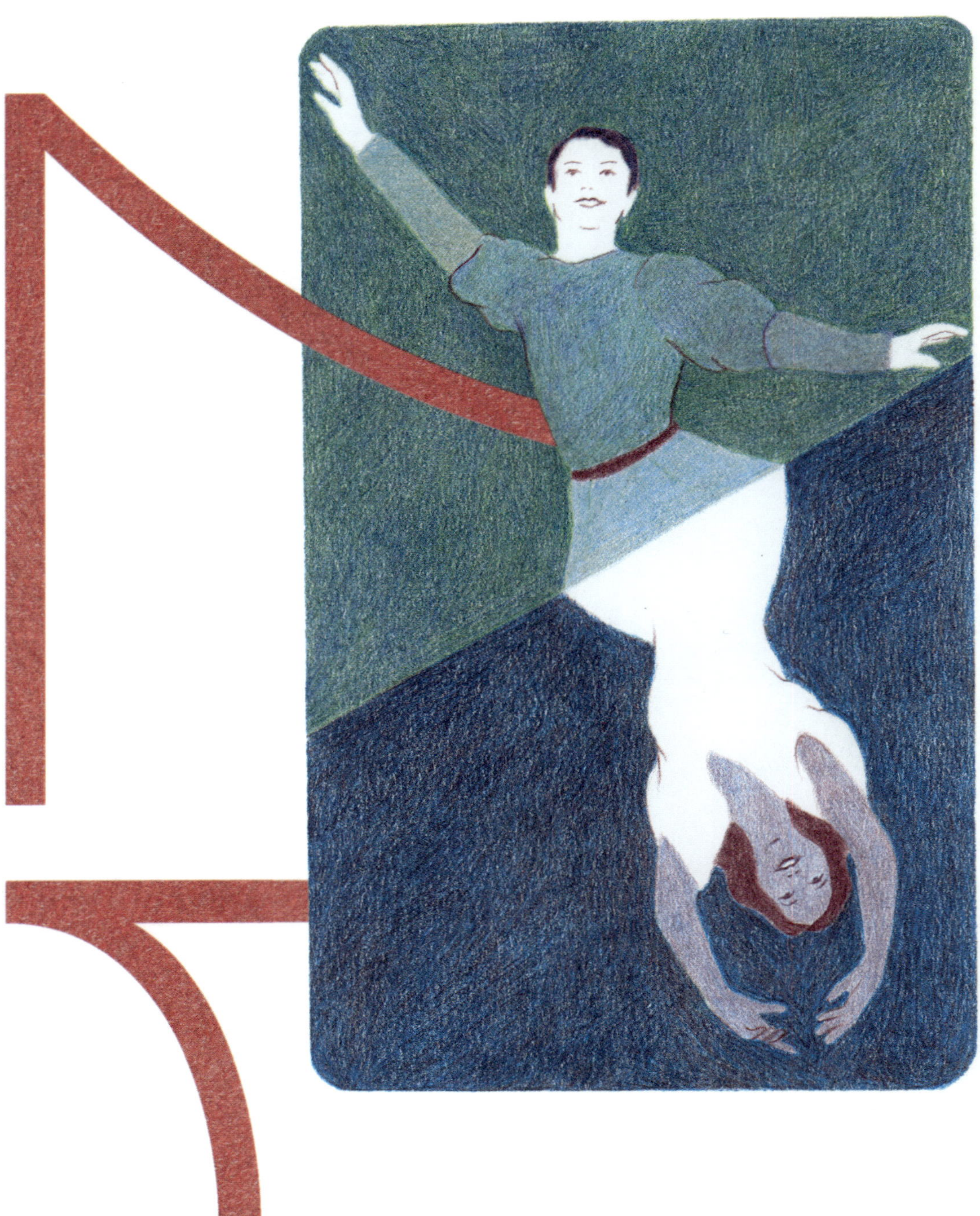

WELCHE ROLLE SPIELT EIGENTLICH DER MANN IM BALLETT?

Im klassischen Ballett haben die Männer lange Zeit vor allem nur eine Aufgabe: die Ballerina zu stützen und zu präsentieren. In Petipas Balletten ist das besonders gut zu sehen, da diese in der Tiefe wie eine Pyramide aufgebaut sind, an deren Spitze die Primaballerina steht. Ihr Partner tritt hinter ihr zurück – abgesehen vom Solopart im Grand Pas de deux – und präsentiert sie dem Zaren, dessen Loge der Bühnenmitte genau gegenüberliegt.

Das ändert sich jedoch um 1900. Michail Fokine rückt mit seiner Ballettreform als erster Choreograf den männlichen Tänzer in den Fokus. 1911 entwickelt er ein kurzes zehnminütiges Ballett zu Carl Maria von Webers Klavierrondo in Des-Dur *Aufforderung zum Tanz* (1819): *Le Spectre de la Rose.* In dem Ballett, in dem ein Mädchen nach einem Ball von einem »Geist der Rose« träumt und mit diesem Gespenst tanzt, lässt Fokine seine beiden Tänzer Vaclav Nijinsky und Tamara Karsawina auf der Bühne leuchten, bis Nijinsky mit einem gewaltigen Sprung die Bühne wieder verlässt. Fortan ist Nijinsky der Publikumsliebling, die Kraft und die Eleganz seines Sprungs gelten bis heute als unerreicht. Auch in seinen eigenen Choreografien hat Nijinsky nicht mehr den stützenden oder die Ballerina präsentierenden Part.

Die wirkliche Befreiung des männlichen Tänzers ist jedoch endgültig dem französischen Choreografen Maurice Béjart zu verdanken, obwohl dieser natürlich auf Fokines und Nijinskys Vorarbeiten aufbauen kann. 1955 choreografiert Béjart das Ballett zur *Symphonie pour un homme seul (Sinfonie für einen einzelnen Mann),* in dem er selbst die Hauptrolle übernimmt und fulminant tanzt. Er choreografiert und tanzt zur von Pierre Schaeffer komponierten Musik, »sein Tanz hat eine gnadenlose Athletik, und seine Augen starren mit verständnisloser, gequälter Poesie in die Mitte der Seele« (Clive Barnes).[34]

Doch Béjart emanzipiert nicht nur den Tänzer, sondern er dreht in seiner Weiterentwicklung des neoklassischen Stils die Ballettgeschichte um: Hatte sich das Ballett einst aus den Zwischenspielen bei den Festlichkeiten der italienischen Renaissance-Höfe entwickelt und wurde neben Gesang und Deklamation der Festgesellschaft präsentiert, ist es allmählich zu einer eigenen Sparte an den Opernhäusern geworden.

Béjart mischt nun die Künste wieder. Er lässt z. B. Nietzsches *Also sprach Zarathustra* rezitieren, bevor nach seiner Choreografie Beethovens Neunte getanzt wird, um mittels der verschiedenen künstlerischen Ausdrucksmöglichkeiten die humanistische Aussage Beethovens zu verstärken, die in der *Ode an die Freude* gipfelt.

Immer aber bleibt – ungeachtet aller Experimente – der klassische Tanz die unverrückbare Basis. Er ist wie die Grammatik der Tanzsprache, die erst vom Tänzer perfekt beherrscht werden muss, um dann darauf aufbauend Neues erschaffen zu können.

1959 choreografiert Béjart das Ballett *Le sacre du printemps*, das schon bei seiner Uraufführung 1913 in Paris in der Choreografie Nijinskys für einen Skandal gesorgt hat. Béjart lässt seine Tänzer nur in Trikots auftreten, die nichts verschleiern, keine Fehler verbergen, und findet völlig neue Bewegungen: Seine Tänzer springen zu den harten Rhythmen Strawinskys wie Hunde und Affen oder ahmen die Bewegungen einer Hirschbrunft nach.

Mit *Boléro* gelingt es Béjart endgültig, den männlichen Tänzer in den Mittelpunkt zu stellen. Das Stück hat folgende Vorgeschichte: Ida Rubinstein, Solistin bei den Ballets Russes, bittet 1928 Maurice Ravel um ein Musikstück für einen spanischen Tanz. Bronislawa Nijinska choreografiert an der Pariser Oper das Stück und schockiert das Publikum mit erotisch-laszіven Bewegungen der Tänzer. Sie verwandelt das Bühnenbild, das Théophile Alexandre Steinlein 1920 zu *Iberia* für die Ballets Suédois entworfen hatte, ins Dreidimensionale: Die bei Steinlein nur gemalte Plattform, auf der eine Tänzerin im spanischen Kostüm zu sehen ist, wird bei Nijinska zum ersten Mal zu einem großen runden Tisch, auf dem Rubinstein den *Boléro* tanzt.

Béjart vertauscht in seiner Fassung 1979 die Frauen- und Männerrollen und lässt den argentinischen Tänzer Jorge Donn die Hauptrolle tanzen. Dieser *Boléro* wird Béjarts Durchbruch als Choreograf. Es ist eine Huldigung an den Tanz und erinnert an Stierkampfarenen sowie Pablo Picassos Bildern von Toreros. Der Rhythmus der Musik wird durch eine Männergruppe um den Tisch herum verstärkt, die Inszenierung ruht auf der Persönlichkeit Donns.

Heute sind die männlichen Tänzer längst über die ihnen ursprünglich zugedachte Rolle hinausgewachsen, nur die Primaballerina zu stützen. Sie sind selbst zu Superstars und Primoballerinos geworden, wie z. B. Richard Cragun, Vladimir Malakhov, Benjamin Millepied, Ivan Liška, Edvin Revazov, Friedemann Vogel, Lloyd Riggins oder Sergej Polunin heute. Über einige von ihnen werden sogar Filme gedreht: Der Film *Yuli* (2019) erzählt das Leben des berühmten kubanischen Tänzers Carlos Acosta vom Royal Ballet; Ralph Fiennes dreht 2018 mit *The White Crow* einen Film über Rudolf Nurejew und dessen Flucht in den Westen – starke Persönlichkeiten, die die Rolle des männlichen Tänzers im 20. und 21. Jahrhundert neu definieren.

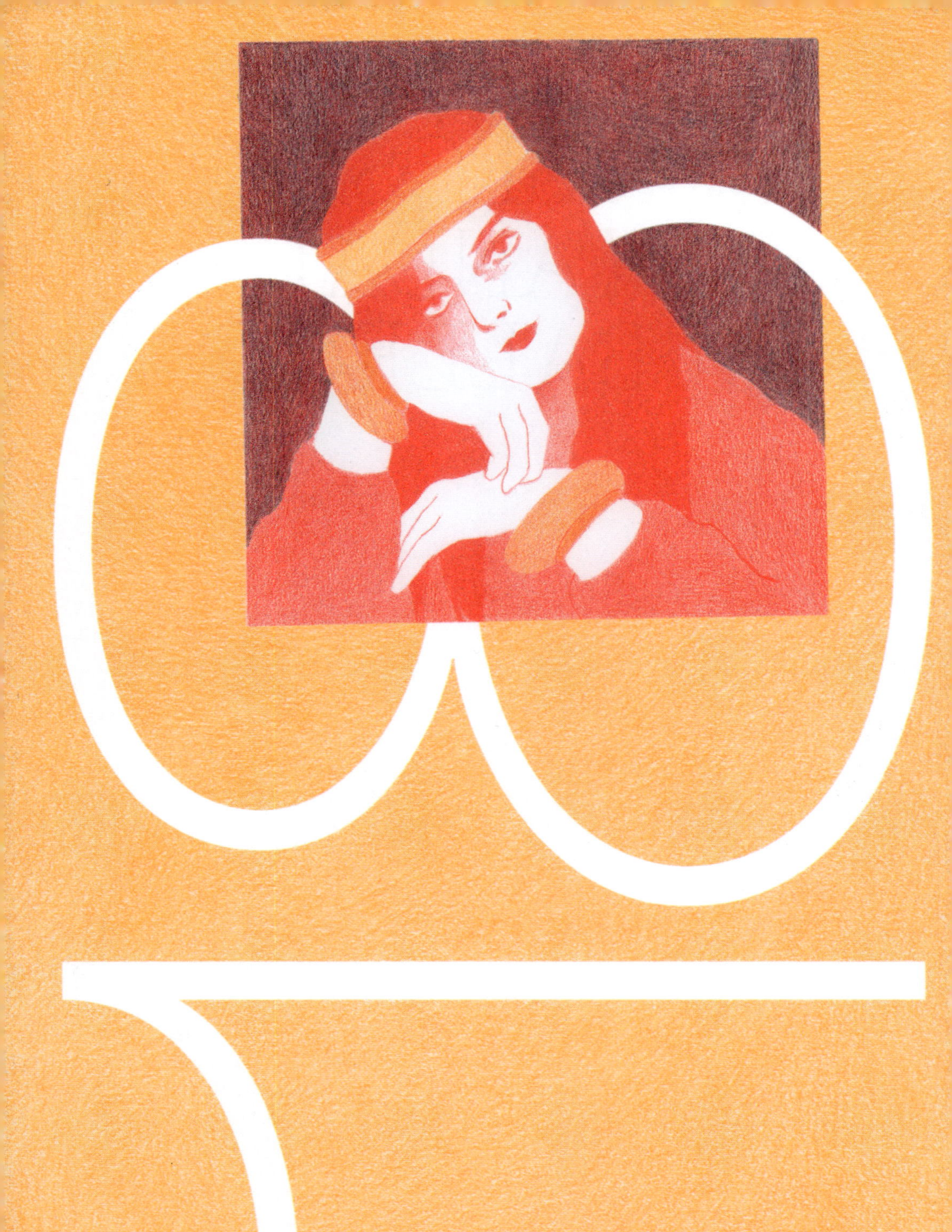

WAS WAR DER GRÖSSTE SKANDAL IM BALLETT?

Bei der Uraufführung gab es tumultartige Szenen, so dass die Aufführung zunächst abgebrochen werden musste: *Sacre du printemps* ist Vaclav Nijinskys drittes Ballett, das er 1913 im Auftrag von Sergej Djagilew für die Ballets Russes in Paris zur Musik von Igor Strawinsky choreografiert. Und er verbindet damit eine neue künstlerische Vision. Ob er ahnt oder vielleicht sogar fest damit rechnet, dass dieses Ballett für noch mehr Aufregung sorgt als das ein Jahr zuvor kreierte *Après-midi d'un Faune*?

In *Sacre du printemps* wird im heidnischen Russland eine Jungfrau dem Frühlingsgott geopfert. Die Handlung wird in zwei Teilen erzählt: Im ersten Teil, *Anbetung der Erde*, wird das Opfer vorbereitet. Der zweite Teil, *Das Opfer*, konzentriert sich auf die »Auserwählte«, die vor Angst zittert und sich schließlich zu Tode tanzt.

Einerseits trägt sicher die Musik Strawinskys zu der Empörung bei, die sich nach der Premiere entlädt, andererseits ist es sicherlich auch die vollkommen neue, ungewöhnliche Choreografie, die Nijinsky dem an klassische Anmut gewöhnten Publikum präsentiert.

In *Sacre* wendet sich Nijinsky dem Volkstümlich-Archaischen so überraschend kompromisslos zu, dass er das Publikum damit überfordert. Es ist, als wolle er sagen: »Ihr wollt das authentische Russische sehen? Ich zeige es euch!« Im Tanzopfer der Auserwählten siegt das Magisch-Sinnliche über das Rationale und Ethische. Hier gibt es keine Darstellung gleichgültiger Gefühle mehr, der das Publikum – bequem zurückgelehnt im Theatersessel – mehr oder weniger unbeteiligt begegnet; hier wird gekämpft und gelitten, die Auserwählte ist der tanzenden, stumpfen Menge ausgeliefert. Aus dem individuell entscheidenden, Gewalt und Unmaß verabscheuenden Einzelnen wird jemand, der in der Masse aufgeht.

Nicht von ungefähr hat man *Sacre* als Nijinskys Ablehnung des Nationalismus verstanden, auch in Vorahnung des ein Jahr später ausbrechenden Weltkriegs. Dieses

Ballett steht der Moderne zutiefst kritisch gegenüber, und es ist für Nijinsky der Ausgangspunkt, sich von der russischen Kulturkonzeption und damit auch von Djagilews Modell der Ballets Russes zu lösen. Nach Folklore und reiner Publikumsunterhaltung steht Nijinsky nicht der Sinn. In dem heraufziehenden Sturm des Ersten Weltkrieges sieht er vielmehr, dass jegliche Formen des Menschlichen davongefegt werden. Dieser Krieg wird sie alle gleichmachen. Der kulturelle Dualismus zwischen Russland und dem Westen, ein Erfolgsrezept Djagilews für die Ballets Russes, spielt angesichts dieser gewaltigen Kräfte keine Rolle mehr.

Nijinsky notiert in seinem Tagebuch: »Ich begriff, dass die Leute den Tod brauchen, und beschloß, nichts mehr zu tun, doch das war nicht möglich. Ich beschloß, über den Tod zu schreiben. Ich weinte vor Leid. Ich bin sehr betrübt. Ich bin trostlos, denn alles ringsum ist so öde. Ich bin verödet. [...] Ich weiß, dass es schwer ist, allein zu fühlen. Aber nur wenn er allein ist, kann der Mensch begreifen, wie das ist mit dem Gefühl.«[35] *Sacre* ist der deutlichste Versuch Nijinskys, das Gefühl nach außen in sichtbare Bewegung zu tragen. Das Zittern der für den Opfertod Auserwählten, die nach innen gedrehten Füße, die Angst in ihrem Gesicht, die an Edvard Munchs Bild *Der Schrei* (1910) erinnern. »Ich muß sagen, dass ich ohne Augen sehe. Ich bin das Gefühl. Ich fühle«[36], lautet eine der letzten Tagebucheintragungen Nijinskys.

Mit seiner Choreografie gibt Nijinsky auch eine neue Antwort auf die Frage, was eine Bewegungsveränderung für die Wahrnehmung des Körpers im Raum bedeutet. Nijinskys *en dedans*-Ausrichtung, die »Verdrehung des Körpers nach innen«, dazu die konsequente Kreisformation in *Sacre*, brachen mit dem klassischen *en face*-Prinzip. Der Zuschauer konnte nicht mehr wie bei der Guckkasten-Bühne souverän das Geschehen überblicken, sondern wurde scheinbar ausgeschlossen.

Strebt das klassische Ballett danach, die Schwerkraft zu überwinden, so sucht

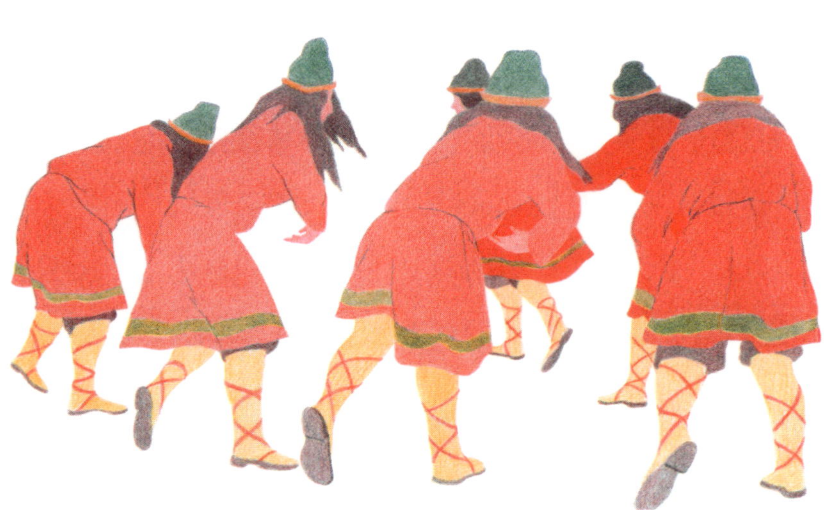

Nijinsky hingegen nach ihr und macht sie in *Sacre* mit den stampfenden und schweren Schritten der Tänzer zum Hauptgestaltungsmittel. Damit greift er auch eine Idee der Tänzerin Isadora Duncan auf, der er mehrfach begegnet ist und deren Tanzstil er eher kritisch-ablehnend gegenübersteht. 1903 beschreibt Duncan in einem Vortrag mit dem Titel *Der Tanz der Zukunft* die neue Bewegungsform zum ersten Mal: »Der wahre Tanz sollte nun nichts anderes sein als eine natürliche Gravitation des Willens im Individuum, der nicht mehr und nicht weniger als eine Übertragung der Gravitation des Weltalls in das menschliche Individuum ist. [...] Die Bewegungen nun, die die Ballettschule unserer Tage lehrt, Bewegungen, die vergeblich gegen die natürlichen Gesetze der Gravitation [...] und in Widerspruch stehen mit den Bewegungen [...], die die Natur schuf, müssen ihrer Natur nach sterile Bewegungen sein, die keine künftigen, neuen Bewegungen aus sich erzeugen, sondern hinsterben, wie sie geworden sind.«[37]

Sacre zeigt die kollektive, rauschhafte Erfahrung, in der sich Energie und Erregung zunächst im körperlichen Ausdruck und in fixierbaren Körperbildern niederschlägt. Es ist eine intensive Erfahrung, die sich in Bildern einprägt. Der gestampfte Rhythmus der sich im Kreis bewegenden Männer endet schließlich im Totentanz des jungen Mädchens. »Im Tanz wird die Einheit von Eros und Vergehen gestiftet, dem Tanz des gefeierten Lebens antwortet der Tanz des Todes«[38], heißt es in einer späteren Rezeption des Werks.

Im Grunde karikiert Nijinsky mit seiner Choreografie die traditionellen Ballette. Der Totentanz der Geister oder Wilis in weißen Gewändern wie in *Giselle* (1841) oder *La Bayadère* (1877) haben bereits die Ambivalenz des Tanzes zwischen Leidenschaft und Tod durch Tanzzwang angekündigt. Das ist ein häufig verwendetes Sujet im romantischen Ballett. Doch der von Nijinsky in *Sacre* choreografierte Tanz der für den Tod Auserwählten hat nichts Romantisch-Ästhetisches mehr, sondern er ist nur noch brutal.

Damit möchte Nijinsky auch die alte Balletttradition als unecht und nur dem Äußeren verhaftet entlarven. Er will den Moment ausdrücken, in dem das innere Erleben nach außen tritt, auch wenn das die Visualisierung von Grausamkeit und Leiden bedeutet. Das ist das radikal Neue und Verstörende, dass er dem Publikum vor gut einhundert Jahren zumutet.

Hier gibt es keine Darstellung gleichgültiger Gefühle mehr, der das Publikum – bequem zurückgelehnt im Theatersessel – unbeteiligt begegnet; hier wird gekämpft und gelitten.

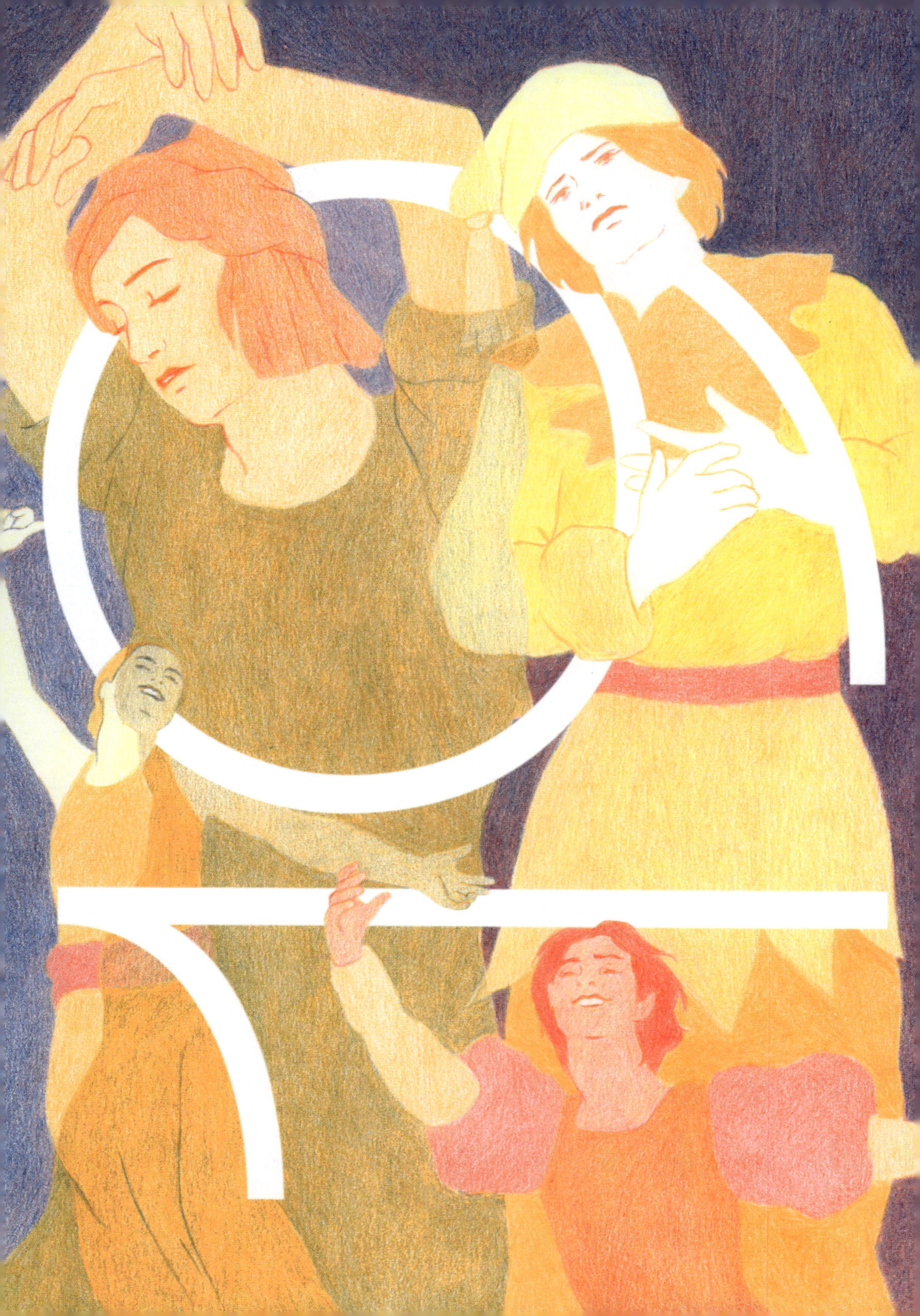

WARUM IST VACLAV NIJINSKY FÜR DAS MODERNE BALLETT SO WICHTIG?

Bis heute gilt Vaclav Nijinsky als der genialste männliche Tänzer und Choreograf, obwohl er nur vier Ballette geschaffen und über die Hälfte seines Lebens im Sanatorium verbracht hat. Geboren in Kiew, wird er ab 1900 an der Kaiserlichen Ballettakademie in Sankt Petersburg ausgebildet und übernimmt bald alle männlichen Hauptrollen, die Michail Fokine für die Compagnie der Ballets Russes kreiert. Als Tänzer wird er berühmt für bis dahin noch nie gesehene Sprünge: *Triple tours en l'air* (dreifache Drehung in der Luft) und *Entrechats dix* (Sprünge, bei denen in der Luft die gestreckten Füße zehnmal gekreuzt werden). Noch lange nach ihm wird diese Sprünge kein Tänzer mehr schaffen. Leider gibt es keine Filmaufnahmen seines Tanzes, sondern nur Berichte von Zeitzeugen, die voller Bewunderung für seine Sprungkraft, aber auch fasziniert von seinen katzenhaften und geschmeidigen Bewegungen sind.

Vor allem seine Choreografien sind wegweisend für die Ballettgeschichte: *Après-midi d'un Faune* (uraufgeführt 1912), *Jeux* (1913), *Le sacre du printemps* (1913) und *Till Eulenspiegel* (1916). Wie Fokine stört sich auch Nijinsky daran, wenn der Tanz nur äußerlich bleibt und einen reinen Showeffekt erzielen will. Stattdessen möchte er die innere Bewegung des Tänzers beim Tanzen vermitteln, was auch bedeutet, dass der Rhythmus des Tanzes nicht unbedingt den Bewegungsgesetzen der physikalischen Welt folgen muss. In allen vier von ihm choreografierten Balletten versucht er, neue Ausdrücke, Gebärden, Schritte für innere Zustände zu finden. Anders als Fokine, der trotz aller Erneuerungsbestrebungen innerhalb des Repertoires des akademischen Tanzvokabulars bleibt, bricht Nijinsky daraus radikal aus. Er kreiert ein visuelles Crescendo der Bewegungen, das die Musik nicht einfach verdoppelt, sondern sie ergänzt. Dabei emanzipiert sich auch die sichtbare Sprache des Tanzes von der hörbaren der Musik. Nijinsky nimmt den Schleier vom klassisch-akademischen Tanz und erlaubt Einblicke in das Innere des Tanzenden.

Das Erzählen der Geschichte steht dabei für ihn nicht mehr im Vordergrund. John Neumeier, der das weltweit größte Nijinsky-Archiv in seiner Sammlung zusammengetragen hat, sagt beispielsweise über das Ballett *Jeux:* »Hier gibt es keinen Plot, der in Worten zu erklären wäre, kaum eine äußerliche Handlung. Das Thema von *Jeux* ist eigentlich Nicht-Aktion – das Ungesprochene, Unaussprechliche. Die Choreografie reflektiert innere emotionale Zustände. Ein Ball rollt auf die Bühne – ein, zwei, drei Tänzer treten auf, verlassen die Bühne, kehren wieder zurück – der Ball rollt weiter. Worte können kaum erklären, was eigentlich passiert.«[39]

Nijinsky, der Fokine als Choreograf der Ballets Russes auf Wunsch von Djagilew beerbt, setzt sich noch tiefer mit den antiken und folkloristischen Formen des Tanzes auseinander als Fokine. Wichtig für seine neuen Bewegungen ist die Dynamik an sich, die für ihn – wie beim zeitgleich entstehenden Ausdruckstanz – von der Körpermitte und nicht mehr vom Rücken ausgeht. Obwohl es von seinem Tanz leider keine bewegten Bilder gibt, so haben wir doch seine Zeichnungen, die genau diese Dynamik vermitteln: Die von ihm gezeichneten Blätter, oft nur mit »Bögen«, »Segmente« oder »Linien« betitelt, sind die wichtigsten Dokumente, um Nijinskys Choreografien zu verstehen. Sie zeigen das Zentrum, von dem aus in schwingenden elliptischen Rotationen die Bewegungen nach außen gehen und wieder zurückkehren. Liest man die Zeichnungen wie Tanznotationen, geben sie die kreisenden Bewegungen der Arme, Hände und Beine wieder. Diese Bewegungen sind durchaus harmonisch, werden immer größer und schwingen weiter nach außen.

Im Kontext seiner Zeichnungen wird auch deutlich, dass es bei Nijinsky weder Manierismus noch eine simple Ablehnung der tradierten Ballettrhetorik ist, sondern dass es ein streng durchdachtes Bewegungskonzept mit einem Kreis als Basis gibt, dem Nijinsky von Beginn an folgt.

Mit seiner brillanten Technik und seiner außergewöhnlichen Sprungkraft verzaubert Nijinsky sein Publikum, durch seinen radikalen Bruch mit der Tradition des klassischen Tanzes irritiert er es. Er kann sich in jede Rolle sofort einfühlen und als Tänzer seine Kraft und Virtuosität zeigen und gleichzeitig mit ungewohnten Bewegungen sowie neuen Choreografien für Erstaunen und Entsetzen sorgen. Nijinsky hat das Verhältnis zwischen Musik und Tänzer im modernen Ballett neu definiert. Ohne ihn wären die späteren Bewegungsstudien von William Forsythe genauso wenig möglich wie zum Beispiel die Choreografien von Wayne McGregor, in denen man noch heute, ein Jahrhundert später, die Spuren der Nijinsky'schen Bewegungssprache erkennt.

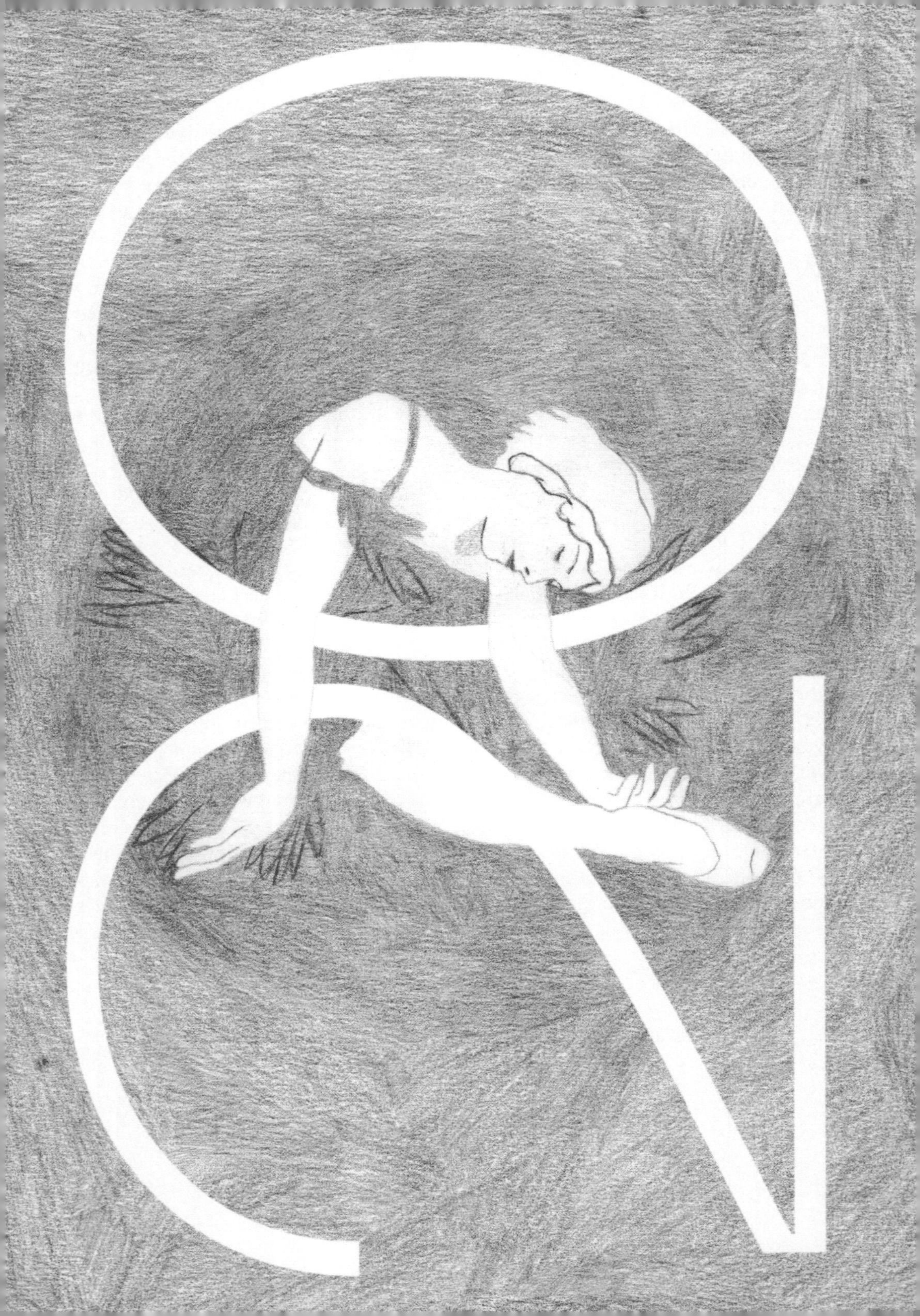

SIND »SCHWANENSEE« UND DER »STERBENDE SCHWAN« DASSELBE?

Man muss sagen, dass es in der Ballettgeschichte viele Schwäne gibt, und leider sterben sie auch oft. Doch um es gleich vorwegzunehmen: *Schwanensee* und der sprichwörtlich gewordene *Sterbende Schwan* sind nicht das Gleiche. Aber sie haben miteinander zu tun.

Schwanensee ist bis heute das berühmteste und am häufigsten aufgeführte Werk der Ballettgeschichte: Allein 1989 gibt es zum Beispiel 155 verschiedene Inszenierungen von *Schwanensee* in 25 Ländern.[40] Auch diejenigen, die nichts vom Ballett verstehen oder sich nicht dafür interessieren, haben davon gehört. Es ist zum Synonym schlechthin für das klassische Ballett geworden.

Dabei findet die erste Inszenierung von *Schwanensee* am 20. Februar 1877 im Bolschoi-Theater in Moskau eher wenig Anklang. Julius Reisinger choreografiert, das Libretto schreiben Wladimir Begichew, Chefdramaturg am Bolschoi-Theater, sowie der Tänzer Wasily Geltser. Die Handlung ist ein simpler Märchenstoff, Begichew mischt dafür verschiedene Märchenmotive: Prinz Siegfried verliebt sich in die vom bösen Zauberer Rotbart in einen Schwan verwandelte Prinzessin Odette. Nur seine bedingungslose Liebe könnte die Verwünschung wieder rückgängig machen. Doch Rotbart und die schwarze Schwanenprinzessin Odile, das negative Ebenbild von Odette, versuchen, diese Liebe mit allen Mitteln zu verhindern.

Die Musik komponiert Peter Tschaikowsky. Bereits 1871 hat er die Musik für den Einakter *Der See der Schwäne* für die Kinder seiner Schwester Sascha komponiert – eine Musik, die leider nicht erhalten ist. Neu an Tschaikowskys *Schwanensee* ist, dass er, wie es Malte Korff in seiner Tschaikowsky-Biografie treffend beschreibt, »Ballettmusik nicht mehr als funktionale Musik auffasst, die nur der Begleitung von Tanzszenen dient, sondern in der die musikalischen Themen und Motive genauso fortentwickelt werden wie in einer

Sinfonie oder durchkomponierten Oper. Die Musik ist von tiefen menschlichen Gefühlen geprägt – eine differenzierte Empfindungsskala mit all ihren Widersprüchen.«[41]

Doch das Stück wird von Reisinger kitschig inszeniert, das künstlerische Können der Tänzer ist begrenzt. Zudem erwartet das Publikum eher leichte, unterhaltende Tanzmusik und ist auf Tschaikowskys neues musikdramaturgisches Konzept nicht vorbereitet.

Bis 1880 wird *Schwanensee* immer mal wieder aufgeführt, die Szenen werden umgestellt oder gekürzt, aber der Erfolg stellt sich nicht ein – bis sich Marius Petipa des Stoffes annimmt.

Petipa erinnert sich an den Misserfolg des Balletts: »Als ich davon erfuhr, fuhr ich zum Direktor und sagte ihm, dass ich es nicht für möglich halten könne, dass Tschaikowskys Musik schlecht sei und sein Werk keinen Erfolg habe; nicht an der Musik müsse es liegen, sondern an der Inszenierung des Balletts, an den Tänzen. Ich bat den Direktor, mir zu gestatten, Tschaikowskys Werk zu verwenden und das Ballett unter Verwendung des Sujets nach eigenem Gutdünken in Petersburg zu inszenieren.«[42]

Der gebürtige Franzose Marius Petipa, der zu diesem Zeitpunkt schon seit fast vierzig Jahren in Russland lebt, erhält die Erlaubnis und choreografiert 1895 das Ballett noch einmal für das kaiserliche Mariinsky-Theater in Sankt Petersburg – zwei Jahre nach Tschaikowskys Tod. Diese Petersburger Fassung ist diejenige, die erfolgreich und bis heute immer wieder aufgeführt bzw. variiert wird.

Marius Petipa hat viele Jahre in Europa als Tänzer gearbeitet und mit 19 Jahren sein erstes Ballett choreografiert (*La Dansomanie*, 1847), bevor er als Choreograf und Tänzer nach Russland geht. Das heute als »typisch russisch« assoziierte Ballett des 19. Jahrhunderts ist somit das Verdienst eines französischen Tänzers!

Petipa choreografiert hunderte andere Ballette, die heute fast alle vergessen sind; doch mit *Schwanensee* bleibt sein Name auf ewig verbunden. Er gilt als »Vater des klassischen Balletts«: Er führt unter anderem den *Grand Pas de deux* als Höhepunkt im Ballett ein, um den Solisten im Duett die Gelegenheit zu geben, ihre technischen Fähigkeiten zu zeigen. Er erkennt als erster die wichtige Rolle des Corps de Ballet und entwickelt komplizierte Choreografien für diese Gruppe von Tänzerinnen. Das gilt ganz besonders auch für *Schwanensee*, das er zusammen mit seinem Assistenten Lew Iwanowitsch Iwanow kreiert.

Zunächst überlegt Petipa, den eindrucksvollen Auftritt der Schatten aus seinem Ballett *La Bayadère* (1877) noch einmal zu verwenden: »Wenn die Schwäne ins Wasser fallen, müssen sich 6 Figuren auf dem Wasser zeigen. Danach auf ein Knie, den Körper zurückgelehnt, die beiden Arme nach oben, dann die Arme herabnehmen und alle Arabesque ausführen, danach auf die Knie, sehr zurücklehnen.«[43]

Petipa und Iwanow lassen die Idee wieder fallen, konzentrieren ihre Choreografie aber dennoch um die Grundfigur: die *Arabesque*, die sich wie ein tänzerisches Leitmotiv durch *Schwanensee* zieht. So erscheint Odette zum ersten Mal Siegfried in einer lang gehaltenen Arabesque – das Bein im 90-Grad-Winkel gestreckt. Später tritt das Corps de Ballet, die Gefährtinnen Odettes, nacheinander aus den hinteren Gassen der Bühne und bewegt sich in Serpentinen nach vorn, ähnlich wie die Schatten in *La Bayadère*. Dabei geht, wie es Gabriele Brandstetter beschreibt, die »fließende Geschmeidigkeit in Schultern und Rücken, in Armen und Händen, das Flügelspiel und die mimische Gestik, in denen Liebe und Leid, Angst und Freudigkeit, kurz: der ganze Seelenroman der verzauberten Schwäne verkörpert sind, [...] weit über die klassische Konvention von Port des bras und Épaulement hinaus und weist auf das neue Ausdrucksmodell im 20. Jahrhundert voraus.«[44]

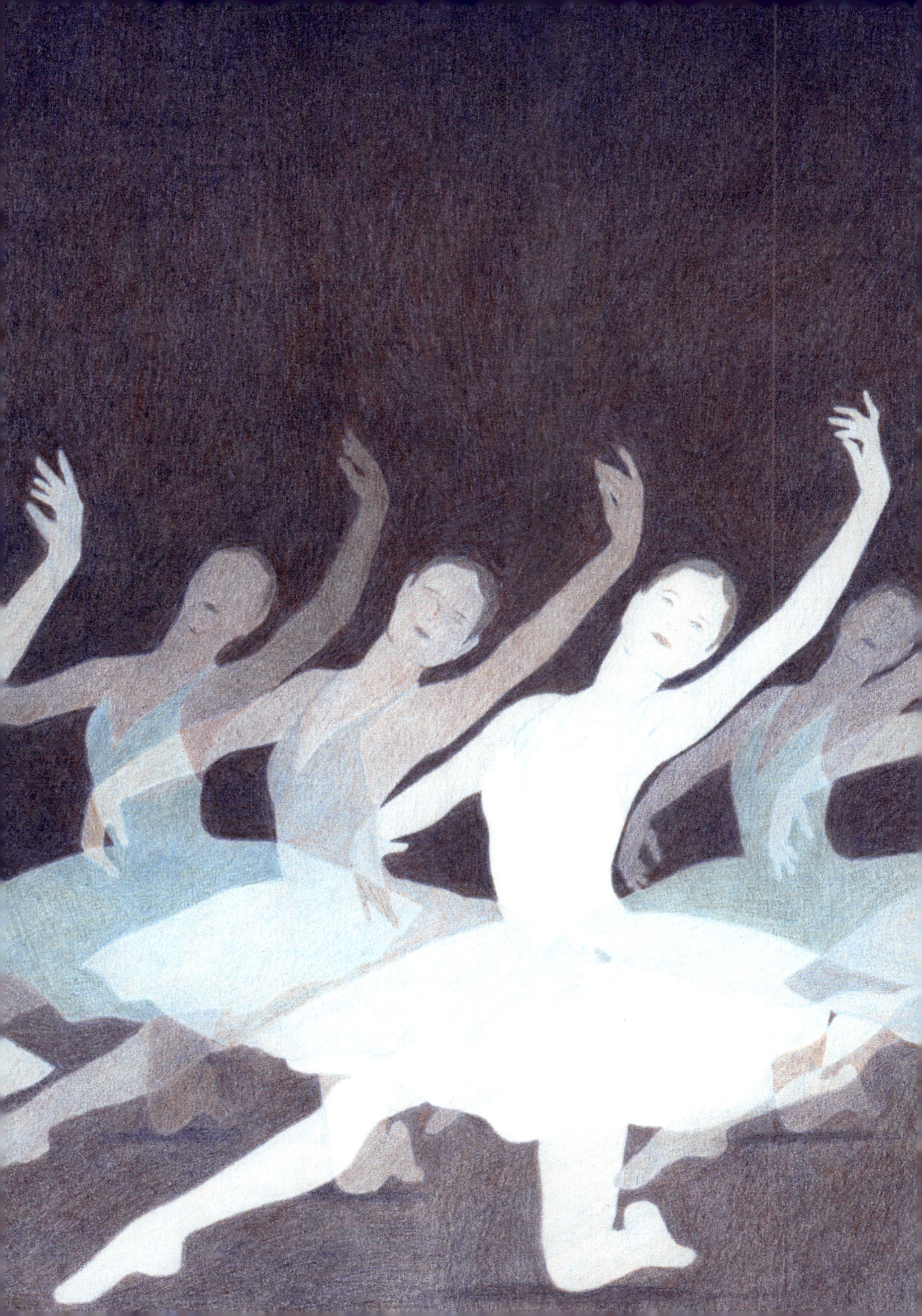

»Mit gebogenen Armen auf Zehenspitzen, kreist sie über die Bühne ... sie scheint nach dem Horizont zu streben, als würde sie gleich fliegen ...«

Das *Schwanenthema* Tschaikowskys, das im Finale des ersten Aktes musikalisch den Schwanenzug begleitet, wird von einer zarten Oboenmelodie präsentiert, die alles zum Ausdruck bringt: »brennendes Verlangen, bebende Angst und heftigen Schmerz. Dieses Thema, das im weiteren Verlauf die Grundlage zu einer geradezu motivisch-thematischen Entwicklung wird, klingt mal leidenschaftlich erregt, mal beklemmend, kummervoll und dann wieder hell, strahlend.«[45] Dass die Oboe vorwiegend melodieführend auftritt, spiegelt wiederum die leitmotivische Figur der *Arabesque*, die mit ihrer langgezogenen Linie gleichsam zwischen Himmel und Erde, Diesseits und Jenseits vermittelt. Noch bevor sich der Vorhang hebt, erklingt mit dem Oboenthema das Motiv der verzauberten Schwäne. Und am Ende des ersten Aktes ist es wieder ein Oboenthema, mit dem sich das Reich der Phantasie öffnet.

Bereits zur Premiere im Januar 1895 wird *Schwanensee* in der Petersburger Fassung von Petipa und Iwanow ein überwältigender Erfolg. Das ist allerdings auch einer Tänzerin zu verdanken: Pierina Legnami – die erste Primaballerina Assoluta der Ballettgeschichte. Legnami ist vom Teatro alla Scala in Mailand 1893 zu Petipa nach Sankt Petersburg gekommen. Sie besitzt eine für diese Zeit außergewöhnliche Technik, die Petipa sofort in seine Choreografie einbaut: die Drehfigur der 32 *Fouettés en tournant*, die das Solo der schwarzen Schwanenprinzessin Odile im dritten Akt zu einem Höhepunkt macht und darüber hinaus auch eine dramaturgische Funktion hat: »Die Serie dieser peitschenden, auf Spitze ausgeführten Pirouetten bildet gleichsam einen Spiegel des Wesens Odile: ihrer funkensprühenden, geheimnisvoll dunklen Schönheit, ihrer magischen Attraktion. [...] Keine Bewegungsfigur des klassischen Balletts könnte diese geschliffene dynamische Erscheinung konzentrierter zum Ausdruck bringen als die Serie der 32 Fouettés, jener brillanten, kraftvollen Pirouetten auf Spitze, in denen das Spielbein in voller Streckung zur Seite in Hüfthöhe herausgeworfen und dann scharf angezogen wird, um den Körper wie einen Kreisel herumzuwirbeln.«[46]

Doch die Faszination, die *Schwanensee* auf das Publikum ausübt, hat möglicherweise noch einen anderen Grund. Die Dualität des weißen und schwarzen Schwans, die das Ballett durchzieht, wird in der Regel auf Bilder weiblicher Reinheit versus Verführung bzw. der *femme fragile* versus *femme fatale* reduziert. Noch der amerikanische Psychothriller *Black Swan* 2010 von Darren Aronofsky basiert auf dieser Lesart. Im russischen Volksglauben wird der Schwan (russisch: *lebed*) mit einer weiblichen Figur assoziiert, während er in der westeuropäischen Kultur als Begleittier des Gottes Apoll männlich ist.

Darüber hinaus spielt das Motiv des Schwans in der Ästhetik der russischen Kunst der ersten Dekade des 20. Jahrhunderts eine entscheidende Rolle, weil sich in ihm nicht nur Untergang und Übergang verdichten, sondern es in einer langen mythologischen Tradition steht, an die sich zu erinnern das vorrevolutionäre Russland bemüht war. Gerade dieses Moment des Untergangs einer Epoche hat Petipa zutiefst umgetrieben, und er hat es in der Choreografie *Schwanensee*s schließlich bildhaft zum Ausdruck gebracht.

Zwölf Jahre später, 1907, choreografiert Michail Fokine ein kleines Ballettsolo für die weltberühmte Primaballerina Anna Pawlowa: *Der sterbende Schwan*. Das dreiminütige Solo ist zwar an Tschaikowskys *Schwanensee* angelehnt, in dem sich Odette/Odile für Prinz Siegfried opfert, aber in vielerlei Hinsicht etwas völlig Neues.

In dem Ballettsolo tanzt Pawlowa zum Cellosolo *Le Cygne* (*Der Schwan*) des Komponisten Camille Saint-Saëns aus *Le carnaval des animaux* (*Karneval der Tiere*). Fokine erinnert sich an die ersten Proben mit Anna Pawlowa: »Der Tanz war in wenigen Minuten choreografiert. Es war fast

»... sie taumelt mit ungleichmäßigen Schritten zum Bühnenrand ... Sie sinkt auf das linke Knie, das Wesen der Lüfte kämpft gegen irdische Fesseln; und dort, vom Schmerz durchbohrt, stirbt sie.«

André Lewinson über Anna Pawlowa als *Sterbender Schwan*

eine Improvisation. Ich tanzte vor ihr [Anna Pawlowa], sie direkt hinter mir. Dann tanzte sie, und ich ging neben ihr, winkelte ihre Arme ab, korrigierte Details der Posen. Vor dieser Choreografie wurde ich wegen des Einsatzes von barfüßigem Tanz der Verweigerung von Spitzentechnik beschuldigt. *Der Sterbende Schwan* war meine Antwort auf diese Kritik. Dieser Tanz wurde zum Symbol für das neue russische Ballett. Es war eine Kombination aus virtuoser Technik und Ausdruck.«[47]

Jedoch stellt Fokine Anna Pawlowa nicht nur auf die Spitze, sondern lässt sie fast die ganze Zeit *Pas de bourées* tanzen: kleinste, sogenannte »Tippelschritte« auf der Spitze. Zudem konzentriert sich seine Choreografie auf ausdrucksvolle Armbewegungen, die die Flügelbewegungen und letzten Momente des sterbenden Schwans möglichst naturalistisch nachempfinden sollten. Der impressionistische Maler Ernst Oppler, ein Mitbegründer der Berliner Secession, besucht als leidenschaftlicher Ballettliebhaber regelmäßig Proben und Aufführungen der Ballets Russes in Berlin, Paris und London. Vor allem Anna Pawlowas Posen im *Sterbenden Schwan* hat er in zahlreichen Radierungen festgehalten.[48]

Das Kostüm stammt vom bildenden Künstler Léon Bakst, der später für die Ballets Russes viele Kostüme entwerfen wird. Das schlichte weiße Tutu erinnert an Schwanenflügel und ist mit echten Gänsefedern bestückt. Fokine schreibt, dass er beweisen will, »wie ausdrucksvoll der Solotanz sogar in dem konventionellsten Kostüm sein kann«.[49]

Fokine nimmt die Krise, in der das klassische Ballett steckt, sehr genau wahr: »Das Kostüm der Ballerina, das Verhältnis zum Publikum und die ständige Unterbrechung der Handlung – dies alles überzeugte mich davon, dass im Ballett das Hauptsächlichste fehlt: der Wunsch, auf das Publikum mittels der erschaffenen künstlerischen Figur einzuwirken.«[50]

Das ihm das mit dem *Sterbenden Schwan* gelingt, zeigt die Reaktion des russischen Tanzkritikers André Lewinson. Er berichtet am 22. Dezember 1907 über Pawlowas Auftritt, die 1906 am Mariinsky-Theater zur Primaballerina ernannt worden ist: »Mit gebogenen Armen auf Zehenspitzen, kreist sie über die Bühne... sie scheint nach dem Horizont zu streben, als würde sie gleich fliegen ... Sie taumelt mit ungleichmäßigen Schritten zum Bühnenrand, die Beine zittern wie die Saiten einer Harfe ... Sie sinkt auf das linke Knie, das Wesen der Lüfte kämpft gegen irdische Fesseln; und dort, vom Schmerz durchbohrt, stirbt sie.«[51]

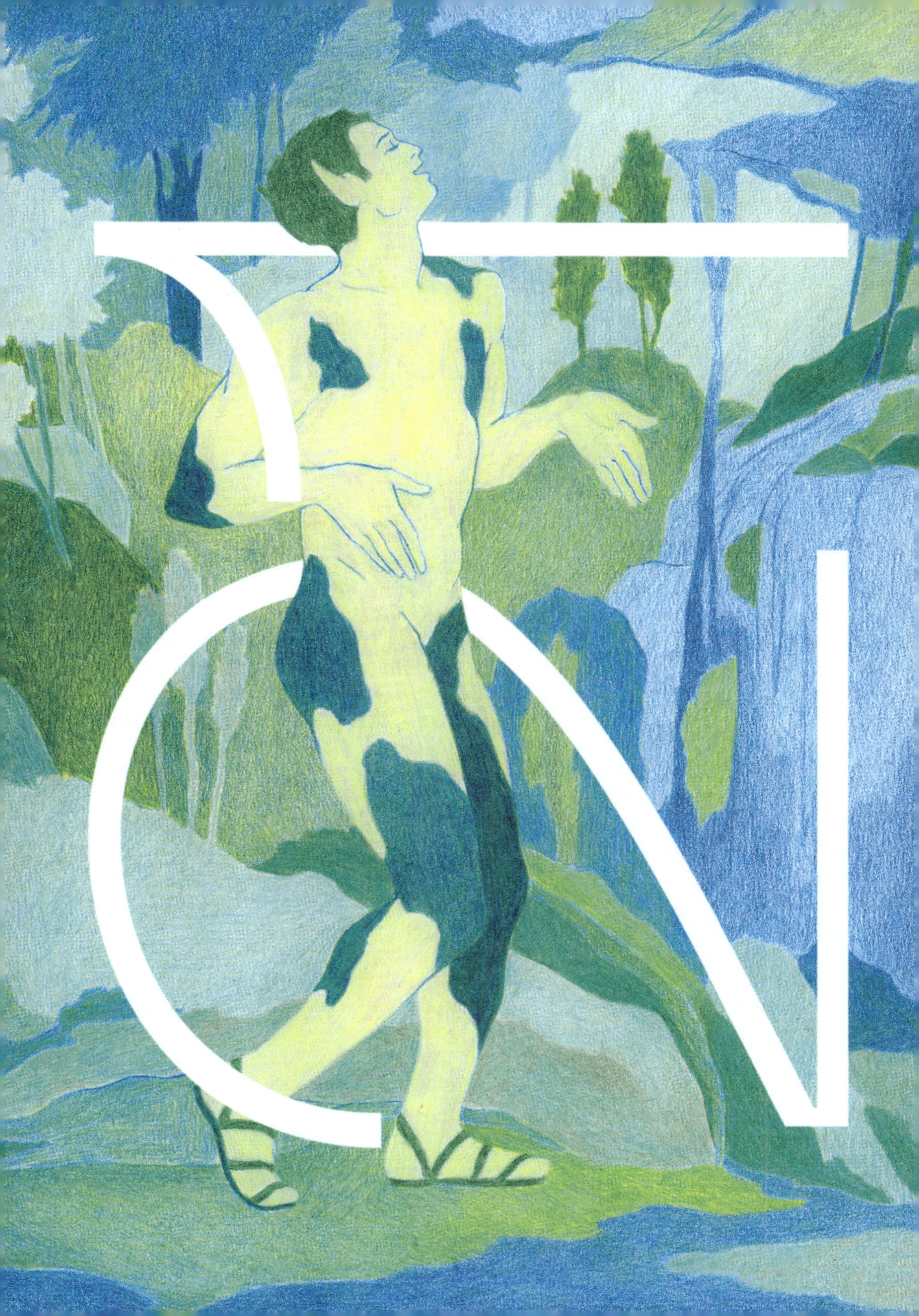

WELCHE ROLLE SPIELT EIN FAUN IN DER BALLETT-GESCHICHTE?

Als Vaclav Nijinsky Choreograf der Ballets Russes wird und damit Michail Fokine nachfolgt, beschäftigt er sich intensiv mit antiken und folkloristischen Formen. Im genauen Studium der Körpersprache, im Erfinden völlig neuer Bewegungsabläufe, die für die Tänzer mitunter so ungewohnt waren, dass sie sich zunächst weigerten, seine Vorstellungen umzusetzen, sucht er hinter den sichtbaren Abläufen des Tanzes etwas Tieferes, Verborgenes.

Wie ungewöhnlich und neu Nijinskys Ausdrucksgebärden sind, zeigen die entsetzten Reaktionen Fokines auf Nijinskys erstes Ballett *L'Après-midi d'un Faune* (*Der Nachmittag eines Fauns*, 1912). In seinen Erinnerungen beschreibt er seine Fassungslosigkeit: »Das ganze Ballett wurde nur im Profil gestellt [...]. Die Gruppen wirkten teilweise sehr schön und waren den Basreliefs oder den Vasenmalereien nachgebildet. Nijinskys Kostüm, das Bakst entworfen hatte, wirkte sehr originell – mit goldenen Hörnern, nur im Trikot, wie eine Kuh gescheckt und mit einem ganz kleinen Schwänzchen. Solch ein Kostüm hatte es auf der Bühne noch nie gegeben. Halb Mensch, halb Tier. [...] Was gab es für Bewegungen? War es überhaupt Tanz? Nein, es war kein Tanz. Die Bewegungen bestanden aus: Schritt, Lauf, Drehungen auf zwei Beinen von einer Pose in die andere, Änderungen der Armhaltungen und des Kopfes und ein Sprung. [Ich] habe absolut nichts dagegen, dass nicht getanzt wird. Wenn kein Tanz notwendig ist, braucht man ihn auch nicht. Das bezeichnet man dann eben nicht als Ballett, sondern als Pantomime, was ja auch kein Unglück ist. Aber ein Unglück ist es, wenn man diese Serie von Posen als neue Form des Tanzes ausgibt [...]. Es gab noch einen anderen Fehler. Er [Nijinsky] drückte das Kinn an den Hals, so daß ein Doppelkinn entstand; das hatte er früher nie gemacht. Für die griechische Plastik ist das völlig untypisch. Auf keinem Basrelief, weder auf Skulpturen noch auf Vasen, drücken die Griechen ihr Kinn an den Hals.«[52]

Die letzte Beobachtung Fokines trifft übrigens zu. Der französische Tanzwissenschaftler Philippe de Lustrac hat herausgefunden, dass Nijinskys Vorlage für *Faune* keineswegs die griechische oder ägyptische Kunst gewesen sein könne, sondern die assyrische.[53] In einem Vergleich der Posen aus Nijinskys Ballett und den Reliefs vom Assyrerkönig Assurbanipal im Louvre sieht man, dass Nijinsky die flache ausgestreckte Handbewegung mit dem abgespreizten Daumen sowie das an den Hals gedrückte Kinn vielleicht von dort übernommen hat.

Das, was Fokine als »falsches Tanzen« kritisiert, wird von anderen zeitgenössischen Künstlern gefeiert. Zu Fokines Enttäuschung schreibt Auguste Rodin nach dem Skandal der Uraufführung einen enthusiastischen Brief an die Presse, in dem er die Choreografie verteidigt. Auch Hugo von Hofmannsthal gehört zu Nijinskys Bewunderern und erkennt das Neue der Choreografie an.

Rekonstruktionen der Notation für *L'Après-midi d'un Faune* zeigen, dass sich Nijinsky auch intensiv mit dem Relief des Renaissance-Künstlers Luca della Robbia für die Sängerkanzel (Cantoria) im Florentiner Dom beschäftigt hat. Es geht ihm jedoch nicht um eine Neuinterpretation dieser Kunst mithilfe des Tanzes, sondern um den Tanz an sich, um seine Emanzipation. Tanz soll weder schmückendes Beiwerk einer literarischen Vorlage noch Verdopplung eines Bildes sein. Tanz ist für Nijinsky vielmehr der sich bewegende, eine eigene Sprache sprechende Körper im Raum.

In *Après-midi d'un Faune* zeigt Nijinsky seine neue Idee des Tanzes zum ersten Mal. Hier führt er dem Zuschauer die Wirkung vor, die eine Inszenierung der Fläche auf die Wahrnehmung hat. »Im *Faune* propagiert Nijinsky das lineare Element durch Bewegungsrichtung und Körperhaltung und vermeidet strikt jegliche plastische Wirkung. Er umgeht zum Beispiel die Wahrnehmung des Körpervolumens in der Drehung, indem er ausschließlich schnelle Wendungen gebraucht.«[54]

Seine Choreografie wird von der Musik unterstützt: Debussy lässt zunächst die Flöte allein vier Takte das Hauptthema spielen, das in immer neu variierter Gestalt und neu instrumentiert zu hören ist. Nach dem kurzen Flötensolo fallen die Harfen und Bläser ein. Zeichnet man den Tonhöhenverlauf ein, ergibt sich ebenfalls ein auditiver Wechsel zwischen Berg und Tal, zwischen cis und g. Übersetzt man es in Bewegung, wechseln auch hier senkrechte und waagerechte Tonfolgen. So wie Debussy im Verlauf des Stückes das Hauptmotiv mehrfach wiederholt und nur den Rhythmus ändert, hat auch Nijinsky die Choreografie aufgebaut, indem er stetig zwischen körperlichen Zuständen und räumlichen Bewegungen wechselt.

Zugleich bricht Nijinsky mit der Tradition des Schleiertanzes im 19. Jahrhundert. Ist dieser in den Balletten Teil der beliebten »Orient-Rezeption« und dient er in der Regel vor allem der Verhüllung bzw. Enthüllung von weiblicher Körperlichkeit, dreht Nijinsky die Bedeutung um: Sein Schleier bietet weder Schutz durch Verhüllung noch Verlockung durch Enthüllung, sondern Eroberung als Kehrseite der Opferung. Den Themen Gewalt, Verführung und Opfer bleibt er auch in den beiden nachfolgenden Balletten *Jeux* und *Sacre du printemps* (beide 1913) treu.

Der *Faun* weist in die Zukunft: Nijinsky verabschiedet sich von der Idee des Zuschauers, der den »Überblick über die gesamte Raumtiefe von einem zentralen Sehpunkt, der ›Königsperspektive‹ aus besitzt«[55] (Brandstetter). Damit gibt der Choreograf gewissermaßen das allwissende Erzählen auf und verweigert auch dem Betrachter, das Geschehen souverän von außen zu überblicken. Stattdessen soll das Publikum unmittelbar an der Bewegung teilhaben.

Lange also bevor der moderne Tanz die Performance so zentral macht, zeigt Nijinsky, dass Tanz nicht etwas ist, was man unbeteiligt anschaut, was man »aufführt«, sondern etwas, das alles andere als gleichgültig lassen soll.

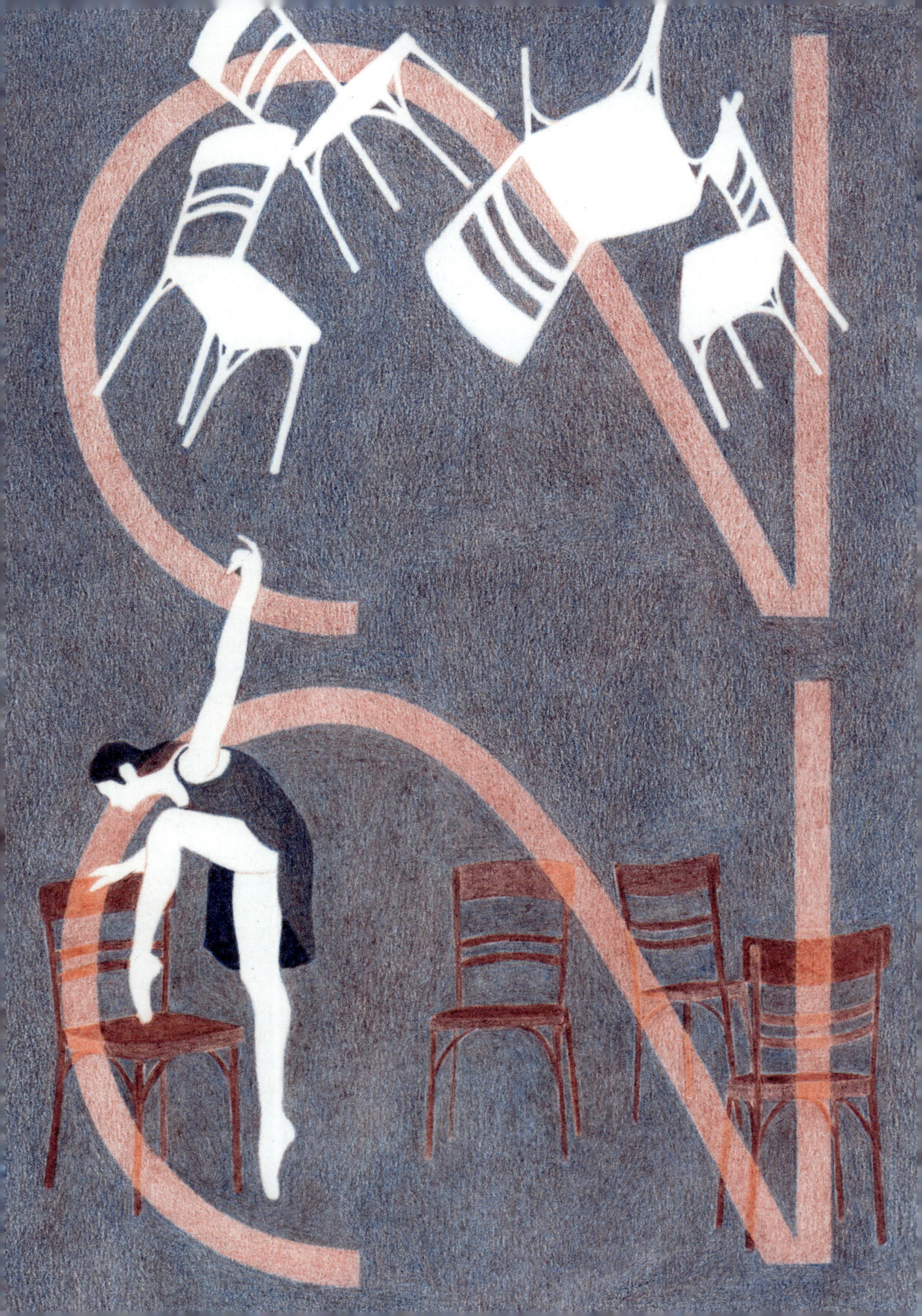

KANN ABSURDES THEATER IM BALLETT ZUHAUSE SEIN?

In den 1950er Jahren traf das sogenannte *Theater des Absurden* zunächst vor allem in Frankreich einen Nerv der Zeit. Der Zweite Weltkrieg hinterließ innerlich wie äußerlich eine Leere und das Gefühl der Sinnlosigkeit. In Frankreich erobern zu dieser Zeit zwei Autoren die Theaterbühne, deren Muttersprache nicht Französisch ist, die aber auf Französisch schreiben: der Ire Samuel Beckett und der Rumäne Eugène Ionesco. Sensibel für die Plattitüden in der Sprache und für das abgestumpfte Verhalten der Menschen entwickeln sie Theaterstücke, in denen sich die Figuren einander sinnlose Phrasen an den Kopf werfen wie in *La cantarice chauve* (*Die kahle Sängerin*, Ionesco) oder in denen die Zeit mit sinnlosem Tun totgeschlagen wird wie in *Attendant Godot* (*Warten auf Godot*, Beckett).

Les Chaises (*Die Stühle*) ist Ionescos bedeutendstes Stück aus dieser Phase, uraufgeführt wird es 1952 in Paris. Ein altes Ehepaar wartet auf einen Berufsredner und empfängt derweil unsichtbare wichtige Honoratioren aus aller Welt: Präsidenten, Politiker, Bischöfe, aber auch Polizisten, Wächter, Chemiker, Kupferstecher, Geiger, Krämer, Briefträger, Gastwirte, Artisten, Beamte, Abgeordnete, Militaristen, Revolutionäre, Irrenärzte und ihre Irren, aber auch Chromosomen, Gebäude und Federhalter, die alle mit ausgesuchter Höflichkeit begrüßt und auf einen (leeren) Stuhl geleitet werden. Schließlich erscheint auch der Redner selbst, ein Mann mit versteinertem Gesicht in einem Biedermeierkostüm. Das Ehepaar, hingerissen, stürzt sich in einer letzten Ekstase aus dem Turmfenster ins Wasser.

In diesem beklemmenden Stück wird in der immer hektischer werdenden Geschäftigkeit – die Eheleute schleppen immer mehr Stühle auf die Bühne, schieben und rücken unablässig – eine eigentlich trostlose 75-jährige Ehe bilanziert.

1984 choreografiert der französische Choreograf Maurice Béjart das Stück für die Tänzer John Neumeier und Marcia

Haydée als Ballettstück. Die Stühle, sagt er, symbolisieren die Zeit in einem Raum, in dem die Menschen nur noch Erinnerungen sind.

Béjarts Choreografie bewegt sich an der Grenze zum Tanztheater. Schweigen normalerweise die Tänzer im Ballett, lässt Béjart sie hier jedoch immer wieder Sätze aus dem Stück sprechen. Er mischt Elemente aus Theater, Modern Dance und Ballett mit Musik von Richard Wagners Vorspiel zu *Tristan und Isolde* und zu *Isoldes Liebestod,* weil er wie in der griechischen Tragödie ein »totales Theater« zeigen möchte: ein Theater, in dem getanzt und gesprochen wird, in dem die Ausdrucksmöglichkeiten der Tänzer nicht von vornherein durch das Genre begrenzt und vorgeschrieben werden. »Die Stimmbänder«, sagt Béjart, »sind auch Muskeln. Der Darsteller drückt sich mit seinem ganzen Körper aus.«[56]

»Absurd« bedeutet eigentlich »misstönend«, und Béjart nimmt das sehr wörtlich: Die über neunzigjährigen Greise werden von den nicht mehr jugendlichen Tänzern Neumeier und Haydée verkörpert, die nicht nur zum Teil sportive Leistungen vollbringen müssen, sondern auch Geschichten, Ballettgeschichten, erzählen. An einer zentralen Stelle des Stückes dirigiert Neumeier ein imaginäres Orchester zum für das Publikum aber hörbaren Vorspiel von Wagners *Tristan* und zitiert dabei die Handbewegungen Vaclav Nijinskys aus dem Ballett *Les Orientales* (1917).

Die Geschichte der zwei Greise, die bei Ionesco in ihren Jugenderinnerungen gefangen sind, choreografiert Béjart zu *Isoldes Liebestod*: Am Schluss der Oper, nachdem Tristan nach langem Siechtum aufgrund seiner Verwundung gestorben ist, sinkt Isolde bei Wagner tot über seinen Leichnam. Béjart wandelt diesen Liebestod in ein Pas de deux um, der mit einem gemeinsamen *Rond de jambe* beginnt (das Spielbein führt mit der Spitze am Boden einen Halbkreis aus) und mit einer lange gehaltenen *Arabesque* Haydées endet, als habe sie nun schon eine andere Welt erreicht.

Wie im *Theater des Absurden,* bei dem die Figuren das Groteske ihrer Lage gar nicht zu bemerken scheinen, endet auch das Ballett bei Béjart: Auf der Bühne bleiben nur die leeren Stühle zurück, während Haydée und Neumeier engumschlungen und offenbar völlig unberührt von ihrer Umgebung langsam zur leise verklingenden Musik Wagners abgehen.

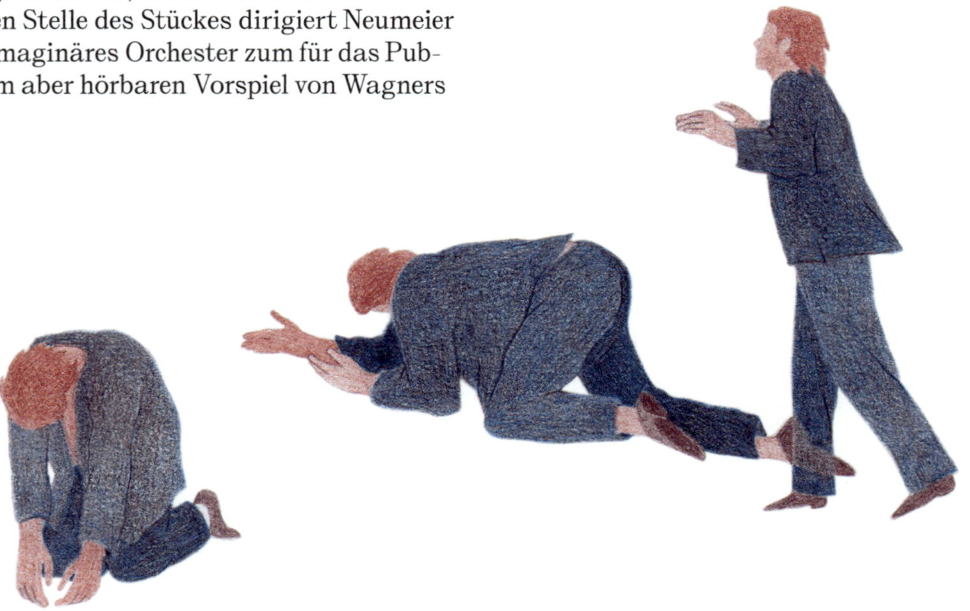

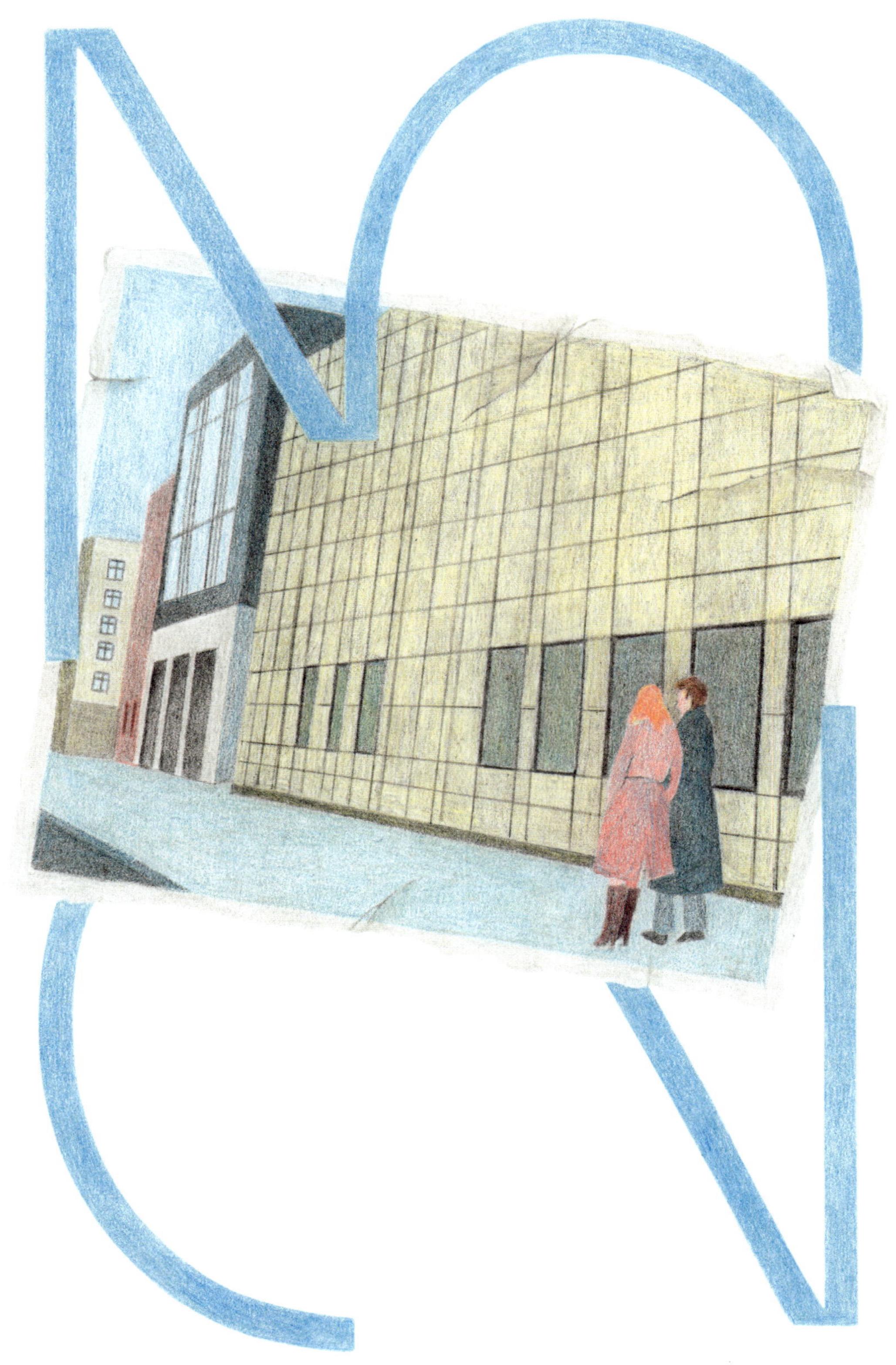

WIE WAR DAS BALLETT IN DER DDR?

In der DDR ist das Ballett beim Publikum sehr beliebt, in Berlin, Leipzig und Dresden sind erstklassige Compagnien zuhause. Man orientiert sich vor allem am sowjetischen Ballettstil – und das bedeutet viel »russische Zuckerbäckerei« und die Betonung des Märchenhaften.

Und doch gibt es Ausnahmen. Ein aus Thüringen stammender Choreograf entwickelt innovative Ballette und nennt sie *Tanztheater*: Tom Schilling, Ballettdirektor der Komischen Oper in Berlin. Er ist der mit Abstand bedeutendste Choreograf der DDR. 1966 übernimmt er die Leitung des Berliner Hauses und debütiert mit *Abraxas*, ein Jahr später choreografiert er einen Ballettabend zu Hector Berlioz' *Symphonie fantastique*.

Sein *Tanztheater* hat jedoch mit Pina Bauschs Auffassung des Tanzes nichts zu tun, die sich ab den 1970er Jahren im Westen Deutschlands etablierte. Sein Fokus liegt ganz auf der Handlung, was ein wesentlicher Kernpunkt seines Ballettverständnisses ist. Schilling lehnt die Kontroverse zwischen dem klassischen Tanz und Modern Dance ab und orientiert sich stattdessen stark am *realistischen Musiktheater* des Regisseurs Walter Felsensteins, der 1947 in Ost-Berlin die Komische Oper gründet, deren Intendant er bis zu seinem Tod ist. Felsenstein unterstützt Schilling in seinen künstlerischen Bestrebungen. Er selbst fordert, die »musikalisch-szenische Aktion an jedem Abend so zu verwirklichen, als entstünde sie gerade in dem Moment, in dem sie auf der Bühne vor sich geht, spontan und mit zwingender Konsequenz aus dem Vorausgegangenen im Hinblick auf das Kommende.«[59]

Schilling will mit seinem Tanztheater menschliche Gefühle, die menschliche Natur sichtbar machen und nichts künstlich Verstelltes. Auch knüpft er politische Bezüge ins Heute der Zuschauer. In seinem Stück *Romeo und Julia* (1972 uraufgeführt) ist Romeo ein junger Fischer, der Julia, Tochter eines reichen Grafen, allein am Meer kennenlernt. Die politisch unmögliche Liebe verstärkt Schilling noch mit dem Plakat für die Aufführung: eine Schwarz-Weiß-Fotografie von einer Wand mit Einschusslöchern aus dem Zweiten Weltkrieg – übrigens die Wand des Pergamonmuseums in Berlin. Romeo und Julia sterben wegen der gesellschaftlichen Umstände viel zu früh. Darauf weist Schilling mit den Einschusslöchern in der Wand hin: Im Jahr der Uraufführung sind alle, die an der Berliner Mauer erschossen werden, jünger als 30 Jahre.

Ein Jahr zuvor sind bei einem Gastspiel in Helsinki acht Tänzer aus Schillings Compagnie in den Westen geflüchtet und zum Teil sofort von John Cranko engagiert worden, der vier Jahre zuvor *Jeu de Cartes* an der Komischen Oper inszeniert hat. Das Thema, äußeren Umständen trotzen zu wollen und dafür eventuell mit dem Leben zu bezahlen, war für die ostdeutschen Balletttänzerinnen und -tänzer allgegenwärtig.

In *La Mer* (1969) zur Musik von Claude Debussy lässt Schilling die Tänzer die Bewegung eines jungen Paares am Strand des Meeres improvisieren und spielen. Eine der wenigen Aufnahmen, die es von Schillings Choreografien zu sehen gibt, zeigt die Berliner Ballerina Angela Reinhardt als Ottilie in *Die Wahlverwandtschaften* (1983). Das Ballett basiert auf dem Roman Goethes, der die Geschichte eines in großer Abgeschiedenheit lebenden Paares Charlotte und Eduard erzählt, deren Ehe durch das Hinzukommen zweier weiterer Figuren schließlich zerbricht. In ihrem Sterbesolo erinnert sich Ottilie an den Tod ihres Kindes: Sie zieht es aus dem See, schließt es in die Arme und verliert es wieder. Gisela Sonnenburg schreibt: »Eine virtuose Reihe von Chainés wird umschlossen von gestischen Bewegungen, die die Trauer und das Abwägen der Schuld bedeuten. Die Tänzerin schlägt sich, mit dem Rücken zum Publikum, auf den Bauch, dreht sich um, faßt sich an die Kehle, als wolle sie sich selbst erwürgen. Erst geht nur eine Hand hoch und verschließt den Mund beim Tanzen, später wiederholt sich die Geste mit beiden Händen.«[60] Ottilie erschrickt vor ihren eigenen Händen und sinkt mit derselben Bewegung zu Boden wie die deutsche Ausdruckstänzerin Gret Palucca in *Serenata,* einem Solostück von Isaac Albéniz. Es ist ein Zu-Boden-Gehen mit einem höchst tragischen Impetus, als ob die Person haltlos und instabil wird und schließlich stirbt.

Allein dieses Solo zeigt, dass Schilling klassisches Ballett, Ausdruckstanz und pantomimische Gestik problemlos nebeneinanderstellen kann. Die Modernisierung im klassischen Ballett findet also nicht nur im Westen statt, sondern auch in Ostdeutschland – mithilfe von ausdrucksstarken Tänzerinnen (wie Reinhardt) und Tänzern sowie mit einem Choreografen, der politische Umstände und emotionale Dimensionen mutig auf die Bühne bringt. Während im Westen viel mit handlungslosen Balletten experimentiert wird, bleibt in Ostdeutschland das Geschichtenerzählen wichtig, auch um politische Botschaften versteckt zu vermitteln. Schilling gelingt es, Ballettklassiker wie *Romeo und Julia* so zu aktualisieren, dass sie nicht verboten werden und das Publikum die enthaltene Regimekritik dennoch versteht.

Bis 1993 leitet Tom Schilling sein Tanztheater, in dieser Zeit kreiert er viele sinfonische Kammerballette und große Handlungsballette. 1998 findet die letzte Vorstellung seiner Neuinterpretation von *Romeo und Julia* statt. Danach ist keine seiner Choreografien wieder aufgeführt worden – nicht, weil sich keiner dafür interessiert, sondern weil er die Rechte für die Aufführung seiner Choreografien nicht freigibt. Er ist davon überzeugt, so heißt es über ihn, »dass es heute nicht mehr funktionieren würde, so zu arbeiten wie früher. Der Fokus liegt ihm heute zu sehr auf der tänzerischen Technik statt auf dem Ausdruck, und die übliche Arbeitszeit für Proben ist ihm heute zu knapp bemessen.«[61] Letzteres – und damit schließt sich wieder ein Kreis – hat er wohl mit John Cranko gemein, der zur gleichen Zeit am Stuttgarter Ballett arbeitet und den er mit seiner Inszenierung *Jeu de Cartes* nach Ost-Berlin einlädt: Auch er kann monatelang proben.

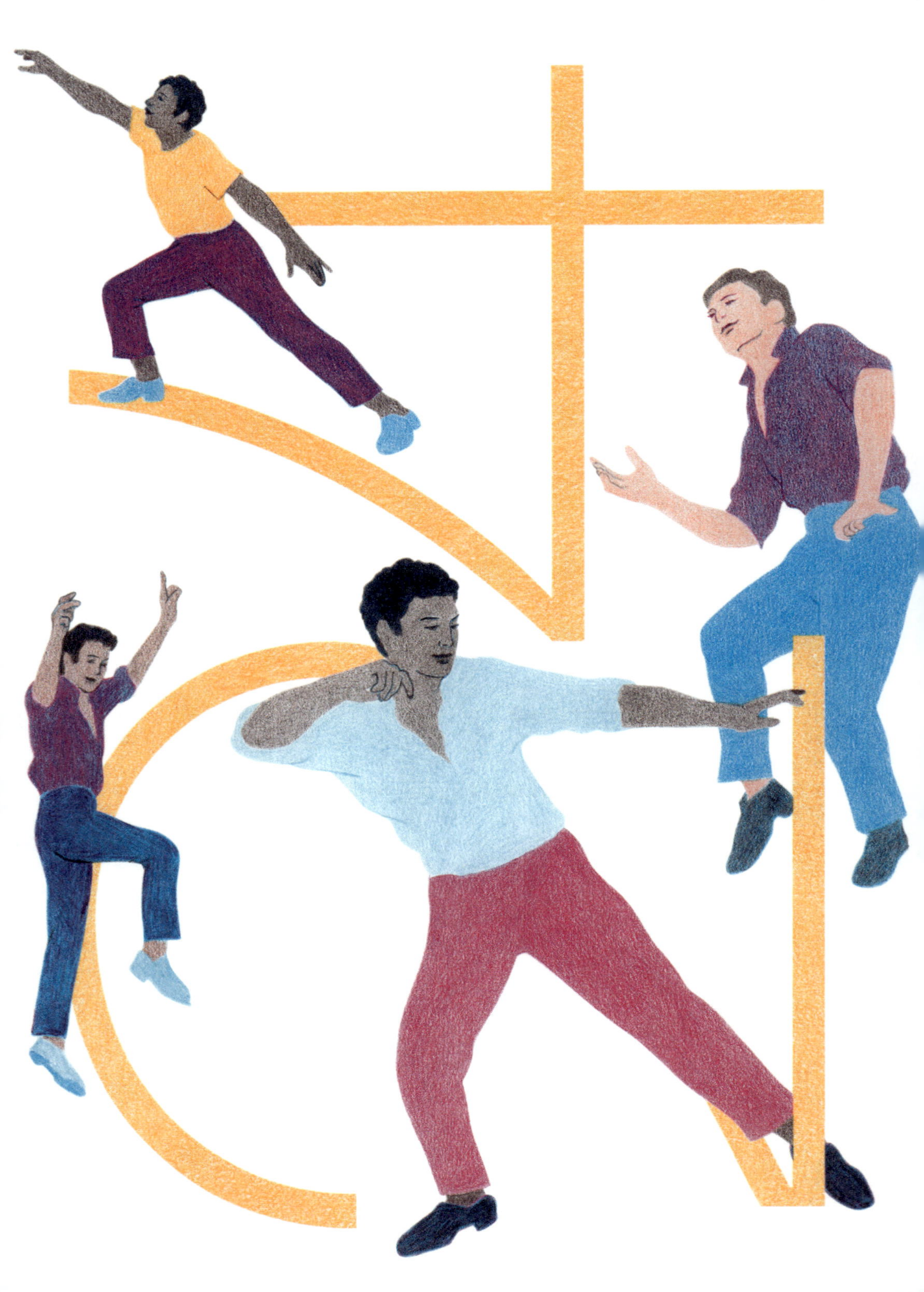

TANZT MAN IN DEN USA ANDERS BALLETT?

Als George Balanchine am 12. Juni 1928 in Paris die Premiere seines Balletts *Apollon Musagète* zur Musik von Igor Strawinsky feiert, beginnt in der Ballettgeschichte ein neues Kapitel: der Neoklassizismus.

Balanchine, der an der Kaiserlichen Ballettakademie in Sankt Petersburg ausgebildet worden ist, betont immer wieder: »Beim Ballett respektieren wir die Tradition.«[57] Er tanzt bei den Ballets Russes und verdrängt dort 1925 Bronislawa Nijinska als Choreografin. Als sich nach dem Tod Djagilews die Truppe wenige Jahre später auflöst, hat Balanchine 1934 das Glück, vom vermögenden, ballettbegeisterten Schriftsteller und Impresario Lincoln Kirstein nach Amerika eingeladen zu werden, um die Leitung der soeben gegründeten School of American Ballet zu übernehmen. Diese Schule bildete den Grundstein für das 1946 entstehende New York City Ballet, das bis heute untrennbar mit dem Namen Balanchine und dem neoklassischen Stil verbunden ist.

Balanchine ändert – trotz aller vorherigen Beteuerung der Tradition – buchstäblich bis in die Fingerspitzen den bisherigen klassisch-akademischen Tanz: Sind im klassischen Ballett Hände und Finger in der Verlängerung des Arms leicht gerundet, wobei der Mittelfinger Richtung Daumen zieht, ohne ihn zu berühren, sind bei Balanchine alle Finger gerundet und sichtbar. Auch der Handrücken soll rund und weich aussehen. Balanchine vergleicht seine Handhaltung mit einer Blume, deren Blütenblätter sich öffnen und zur Sonne aufblicken. Die herabhängende Hand hingegen soll wie eine welke Blume sein, die zu Boden fällt.

Die neoklassischen Ballette verstehen sich auch deswegen als Reform der klassischen Ballетttechniken, weil diese im Zeitalter des Ausdruckstanzes und Modern Dance verloren zu gehen drohen. Typisch für Balanchine, der bevorzugt handlungslose Ballette kreiert, sind extrem in die Länge und weit nach außen gehende Bewegungen. Es gibt keine romantische Innerlichkeit mehr. Tatsächlich hat bereits Bronislawa Nijinska bei den Ballets Russes damit begonnen, im neoklassischen Stil zu choreografieren, damit wird sie zur Wegbereiterin des modernen Balletts, das Balanchine jetzt verfeinert und neu definiert.

Im Ballett *Jewels,* das am 13. April 1967 in New York Premiere feiert, kann man sehr gut sehen, wie Balanchine den neoklassischen Stil mit der Tradition mischt. Wiederholungen in der Musik haben bei ihm nie eine Wiederholung der Choreografie zur Folge. Das Ballett hat drei Teile, die jeweils mit der Musik von Gabriel Fauré, Igor Strawinsky und Peter Tschaikowsky verbunden sind. Im dritten Teil des Balletts, *Diamonds,* zur Musik von Tschaikowskys Sinfonie Nr. 3 erklingt zum Beispiel ein Motiv in Takt 17 zum ersten Mal, die Ballerina wird in die *Arabesque* gehoben, gefolgt von *Chaînés* (der Tänzer vollführt eine Reihe von Drehungen auf beiden Füßen, um sich in einer Linie oder einem Kreis zu bewegen, so dass eine Kettenlinie entsteht), die wieder in der *Arabesque* enden. In Takt 86 wird das Motiv mit Flöte und Oboe wiederholt, doch die Ballerina tanzt jetzt drei *petits Soutenus* (eine Drehung, die mit dem nach vorn gestreckten Spielbein beginnt) und drei *Arabesques,* wobei sie in der letzten *Arabesque* vom Partner gehalten und im Halbkreis gedreht wird. In Takt 152, wenn das Motiv zum dritten Mal erklingt, ist die Ballerina im *Passé* (das Spielbein berührt mit der Fußspitze die Kniehöhe des Standbeins), sie dreht ihren Körper in verschiedene Richtungen im Raum und wird vom Partner dann um die eigene Achse gedreht.

Balanchine will mit seinen Choreografien die Musik sichtbar machen. Der Tanz ist für ihn nicht eine simple Begleitung der Musik, sondern in den Bewegungen selbst soll sich die Musik visualisieren. So sind zum Beispiel in Tschaikowskys Sinfonie Nr. 3 an einer Stelle sehr deutlich die Waldhörner zu hören; Balanchine kreiert an dieser Stelle für die Ballerina eine Bewegung, bei der sie den Arm senkrecht vor ihrem Gesicht in die Höhe streckt, so dass die Pose an ein Einhorn erinnert. Zu einem Tremolo der Streicher zitiert er wiederum mit vogelartigem Gestelze der Ballerina und ihrem Versuch, dem Partner zu entkommen, sowie mit nach hinten gebogenen Armen und gekreuzten Handgelenken Petipasz *Schwanensee* und Fokines *Sterbenden Schwan.*

Der Choreograf und Tänzer Jerome Robbins, der ebenfalls in Amerika arbeitet, mischt hingegen nicht nur die Tanz-, sondern auch die Musikstile, er choreografiert die berühmten Tanzsequenzen im Musical *West Side Story* (1958 uraufgeführt). Hier dominieren nervöser Drive und rhythmusbetonte Dynamik des Jazzdance. Damit gelingt ihm, wie es in einer Abhandlung von Dieter Gackstetter und Maria Pinzl heißt, »die Formulierung der scheinbar schon in Vergessenheit geratenen Bestimmung des Balletts: Tanz um des Tanzes willen«[58]

Dieser neue amerikanische Tanzstil kehrt schließlich wieder nach Europa zurück: In London nimmt Frederic Ashton am Royal Ballet den Stil des neoklassischen Balletts in seinen Choreografien auf und schafft eine neue Ästhetik der modernen Handlungsballette. Diese wiederum prägen eine neue Generation von Choreografen wie John Cranko, Maurice Béjart oder Kenneth MacMillan. Die Neoklassik wandelt sich damit endgültig von einem amerikanischen Phänomen zu einem weltweit etablierten Ballettstil, der neue künstlerische Impulse gibt.

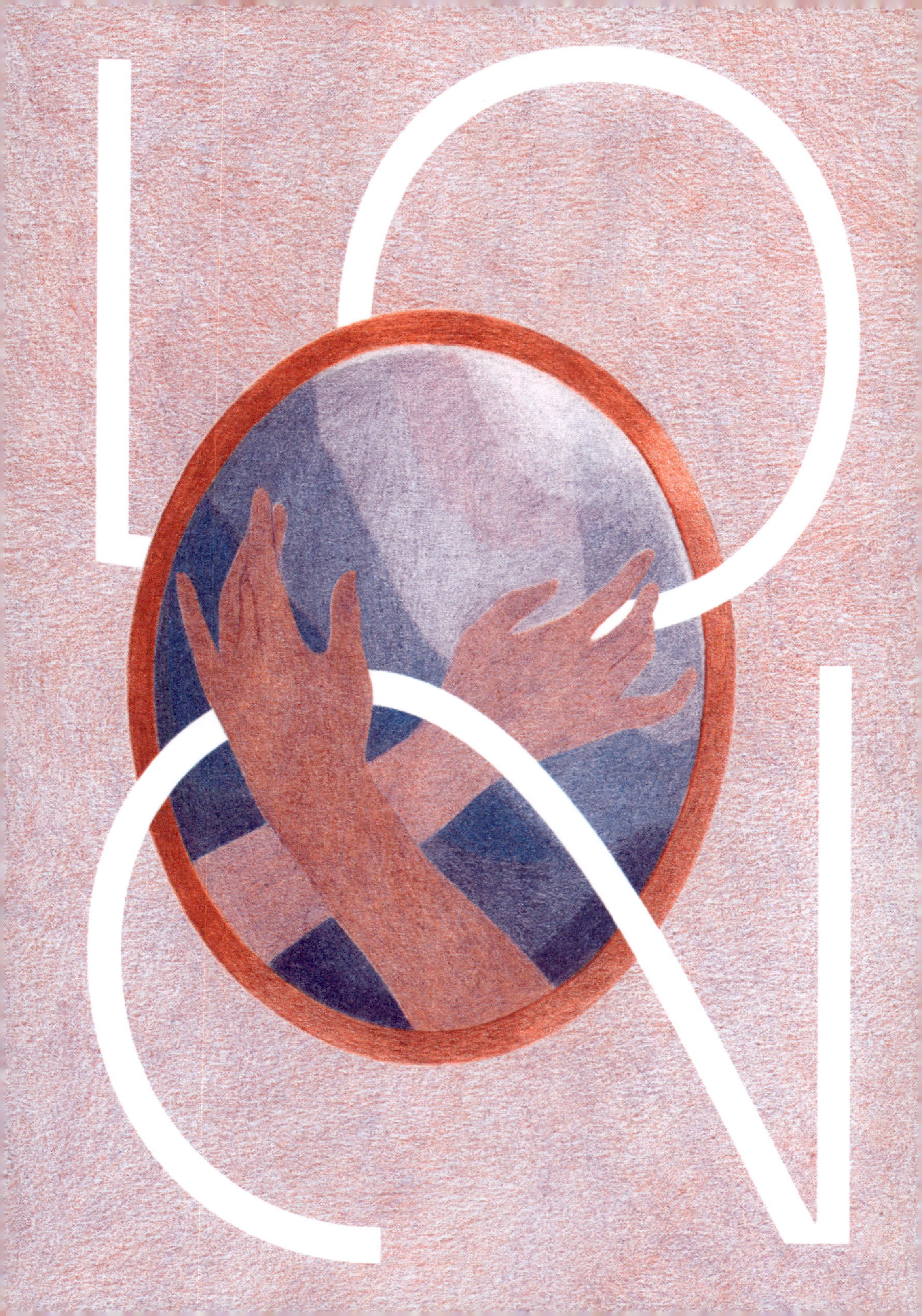

WIE KOMMT DIE FANTASIE INS BALLETT?

Um zu zeigen, dass die Figur der Tatjana in *Eugen Onegin* gleich zu Beginn von dunklen Ahnungen erfüllt ist, lässt John Neumeier in seiner choreografischen Adaption des Romans von Alexander Puschkin zwei dunkle Schatten auftreten, die einen Koffer mit Duellpistolen vor Tatjana öffnen; Onegin tanzt an an ihr vorbei, ohne sie zu bemerken. Eine Szene später liegt Tatjana auf dem Bühnenboden vor dem geöffneten Fenster und liest in einem Buch, während die Figuren ihrer Lektüre durch das Fenster einsteigen und miteinander tanzen.

Neumeier nennt seine Choreografie folgerichtig *Tatjana* (2014 uraufgeführt), da er das Geschehen konsequent aus ihrem Blickwinkel erzählt. Mit dem Erscheinen der Fantasiegestalten am Fenster zitiert er Fokines *Le spectre de la Rose* (1911). Dort tritt der Geist der Rose ebenfalls durch das Fenster auf – und mit einem gewaltigen Sprung wieder ab. Das Lesen, auf dem Bühnenboden liegend, ist jedoch ein Zitat aus der Inszenierung John Crankos von *Onegin*. In seiner Choreografie *Tod in Venedig* (2003) nach der Novelle Thomas Manns spielt Neumeier ebenfalls mit den Figuren. Er lässt gerne Schatten oder Doppelgänger auftreten, die die Figuren bedrängen und sie zu leidenschaftlichen Pas de deux oder Pas de Trois zwingen. In *Nijinsky* (2016) unterbricht die Figur Djagilews immer wieder das Pas de deux, das Nijinsky mit seinen »Bühnenrollen« tanzt, und fährt störend und verstörend dazwischen. Auch Cranko doppelt Figuren, um Fantasie sichtbar zu machen: In Tatjanas Traumszene lässt er Onegin leibhaftig aus dem Spiegel hervortreten und mit ihr tanzen.

Im klassischen Ballett gibt es jedoch – neben dem Verdoppeln der Figuren – noch ein anderes Mittel, um das Reich der Fantasie sichtbar zu machen. Es wird zum ersten Mal im Ballett *La Sylphide* (1832 uraufgeführt) verwendet – *La Sylphide* ist ein romantisches Ballett, das in Schottland spielt. Am Abend vor seiner Hochzeit erscheint James im

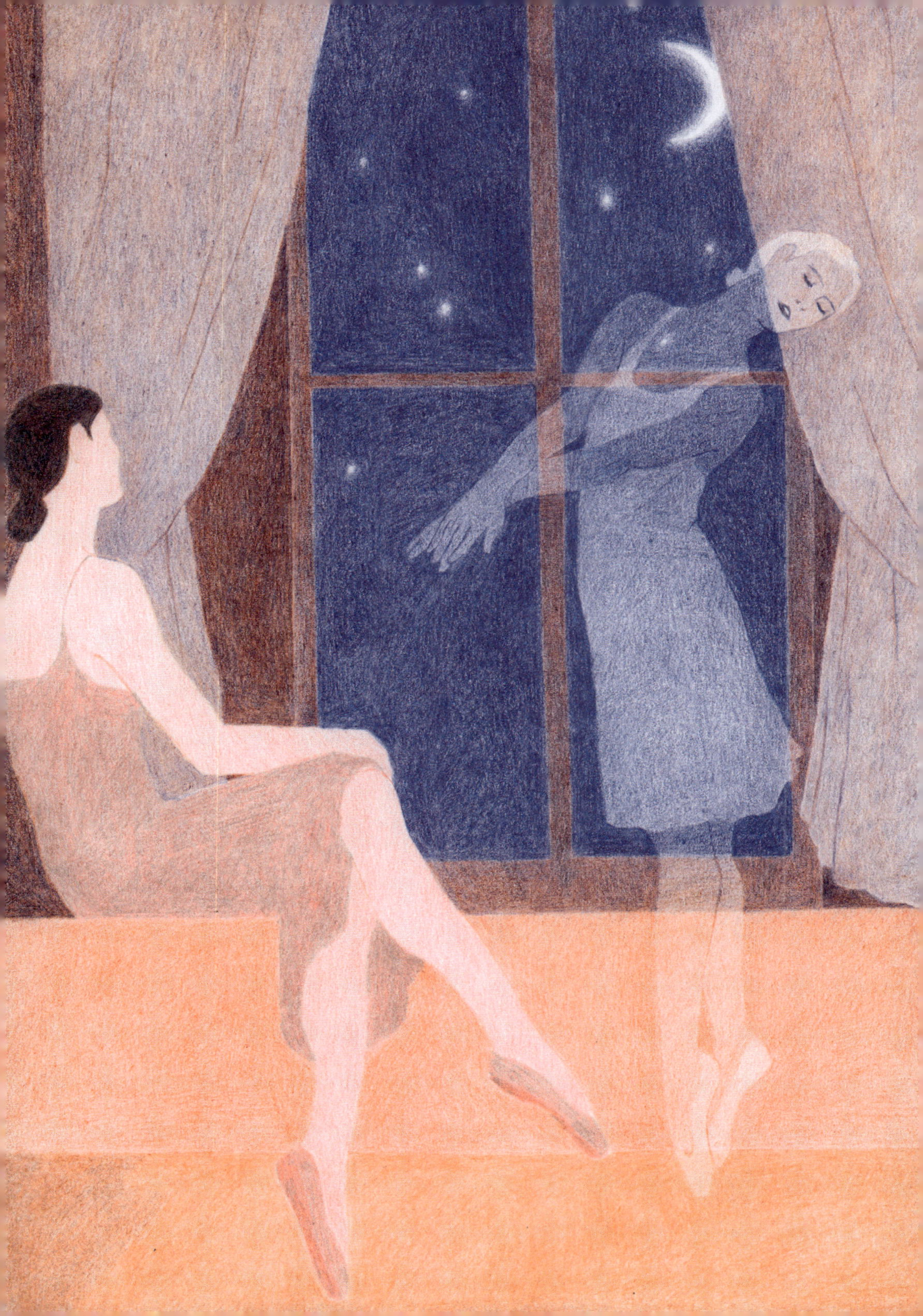

Schlaf eine Sylphide (ein Waldgeist), in die er sich sofort verliebt, die aber zu seinem Leidwesen wieder verschwindet. Um sie wiederzutreffen und für sich gewinnen zu können, nimmt James Zuflucht zu der Hexe Marge, die ihm einen Schal schenkt und ihm versichert, wenn er diesen seiner Sylphide um die Schultern lege, werde sie für immer bei ihm bleiben. Was James nicht weiß, ist, dass Marge den Schal vergiftet hat. Als er ihn der Sylphide umlegt, fallen ihr die Flügel ab und sie stirbt.

Zu Beginn des Balletts sehen wir, wie James im Sessel sitzt und schläft. Die Sylphide erscheint im Fenster – das ist genau das Bild, das Fokine in *Le Spectre de la Rose* umkehrt. Noch wichtiger ist aber beim Auftritt der Sylphide eine bestimmte Geste, die später im Wald das Corps de Ballet der anderen Sylphiden stetig wiederholt und die für das gesamte klassische Ballett wichtig werden wird: Das rechte Handgelenk liegt gekreuzt über dem linken.

Mit dieser Handhaltung wird an die Allegorie der Fantasie erinnert, wie sie Cesare Ripa in seiner *Iconographie* 1593 festgehalten hat. Dieselbe Handhaltung wird später in *Giselle* (1835) genauso zu sehen sein wie in den *Ballets blancs* in *Schwanensee* (1895). Sie zeigt, wie genau die Formensprache des klassischen Balletts sich an den rhetorischen Überlieferungen orientiert und wie sehr die Choreografen des 19. Jahrhunderts mit der bildhaften rhetorischen Sprache vertraut sind. Der in Perugia 1556 geborene Gelehrte Ripa, der 1622 in Rom stirbt, erschafft ein ikonografisches Wörterbuch, das zu einer der wichtigsten Quellen für die Kunst und Literatur im Barock wird – der Zeit, in der das klassische Ballett entsteht.

Das Buch gibt abstrakten Begriffen wie Neid, Gerechtigkeit oder Hochmut eine jeweils figürliche Ausdrucksform. Jedem Begriff entspricht eine Darstellung einer allegorischen Gestalt mit Beschreibung ihrer spezifischen Attribute und Posen, die Ripa aus der antiken Literatur und der Bibel entnimmt. Den Begriff der Fantasie stellt Ripa mit vor der Brust gekreuzten Handgelenken dar.

Die gekreuzten Handgelenke werden zur bestimmenden Pose in romantischen Balletten und auch in den darin enthaltenen *Ballets blancs*, den *weißen Akten*, in denen es um Fantasie, Träume oder Erinnerungen geht. Mit der Schlusspose im *Sterbenden Schwan* –das rechte Handgelenk liegt auch hier gekreuzt über dem linken – zitiert Fokine also nicht nur das Reich der Fantasie, d. h. die *weißen Akte* in *Schwanensee*, sondern erinnert zugleich an die lange Reihe der großen romantischen Ballette des 19. Jahrhunderts.

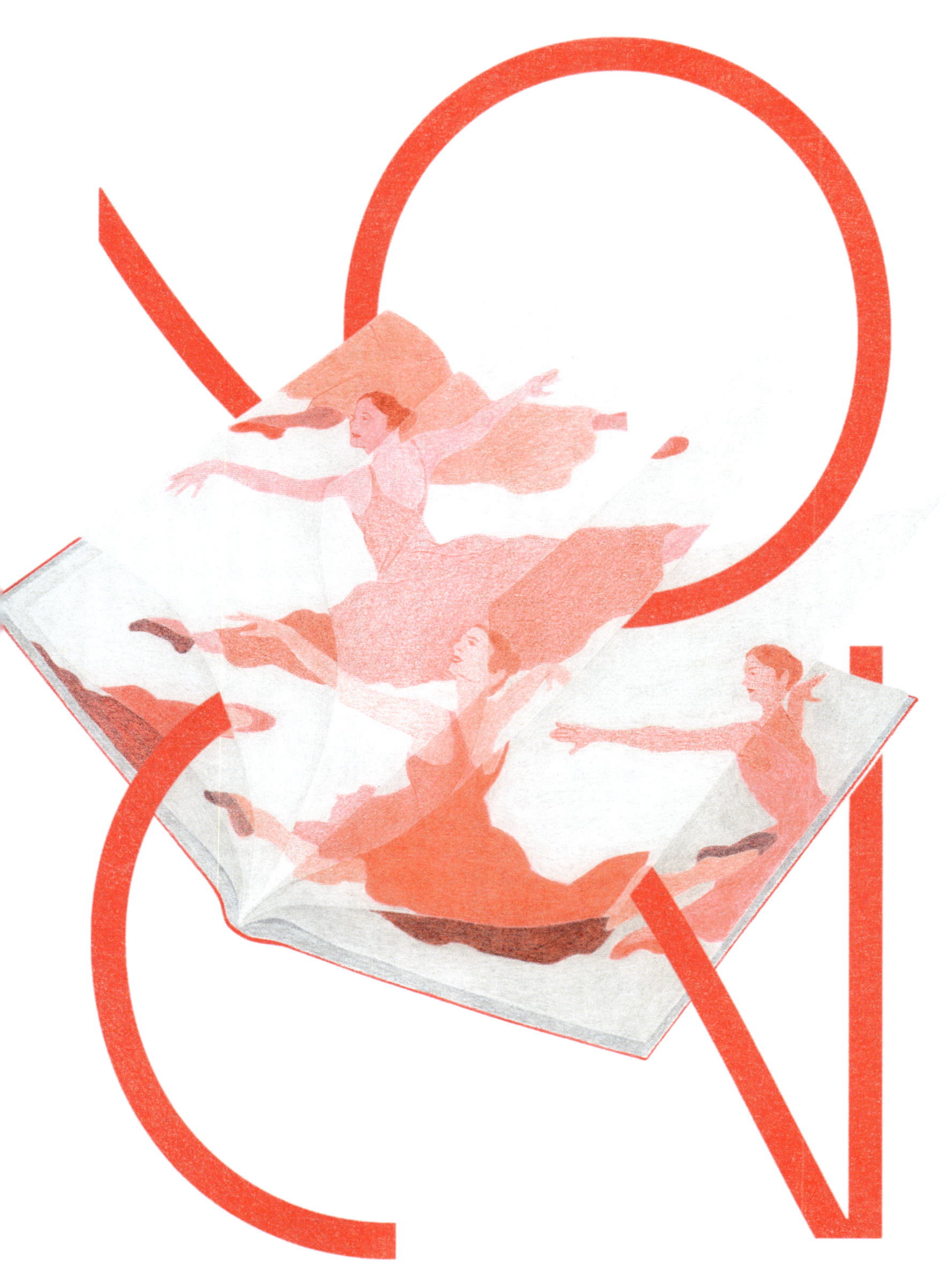

KANN MAN LITERATUR TANZEN?

Im 20. Jahrhundert führen zwei Choreografen das Erzählen wieder ins Ballett ein: John Cranko in Stuttgart und John Neumeier in Hamburg. Beide bringen das Ballett zur neuen Blüte, indem sie aus den traditionsreichen Handlungsballetten moderne Literaturballette machen. Sie übersetzen die Weltliteratur in Tanz: William Shakespeare, Alexandre Dumas und die großen russischen Dichter Alexander Puschkin und Leo Tolstoj. Damit übertragen sie Theaterstücke ins Ballett, in denen zwei bis drei Stunden ohne Pause auf der Bühne gesprochen wird. Oder tausendseitige Romane wie Tolstojs *Anna Karenina*, in denen der Autor ausführlich die seelischen Befindlichkeiten der Figuren oder Landschaften beschreibt. Das alles wird von Cranko und Neumeier so choreografiert, dass das Publikum es ohne erklärende Bildüberschriften versteht, dass es weder die literarische Vorlage kennen oder vorab ein Programmheft studieren muss.

Ein wichtiges künstlerisches Mittel dieser Choreografien sind Kontraste, um Atmosphäre und Stimmungen zu erzeugen. So erzählt zum Beispiel John Cranko bereits einen Teil der Geschichte von *Romeo und Julia*, indem er harte Kontraste gegeneinandersetzt: Dem farbenfrohen Gewimmel auf dem Marktplatz in Verona wird das düstere Fest der Capulets entgegengesetzt, auf dem sich Romeo und Julia das erste Mal begegnen.

Ähnlich wie bei Neumeier sind Crankos Choreografien sehr filmisch: Wie mit einer Kamera wird in das Innere des Palastes geschwenkt, in dem alle Leichtigkeit und Fröhlichkeit fehlt, die eben noch auf dem Marktplatz geherrscht hat. Die begleitende Musik von Sergej Prokofjews Musik wirkt plötzlich schwer und ernst, die Kostüme sind nicht mehr bunt, die Festgesellschaft tanzt nicht, sondern schreitet im berühmten *Tanz der Fürsten*, während Soldaten auf dem Balkon Wache schieben: eine einzige finstere Demonstration der Macht.

Es wird nicht einfach die Handlung nacherzählt, sondern das Befinden der Hauptfiguren entschlüsselt – und wie es sich verändert. Am Ende eines Tanzes ist ein Charakter des Stücks in einem anderen emotional-seelischen Zustand als zu Beginn. Besonders gut zeigt sich das in John Crankos drittem großen Literaturballett *Der Widerspenstigen Zähmung*, das eindrücklich das lebendige tänzerische Erzählen demonstriert: In dem Shakespeare-Stück geht es um zwei Schwestern und ihre Heirat, es geht um Liebe und Liebeswerben, um Verkleidungen und Verwechslungen, Machtspielchen und Moralpredigten am Schluss. In der Ballett-Adaption (mit Musik von Karl-Heinz Stolte nach Alessandro Scarlatti) werden Shakespeares deutliche Anspielungen an die Commedia dell'arte von Cranko in Form der typischen venezianischen Masken aufgenommen.

Auch Shakespeares Dramaturgie ist interessant: Er baut seine Komödie wie einen Tanz auf, die *Pavane*, der an den Renaissance-Höfen sehr beliebt gewesen ist. Dieser Tanz ist ein Schreittanz und beginnt mit einer gegenseitigen *Reverenz*, gefolgt von einem *simple Pas* (einfacher Schritt) und einem *double Pas* (Doppelschritt). Er wird oft bei fürstlichen Eheschließungen getanzt, manchmal sogar in der Kirche. Die Tanzpaare ziehen ruhig und gravitätisch im monotonen 4/4- oder auch 2/4-Takt ein. Die Schritte werden am Boden entlanggezogen, nur von einem *Elevé* (einem Erheben auf die Fußballen) unterbrochen, das mehr einem leichten Hochschwingen und Senken des Körpers gleicht. Die *Pavane* (italienisch *pavone* = Pfau, französisch *se pavaner* = umherstolzieren) drückt nicht nur etwas Stolzes und Majestätisches, sondern auch etwas Hochmütiges aus. Dieser Tanz spiegelt die Konstellation der vier Hauptfiguren Bianca, Katharina, Baptiste und Petruchio in *Der Widerspenstigen Zähmung* genauso wie ihre Entwicklungen und Beziehungen zueinander. In Shakespeares Stück werden Gefühle vorgetäuscht und Rollen gewechselt, Stolz und Hochmut wechseln sich ab mit wahrer Zuneigung: Der Vater Baptiste ist nur nach außen ein fürsorglicher Vater, eigentlich will er aber aus egoistischen Gründen, dass seine brave Tochter Bianca bei ihm bleibt; Bianca wiederum täuscht nur vor, lieb und sanft zu sein, während ihre Schwester Katharina auf dem zweiten Blick alles andere als kratzbürstig ist. Nach der Hochzeit wechseln die Frauen die Rollen: Bianca ist nun die herrische, egoistische Ehefrau, während Katharina und ihr Petruchio einander wahrhaftig lieben.

Übrigens sind dem Stück wiederholt seine patriarchalischen Elemente vorgeworfen worden, die sich auch in Katharinas Rede am Schluss äußern würden, in der sie bedingungslosen Gehorsam gegenüber dem Mann fordert. Wenn man nun aber die *Pavane* als Deutungsmuster mitliest – wie überhaupt das Augenzwinkern in Shakespeares Komödien –, erscheint alles in einem anderen Licht: In der *Pavane* der Renaissance sind beide Tanzpartner nämlich gleichberechtigt. Erst im Barock ändert sich das Verhältnis zwischen Mann und Frau.

Der Krieg zwischen Mann und Frau wiederum ist ein uraltes, ewiges Thema, nicht nur bei Shakespeare. Sowohl die Spannung der Handlung als auch die Komik in *Der Widerspenstigen Zähmung* entstehen durch die Umkehr des erwähnten Kräfteverhältnisses.

Dafür erschafft Cranko drei Pas de deux: Im ersten Pas de deux ist Katharina die Stärkere und Petruchio der Werbende. Im zweiten ist er der Überlegene und hält sie in einer Pose fest, die an ein Kruzifix erinnert – das Bild des Opfers: er zwingt ihr unerbittlich seinen Willen auf. Doch die ungleiche Beziehung wandelt sich in Liebe. Für die Offenlegung der Gefühle zwischen Petruchio und Katharina findet Cranko im dritten Pas de deux eine kleine, feine Geste: Nach ihrem lebhaften gemeinsamen Tanz sitzen sie erschöpft nebeneinander auf dem Boden, lächeln sich an – und er berührt zärtlich ihre Nasenspitze. In der Beziehung der beiden sind alle Masken gefallen, die Gleichberechtigung ist hergestellt.

Literatur zu vertanzen, bedeutet also nicht einfach, dass die Choreografen nur ein Libretto für ihr Ballett benötigen, sondern dass sie das Publikum empfänglich machen für die Spannungen, die Struktur und die Atmosphäre des Textes.

Interessant ist auch, dass es in der Moderne eine umgekehrte Beeinflussung gibt: Schriftsteller der Avantgarde sind zum Beispiel von den Aufführungen der Ballets Russes in Paris und London so beeindruckt, dass sich ihr Schreibstil ändert. Die von der englischen Autorin Virginia Woolf eingeführte neue Erzählweise des *Stream of Consciousness (Bewusstseinsstrom)* ist ihre Reaktion auf Ballette von Fokine und Nijinsky, ihre Romane leben von einem pulsierenden, starken Rhythmus.

In Frankreich schreibt der Schriftsteller Marcel Proust nach einer Vorstellung der Ballets Russes mit Fokines *Schéhérazade* (1910) seinem Freund, dem französischen Komponisten Reynaldo Hahn, es sei das Schönste, was er jemals gesehen habe. Die Figur Schéhérazade aus *Tausendundeiner Nacht*, die ihr Leben dadurch rettet, indem sie dem Sultan jeden Abend eine Geschichte erzählt und stets an der spannendsten Stelle abbricht und ihn mit dem Fortsetzung auf den nächsten Tag vertröstet, regt Proust an, dieses Motiv des Erzählens gegen den Tod in seinem Roman *Auf der Suche nach der verlorenen Zeit (À la recherche du temps perdu)* aufzunehmen. Fünf Jahre nach seinem Tod erscheint 1927 der letzte Band des epochalen, umfangreichen Meisterwerks, das wiederum zu Kompositionen, Stücken, Romanen, Spielfilmen – und Roland Petit 1974 zu einem Ballett inspiriert hat.

»Noch nie habe ich etwas so Schönes gesehen.«

Marcel Proust an Michail Fokine nach der Premiere von *Schéhérazade*

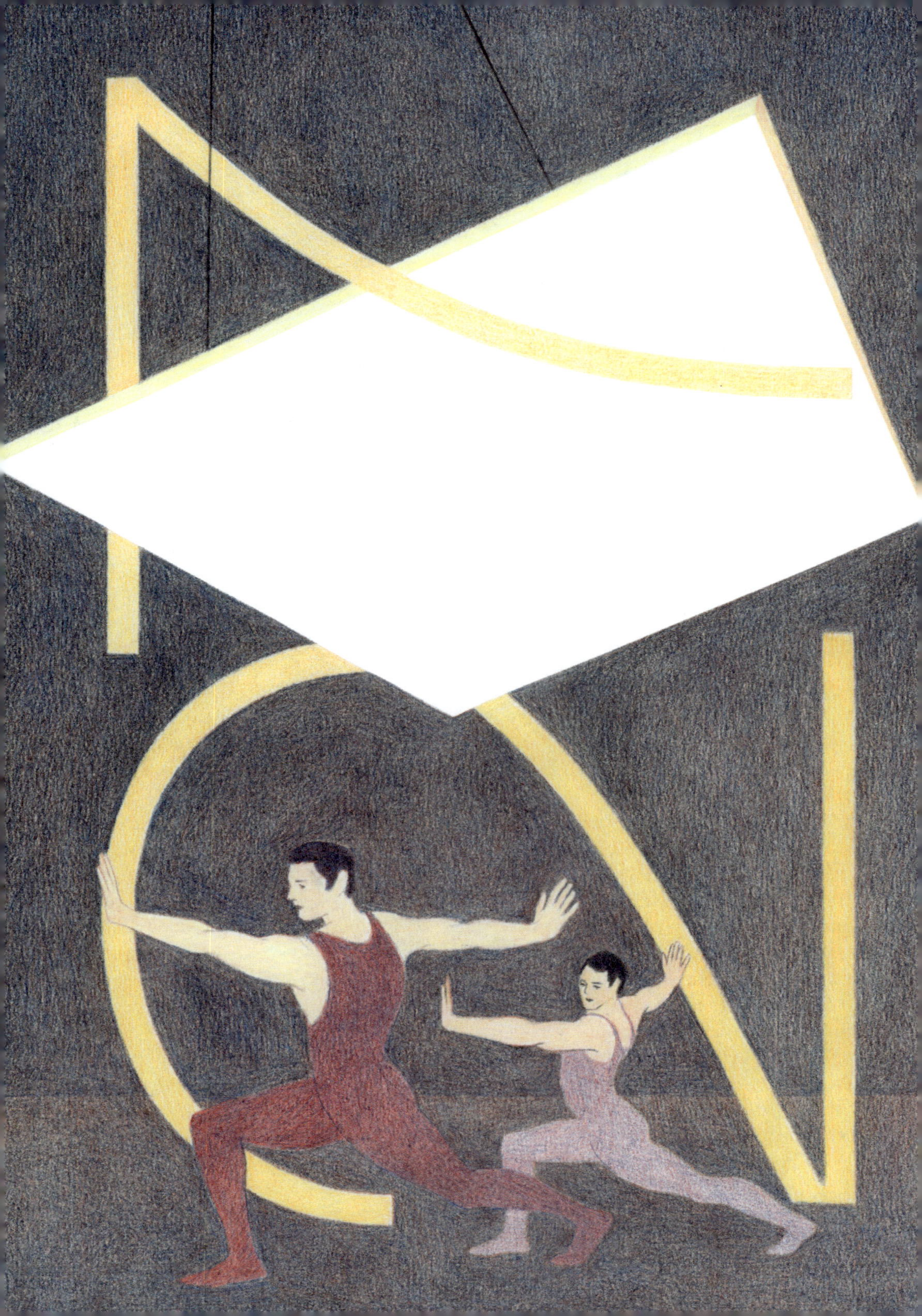

WORAN ERKENNE ICH FORSYTHE?

Jeder Choreograf hat seine eigene Handschrift und seinen eigenen Stil, der die Werke prägt, die er auf die Bühne stellt. Besonders deutlich kann man das bei William Forsythe sehen.

Als der 1949 in New York geborene Amerikaner mit 21 Jahren von John Cranko in Stuttgart engagiert wird, hat er gerade die Tanzausbildung an der Schule des City Center Joffrey Ballets in Chicago abgeschlossen. In Stuttgart tanzt er nicht nur, sondern beginnt auch zu choreografieren. Forsythe steht noch ganz unter der Faszination für Balanchine und dem neoklassischen Ballett, was man seinen ersten Choreografien durchaus anmerkt: *Urlicht* (1976) wirkt wie ein zugespitztes, technisch überdrehteres Ballett Balanchines.

Doch Forsythe findet bald seinen eigenen Stil, der ihn in den 1970er und 1980er Jahren an die Opernhäuser in Berlin und München und das Nederlands Dans Theater in Den Haag führt, bis er 1984 das Frankfurter Ballettensemble übernimmt. Zwei Jahrzehnte wird er dem Ensemble treu bleiben. Er leitet dort eine neue Ära in der Ballettgeschichte ein, die das damalige Publikum in zwei unversöhnliche Lager spaltet: die Forsythe-Enthusiasten und -Kritiker.

Forsythe wird häufig mit Rudolf von Laban und dessen Bewegungsstudien zum Ikosaeder in Verbindung gebracht, doch die Linie zu Vaclav Nijinskys neuen Bewegungsmustern und dessen Überlegungen zur Wahrnehmung im Tanz ist viel stärker. Beide verbindet ein großes Interesse an Bewegungsstudien, die sie auch zeichnerisch festhalten.

Wie Nijinsky entwickelt Forsythe im Verlauf seiner Arbeiten radikal andere Formen des Zusammentanzes mit einem eigenen Bewegungskanon: weit aus dem Becken gedrehte Spreizschritte, Verwinkelungen der Körper und nach allen Seiten explodierende Sprünge. Und genau wie Nijinsky wirft er nicht einfach das akademische Tanzvokabular über Bord, sondern setzt sich vielmehr sehr intensiv damit auseinander. Das unterscheidet beide fundamental von Labans Herangehensweise. Beide sehen den Rücken nicht als starre Körperachse. Der einzige Unterschied: Nijinsky verortet den Körpermittelpunkt im Solar Plexus, was Forsythe ablehnt. Er richtet stattdessen seine Aufmerksamkeit auf die Gelenke als multiple Bewegungsachsen, die akademische Symmetrie löst er »zugunsten einer körpereigenen, unregelmäßigen und damit individuellen Geometrie« auf.[62]

Forsythe hat nicht mehr den Bewegungsradius des Körpers zum Vorbild, wie ihn das Ideal des Vitruvianischen Menschen vorgibt (man denke an Leonardo da Vincis berühmte Zeichnung eines Mannes mit Arm- und Beinbewegungen) und wie er heute noch im klassischen Tanz gelehrt wird. Sondern er ermutigt seine Tänzerinnen und Tänzer dazu, sich in einem nach allen Richtungen hin offenen Raum zu bewegen. Gut ist das in *Steptext* (1985) zu sehen: Er zerlegt das Bewegungsvokabular des klassischen Balletts in die kleinsten Teile, um es schließlich zu immer neuen Formen der Körperbewegung zusammenzufügen.

Forsythe, der auch als »tanzender Philosoph« bezeichnet wird, als jemand, der »das Denken tanzen kann«, hat wie Nijinsky den Tanz zunächst von innen heraus verstehen wollen und erst danach das Ballett von außen mit diesem neuen Verständnis zusammengebracht.

Und er möchte, dass Bewegungen bewusst ausgeführt werden: ›Ich stelle mir vor, meinen Arm auf eine bestimmte Linie zu heben, und hebe ihn auch genauso.‹ Forsythe macht immer wieder deutlich: Menschen bewegen sich zu jeder Zeit anders – und das Ballett ist immer schon eine historisch bedingte Analyse der Bewegung gewesen, ein bestimmtes Modell von Bewegung, das vorgestellt wird und das eine bestimmte Wirkung erzielen soll.

»Bei William Forsythe beginnt Bewegung im Kopf. Wie gedacht wird, bestimmt die Möglichkeiten und das Erscheinen. Forsythe denkt die Bewegung und er denkt mit der Bewegung, weil sein eigenes Denken

»Hat jemand Bill Forsythe gesehen?«

aus *Kammer/Kammer*, Choreografie von William Forsythe

über das, was Bewegung sein kann, immer in Bewegung ist.«[63] (Gerald Siegmund)

Forsythe reizt zudem das Spielen mit musikalischen Formen und Stilen. In *Artifact* (1984) lässt er mit seiner Choreografie das Zeitalter des Barocks mit seinen strengen Linien und Geraden aufscheinen. Er stellt das Corps de Ballet wie im *ballet du cour (Hofballett)* um das Solotänzerpaar herum auf und unterbricht immer wieder mit Klatschen den Musikfluss. Damit spielt er subtil auf das klassische Ballett an, bei dem es üblich ist, dass nach jedem Solo oder Pas de deux das Publikum klatscht und die Tänzerinnen und Tänzer an die Rampe treten, um sich zu verbeugen, was den Handlungsfluss unterbricht.

Und er geht noch einen Schritt weiter: Beeinflusst vom Stararchitekten Daniel Liebeskind, übersetzt er eine von dessen Zeichnungen in Tanz, woraus schließlich *Limbs Theorem* (1990) wird. Das Stück ist eine Wende in Forsythes Werk. Die Bewegung auf der Bühne ist immer in einen Bezug zu den Objekten auf der Bühne gesetzt, zum Teil müssen die Tänzerinnen und Tänzer improvisieren, ausgehend von ihrer Wahrnehmung des Raumes. Forsythes Sequenzen werden von nun an weniger geometrisch als vielmehr fließender.

Ein Jahrzehnt später zeigt er in *Kammer/Kammer* (2000) die Entwicklung zweier Liebesbeziehungen. Das Publikum scheint mit einer Probensituation konfrontiert: Tanzen, Sprechen und Performance werden gemischt. Das Stück beginnt damit, dass ein Sprecher fragt: »Hat jemand Bill Forsythe gesehen?« Auf den Bildschirmen, die überall auf der Bühne angebracht sind, sieht man sowohl Live-Aufnahmen des Bühnengeschehens als auch vorproduzierte Filme, so dass nicht klar wird, was Gegenwart und was Vergangenheit ist. Eine stringente Linie oder einen Handlungsverlauf gibt es nicht mehr. Es ist vielmehr eine auf die Spitze getriebene Gleichzeitigkeit.

Sein großes Interesse an Technik und der Digitalisierung von Bewegungsabläufen kommt aus dem Impuls, das Funktionieren des Körpers im Ballett sichtbar machen zu wollen. 1994 entwickelt er zusammen mit dem Zentrum für Kunst und Medien in Karlsruhe (ZKM) *Improvisation Technologies:* eine interaktive Computerinstallation, im Grunde eine Art digitale Tanzschule. In über sechzig Videokapiteln mit kurzen, von ihm kommentierten Demonstrationen zeigt er die wichtigsten Prinzipien seiner Bewegungssprache. Das Projekt soll ein Archiv sein, das alle Bühnenschaffende für ihre Arbeit nutzen können.

So hinterlässt Forsythe nicht nur eine moderne Bibliothek des Tanzes, sondern etabliert eine neue choreografische Handschrift, die bei aller Technikaffinität und modernem Bewegungsvokabular ein philosophisch-menschliches Fundament hat und unverwechselbar bleibt.

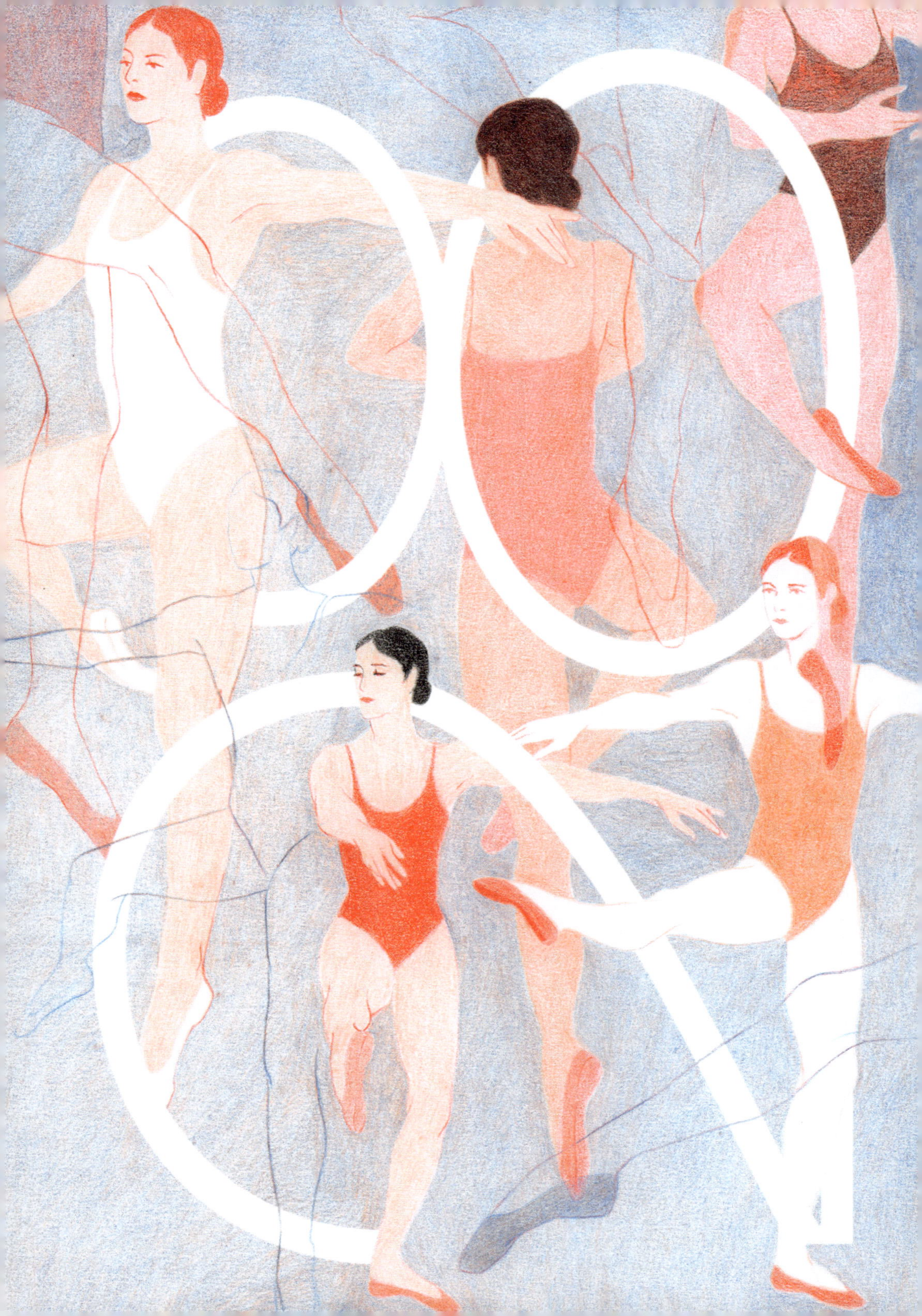

WELCHE BEGRIFFE BESTIMMEN DAS KLASSISCHE BALLETT?

Die Sprache des Balletts ist Französisch. König Louis XIV., der selbst täglich tanzt, gründet 1661 in Paris die Académie Royale de Danse, die königliche Tanzakademie, mit der die eigentliche Geschichte des akademischen Balletts beginnt. Von nun an liegt das Ballett in den Händen von professionellen Tänzern und erhält Namen und Bezeichnungen. 1700 erscheint das Buch *Choreographie* von Raoul Auger Feuillet, das zum ersten Mal alle tänzerischen Elemente in eine schriftliche Form zu bringen versucht, die wie ein Alphabet erlernbar sind. In diesem Buch werden zum Beispiel erstmals die fünf Grundpositionen der Füße genannt, die bis heute jede Ballettschülerin und jeder Ballettschüler lernt.

Heute wird in den meisten Ballettschulen nach der sogenannten Waganowa-Methode unterrichtet. Diese Unterrichtsmethode für das klassische Ballett ist von der russischen Balletttänzerin und Tanzpädagogin Agrippina Waganowa entwickelt worden und bis heute der offizielle pädagogische Leitfaden der Waganowa-Ballettakademie in St. Petersburg sowie auch bei allen staatlichen Lehreinrichtungen für klassischen Tanz in Deutschland, in Frankreich und auch in vielen anderen Ländern auf der Welt.

1948 schreibt Waganowa ihr Buch *Grundlagen des klassischen Tanzes,* in dem sie ihre Ideen und Prinzipien erläutert. Auch hier sind die fünf Positionen der Füße ein wesentliches Element: »Es sind fünf, weil für auswärts (*en dehors*) gesetzte Füße eine sechste nicht gefunden werden kann, von der aus man sich leicht und bequem bewegen könnte. Es gibt umgekehrte Positionen mit einwärts (*en dedans*) gedrehten Fußspitzen, Zwischenpositionen, die zwischen einer und einer anderen liegen; die fünf Positionen aber mit auswärts gedrehten Fußspitzen sind die Grundlage für den klassischen Tanz.«[64]

Obwohl Waganowa russische Muttersprachlerin ist, behält sie bei allen Bewegungen die französischen Bezeichnungen bei:

Mit dem französischen Vokabular ist jede Balletttänzerin und jeder Balletttänzer auf der ganzen Welt vertraut – unabhängig von seiner Muttersprache. Hören Schülerinnen und Schüler das Kommando *Arabesque*, wissen sie sofort, dass sie das Spielbein in einem 90-Grad-Winkel zum Standbein halten sollen. Hören sie *Corps de Ballet*, wissen sie, dass nicht die Solo-, sondern die Gruppentänzer gemeint sind.

Den fünf Grundpositionen der Füße entsprechen übrigens die Positionen der Arme – die fließende Abfolge verschiedener Armpositionen wird als *port de bras* bezeichnet. Darüber hinaus unterscheidet das klassische Ballett Sprünge (*jeté*), Drehungen (*pirouette*), Beugungen (*plié*) sowie sogenannte »verbindende« Bewegungen wie *pas de bourée*, *coupé* oder *passé*. Auch die Richtung des Körpers im Raum wird durch feste Begriffe benannt: *en face*, wenn das Gesicht dem Publikum zugewandt ist, sowie *croisé*, wenn die Tänzerin oder der Tänzer in der Diagonale steht. Die Figur, die allen Positionen bzw. Bewegungen zugrunde liegt, ist immer die gestreckte Linie von Finger- bis zu den Fußspitzen oder der insbesondere von den Armen beschriebene Kreis.

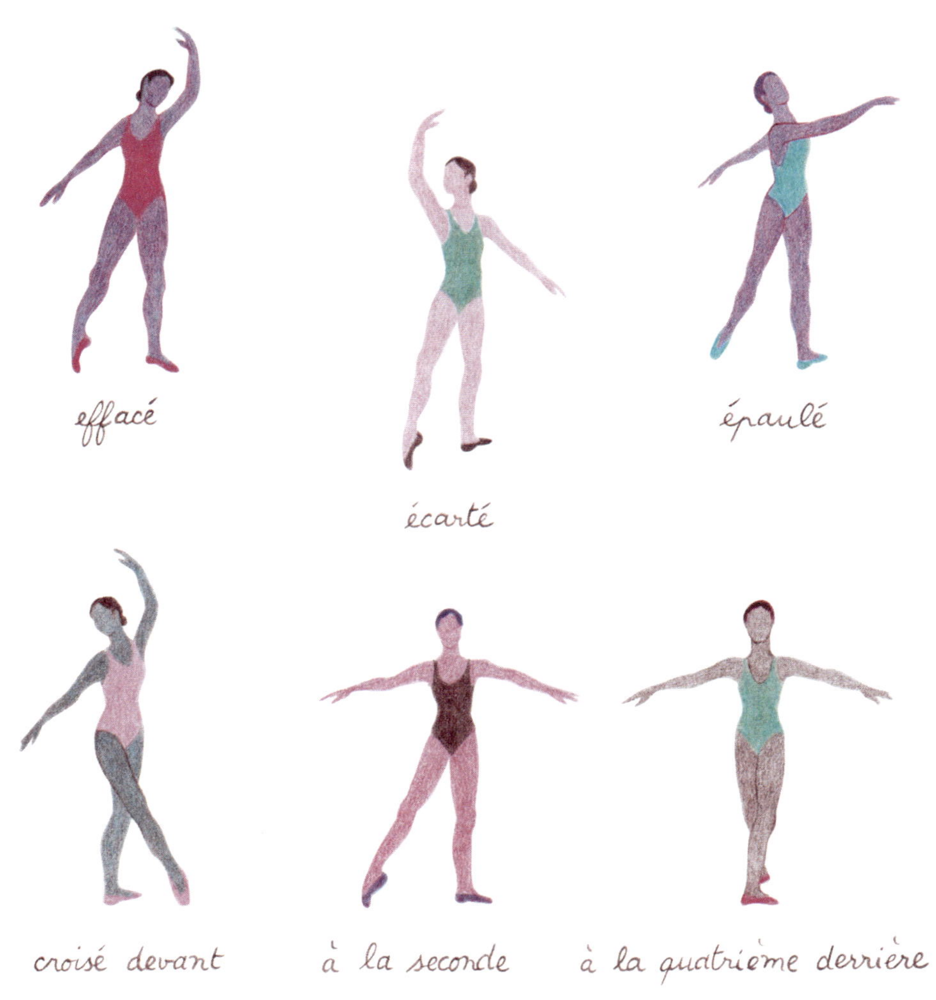

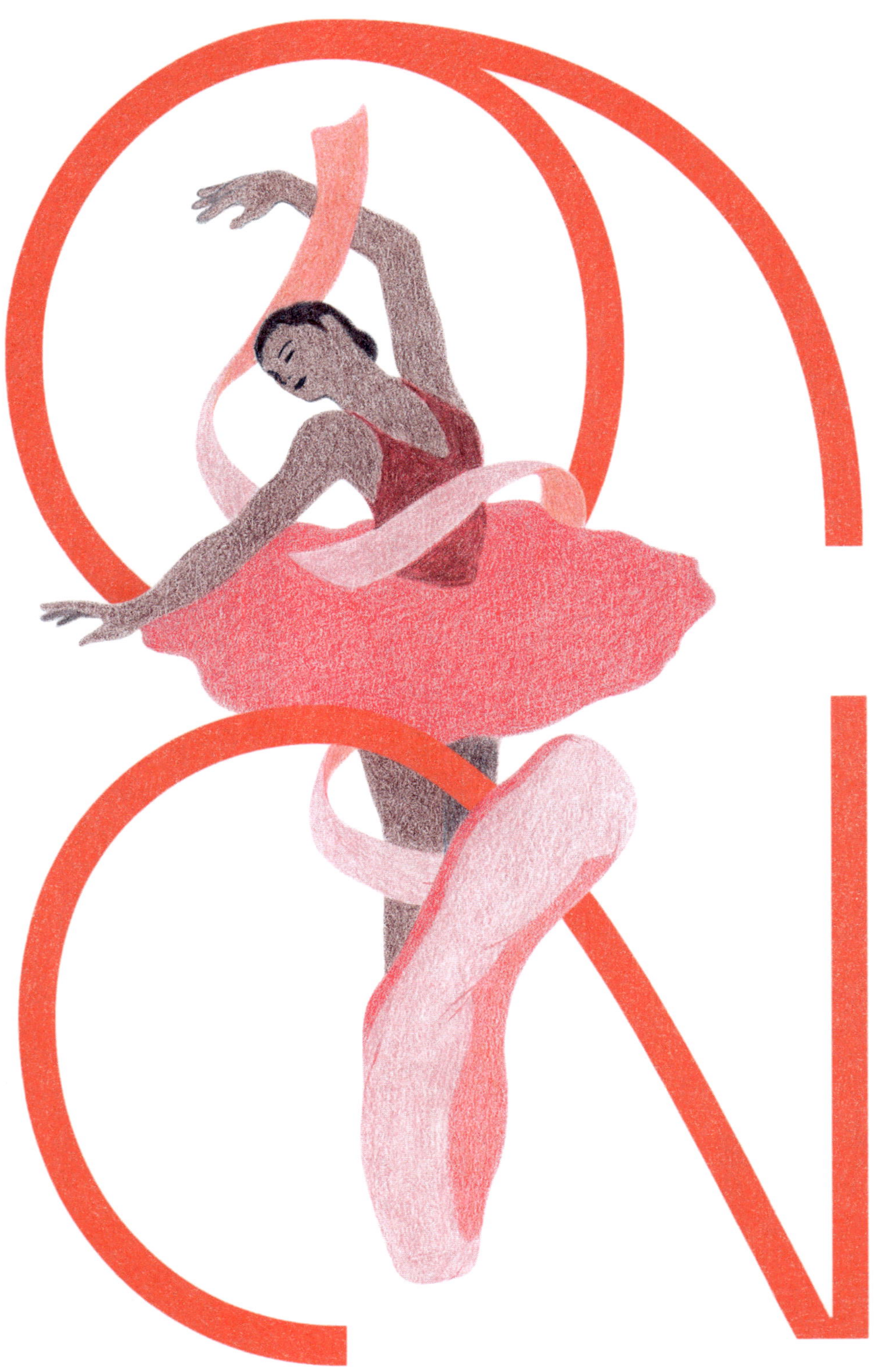

WARUM GIBT ES DEN SPITZENTANZ?

Dass bis heute auf der Spitze getanzt wird, ist eigentlich einem Waldgeist zu verdanken: Im romantischen Ballett *La Sylphide* (1832) erscheint dem jungen schottischen Bauern James am Abend vor seiner Hochzeit eine Sylphide (ein Waldgeist) im Schlaf. Sofort verfällt er ihr, aber das flüchtige und schöne Wesen bleibt nicht lange. Er vertraut sich einer Hexe an, die ihm einen Schal gibt: Diesen solle er der Sylphide umlegen, damit sie bei ihm bleibe. Doch der Schal ist verzaubert: Durch ihn verliert die Sylphide ihre Flügel – und stirbt.

Das Ballett greift auf die antike mythologische Figur der Medea zurück, die *die* Verkörperung der Rache einer zurückgewiesenen Frau ist. Auch Medea verübt Rache mithilfe eines Kleidungsstücks, und auch in ihrer Geschichte spielt das Fliegen eine Rolle: Medea hilft Jason, das goldene Vlies (das Fell eines goldenen Widders, der fliegen und sprechen konnte) zu rauben. Doch Jason will eine andere Frau heiraten, was Medea grausam werden lässt: Sie tötet die Frau, deretwegen Jason sie verlassen will, indem sie ihr als Hochzeitsgeschenk ein Gewand schickt, das sich von selbst entzündet und in dem Braut Glauke bei lebendigem Leib verbrennt.

Auf diesen Grundmotiven ist *La Sylphide* aufgebaut. Mit der Musik von Jean Schneitzhoeffer hat das Ballett im März 1832 an der Pariser Oper Premiere – und wird zur Sensation. Weniger wegen der Geschichte, sondern wegen Marie Taglioni: Die Primaballerina, die in der Uraufführung die Sylphide in der Choreografie ihres Vaters Filippo Taglioni tanzt, verstärkt mit dem zum ersten Mal gezeigten Spitzentanz den Eindruck der Schwerelosigkeit und Leichtigkeit dieser Fantasiewesen aus einer fernen Welt. Sie berührt buchstäblich nur noch mit einem allerletzten Punkt ihres Körpers die Erde und scheint über die Bühne zu schweben – wobei ihr aber auch die Bühnentechnik hilft: Die Sylphiden tanzen nicht selbstständig auf Spitze, sondern werden an Drähten über die Bühne gezogen und schweben mit kleinen Flügeln auf dem Rücken zwischen der Bühnendekoration umher.

Abgesehen davon, dass der Spitzentanz die Pirouettentechnik vervollkommnet, unterstützt er auch die von der Romantik angestrebte Verlängerung der Körperlinie. Er entspricht dem Streben nach dem Jenseits, nach fernen, mystischen Welten, und wird seitdem kontinuierlich verfeinert und perfektioniert.

Zunächst gibt es allerdings noch keine speziellen Spitzenschuhe. Die Tänzerinnen stopfen ihre Schuhe mit Wolle aus und klemmen ein Stückchen Holz in die Schuhspitze, damit sie sich darauf stellen können. In der Folgezeit wird der Spitzenschuh immer mehr angepasst und verbessert, was auch den Tanz virtuoser macht. Heutige Spitzenschuhe sind im Zehenbereich versteift, aufwändig präpariert, stützen den Fuß und bieten bedeutend mehr Halt.

Dass er dennoch in die Kritik gekommen ist, hat nichts mit seiner technischen Qualität zu tun, sondern damit, dass der Spitzentanz immer noch der Inbegriff des akademischen Balletts und zudem nur Damen vorbehalten ist. So konzentriert sich die tanzwissenschaftliche Auseinandersetzung, im Zuge der feministischen Strömungen seit den 1980er Jahren intensiv auf Rollenmuster und damit auch auf den Spitzenschuh. Während um 1900 die Ballettreformer das Ausziehen der Spitzenschuhe fordern, weil sie damit ein zu starres Bewegungsvokabular verbinden, wird heute der Spitzenschuh – ähnlich wie hochhackige Schuhe – als fußdeformierend kritisiert sowie negativ bewertet, da er eindeutig weiblich apostrophiert ist. In vielen modernen Choreografien kann man heute jedoch häufig beide Formen nebeneinander sehen: Man tanzt in einem Stück sowohl in Spitzenschuhen als auch nur in Ballettschläppchen oder barfuß.

Dass der Spitzentanz aber auch als komisches Element eingesetzt werden kann, beweist der Choreograf Frederic Ashton mit *The Dream* (1964). In dem einaktigen Ballett nach Shakespeares *Sommernachtstraum* trägt der Handwerker Nick Bottom (in der Wieland-Schlegel-Übersetzung »Zettel« genannt) nach seiner Verwandlung zum Esel Spitzenschuhe und tanzt also fortan auf der Spitze weiter – kein Wunder eigentlich, dass sich Titania rettungslos in ihn verliebt.

»Taglioni tanzte, oder besser gesagt, sie flog eine Weile in der Luft umher.«

Der Schriftsteller
Theophile Gautier

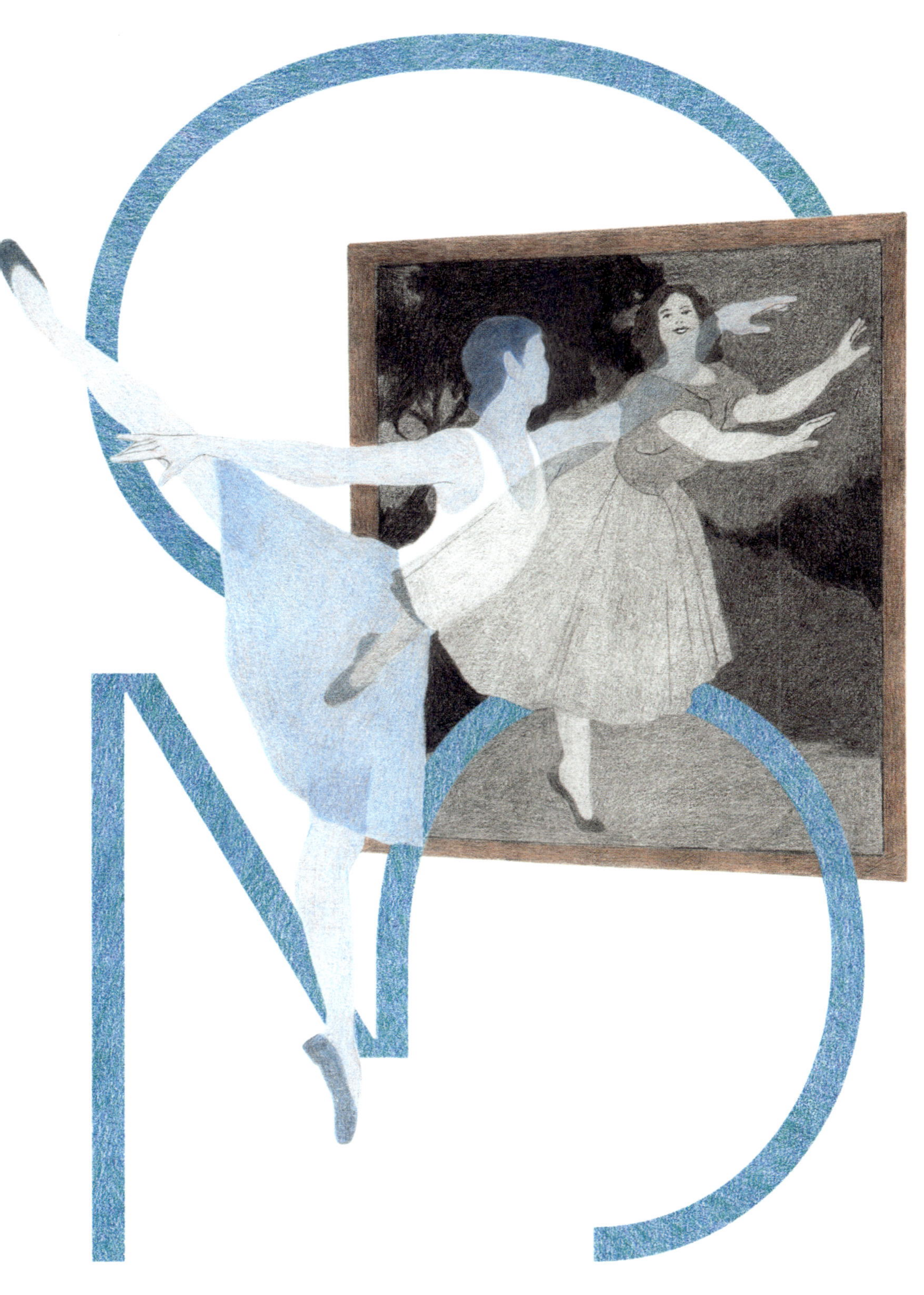

WIE HAT SICH DIE TECHNIK DES BALLETTTANZES VERÄNDERT?

Das Ballett entwickelt sich ursprünglich aus den Ritterspielen und Festtagsumzügen in der Renaissance. Genauso wie die Technik des Zweikampfes immer weiter verfeinert wird, bis man schließlich Lanze oder Schwert gegen den eleganten Degen tauscht, verändert sich auch die Technik des Balletts, dessen Bewegungen ohnehin dem Fechten ähneln.

Auch ein über die Jahrhunderte sich immer wieder wandelndes Schönheitsempfinden spielt eine Rolle: Tanzt man am Hof von König Louis XIV. Ende des 17. Jahrhunderts noch mit Spangenschuhen, die einen kleinen Absatz haben und deren Lasche am Spann hoch hinaufgeht, gibt es einige Jahrzehnte später eine entscheidende Veränderung, die das Ballett nachhaltig prägt: Die Tänzerin Marie Camargo in Paris kürzt nicht nur ihre damals noch knöchellangen Unterröcke um einige Zentimeter, sondern wird vor allem wegen ihrer Sprunghöhe berühmt. Sie ist in der Lage, den *Entrechat quatre* auszuführen (ein Sprung, bei dem viermal die Füße in der Luft gekreuzt werden), und trägt dafür künftig nur noch Tanzschuhe ohne Absatz, was ihre technischen Möglichkeiten erheblich erweitert. Auf diese Weise erfindet sie die Ballettschläppchen.

Im 19. Jahrhundert wiederum ist mit der Primaballerina Marie Taglioni insbesondere der Beginn des Spitzentanzes verbunden. Taglioni und auch die weltberühmte Tänzerin Fanny Elßler tanzen im 19. Jahrhundert noch auf halber bzw. dreiviertel Spitze. Erst mit Pierina Legnani, Tänzerin an der Mailänder Scala und dann in Sankt Petersburg, für die Petipa um 1900 die 32 *Fouettés* (Pirouetten) in *Schwanensee* in der Rolle des schwarzen Schwans Odile geschaffen hat, ändert sich das: Von nun an wird auf ganzer Spitze getanzt. Marcia Haydée spielt wiederum ein Jahrhundert später in ihrer Choreografie von *Dornröschen* (1987) darauf an: Sie lässt eine der Feen zunächst im besten Petipa-Stil nur auf dreiviertel Spitze tanzen, bevor sie sich dann auf die ganze Spitze erhebt.

Die fünf Grundpositionen sowie *Plié* (Beugen) und *Relevé* (auf halbe oder ganze Spitze erheben) sind bereits um 1740 bekannt. Allerdings tanzt man noch nicht so weit *en dehors* (mit nach außen gedrehten Füßen) wie heute. Im Barock bilden die Füße noch ein leichtes »V«, während sie heutzutage auf eine gerade Linie gestellt werden. Im Barock tanzt man zudem fast ausschließlich auf den Ballen (viertel Spitze), was das Halten des Gewichts auf einem Fuß – bei den sehr schweren Kleidern – erheblich verkompliziert, weshalb häufig erst ein Schritt getanzt und dann wieder ausbalanciert wird, was wie ein kurzes Innehalten im Tanz aussieht. Die noch heute üblichen Armpositionen – das sogenannte *Port de bras* – sind auch ein Resultat der ausladenden breiten Gewänder. Beim Gehen führt man außerdem mit dem linken Arm einen Viertelkreis vom Ellenbogen aus (nicht von der Schulter), während man mit dem rechten Arm nur das Handgelenk im Kreis bewegt.

Auch die Pirouetten haben noch nicht die heutige Virtuosität. Zu Beginn begnügt man sich mit einfachen Drehungen, bis Marie Taglioni die Pirouette auf halber Spitze präsentiert. Am deutlichsten aber ist der Unterschied zum heute eher akrobatisch zu nennenden Ballett bei der *Arabesque* zu sehen: Marie Camargo hebt das Bein nur ungefähr zehn Zentimeter vom Boden, bei Taglioni beträgt der Winkel der Arabesque schon 45 Grad, und mit Aufkommen des kurzen Teller-Tutus um 1900 werden 90 Grad erreicht. Heute – vor allem in der neoklassischen Schule Balanchines – ist ein Spagat in der Senkrechten das Maß aller Dinge, der sogar noch über die 180 Grad hinausstrebt. Die Körperachse verlagert sich ebenfalls. Sieht man heute die Tänzerinnen und Tänzer gerade und senkrecht aufgerichtet, so ist in der Romantik der Rücken noch eher leicht nach vorne gebeugt.

In der Romantik gilt das Gebot der Anmut, heute das der körperlichen und technischen Fähigkeiten. Die zunehmende Verfeinerung der Technik (man könnte auch sagen: die zunehmende Akrobatisierung) führt aber auch dazu, dass heute zum Beispiel in den Petipa-Balletten die Musik viel langsamer gespielt werden muss, damit Zeit für die Ausführungen all dieser technischen Raffinessen bleibt.

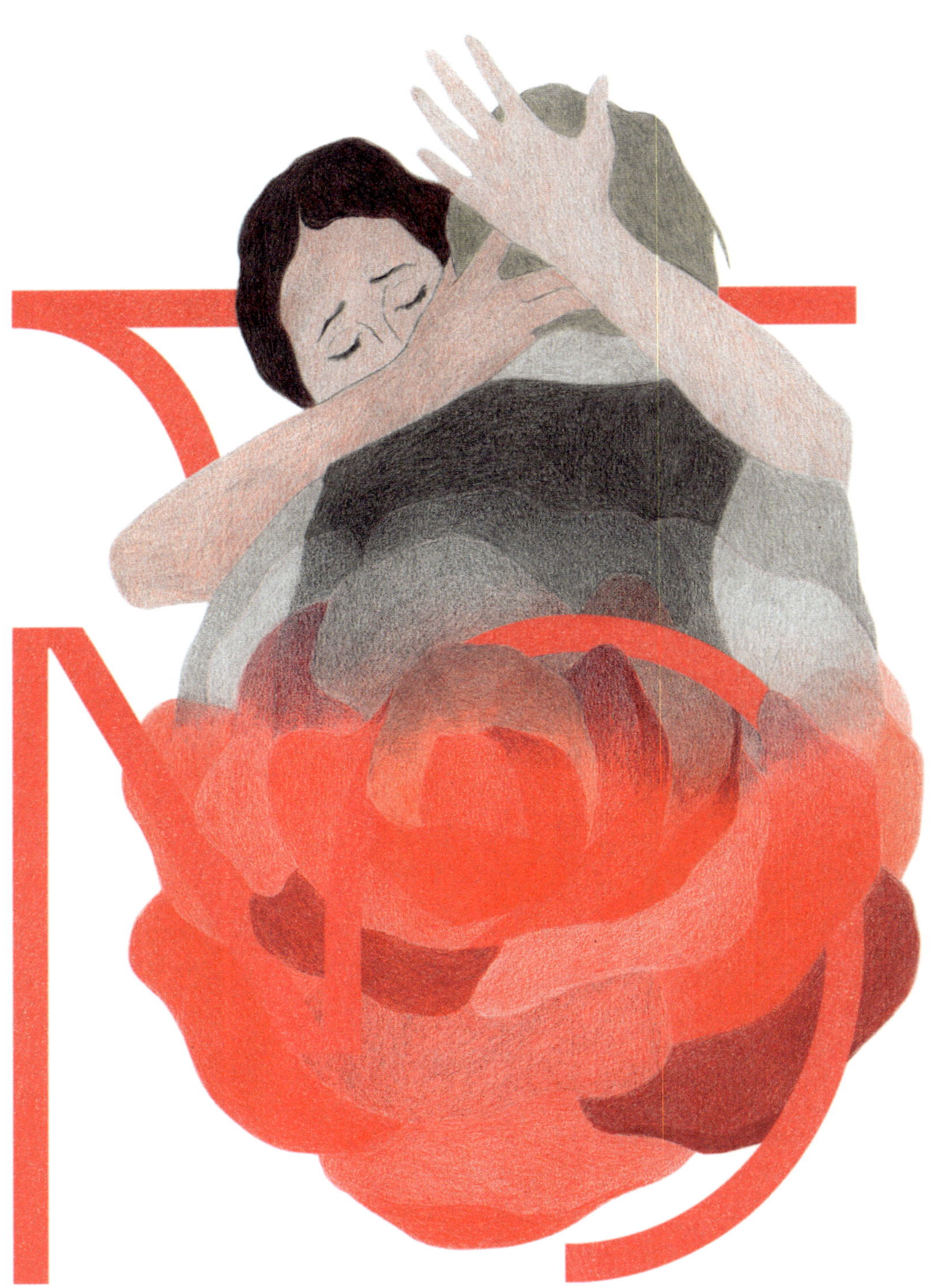

WIE WICHTIG IST DAS BALLETT »DIE KAMELIENDAME«?

Auf der Beerdigung des viel zu früh verstorbenen Meisterchoreografen John Cranko wendet sich Stuttgarts Primaballerina Marcia Haydée 1973 an John Neumeier mit einer Bitte: Sie wünscht sich ein Ballett, mit dem noch einmal an den Schöpfer des »Stuttgarter Ballettwunders« erinnert werden soll, der das Erzählen wieder in das moderne Ballett eingeführt und damit das Genre des Literaturballetts geschaffen hat. Nach langer Überlegung entscheidet sich Neumeier, der im gleichen Jahr Ballettdirektor in Hamburg wird, für den Stoff der *Kameliendame* nach dem Roman von Alexandre Dumas d. J. (*La dame aux camélias*, 1848). Als Bühnenausstatter wählt er Jürgen Rose, der auch für die Handlungsballette Crankos Bühnenbilder und Kostüme entwickelt hat. 1978 öffnet sich der Vorhang für Neumeiers Ballett, das zu einem der wichtigsten Ballette werden soll.

Der Roman ist ebenfalls eine Reminiszenz an einen soeben gestorbenen geliebten Menschen. In Rückblenden wird die große Liebe zwischen dem Ich-Erzähler Armand zur Kurtisane Marguerite erzählt, die aus Liebe zu ihm ihr bisheriges Leben in Paris aufgibt. Das Liebespaar erlebt eine kurze Zeit höchsten Glücks auf dem Lande, bis es von Armands Vater jäh zerstört wird. Er sucht Marguerite auf und bittet sie, seinen Sohn aufzugeben, um den Ruf der Familie nicht weiter zu beschädigen. Marguerite spielt Armand deshalb vor, zu ihrem alten Leben zurückgekehrt zu sein. Verzweifelt und verletzt wirft er ihr ein Bündel mit Geldscheinen vor die Füße. Marguerite stirbt schließlich einsam und allein an Tuberkulose in ihrer Pariser Wohnung.

Es ist keineswegs das erste Mal, dass das Thema zu einem Ballett inspiriert hat. 1963 erschafft Frederic Ashton das Ballett *Marguerite and Armand* zur Musik von Franz Liszt, das zu ihren Lebzeiten ausschließlich von Margot Fonteyn und Rudolf Nurejew getanzt wird. Ashton entdeckt, dass die Romanfigur Marguerite Gautier nach dem historischen Vorbild von Marie Duplessis angelegt ist, die sowohl mit Dumas als auch mit Franz Liszt eine Liebesbeziehung hatte.

Diese historische Information ignoriert Neumeier und konzentriert sich stattdessen auf eine sehr genaue Umsetzung des Textes. Der Roman ist durch die immer wiederkehrenden Erinnerungsbilder strukturiert. Das setzt Neumeier vor allem mithilfe der Musik um, seine Kameliendame tanzt ausschließlich zu Klavierkompositionen Frédéric Chopins. Das Hauptthema jedoch – die Liebe und ihre Zerstörung – erzählt er im Ballett mit nur zwei mehrmals wiederkehrenden Musikstücken: mit dem Largo aus der Klaviersonate Nr. 3 und dem Prélude a-moll Nr. 2. Letzteres Klavierstück hat bei seiner Uraufführung heftige Reaktionen ausgelöst. Robert Schumann fand es abstoßend, es wurde als hässlich wahrgenommen. Die Dissonanzen der linken Hand waren ungewohnt und erschreckten die Hörer, zumal sie genau den Tönen entsprechen, die von zwei Glocken in manchen Dorfkirchen beim Totengeläut zu hören sind.

Das Prélude ist eine Totenklage oder ein Erschrecken über eine misstönende Welt. Chopin hat an Bachs Wohltemperiertes Klavier und an Bachs C-Dur Präludium angeknüpft, in dem eine gleichbleibende Figur in ununterbrochener Wiederholung durch die Harmonien geführt wird. Das zitiert und verzerrt Chopin nun aber aufs Äußerste: Er verlangsamt, nimmt metrische Umstellungen vor, verlegt es in ein dunkles Klangregister und bettet es in harmonisch schwer zuzuordnende Zweiklänge.

Mit dieser zu Chopins Zeiten außergewöhnlichen, fast dunklen Musik unterstreicht Neumeier die mutwillige Zerstörung der großen Liebe. Das Prélude erklingt in der Szene, in der Armands Vater Marguerite aufsucht und von ihr die Aufgabe des Sohnes fordert, und es erklingt auch in dem verzweifelten Solo, das Armand über die Zerstörung dieser Liebe tanzt. Das Moment der Totenklage aus dem Prélude verstärkt Neumeier noch gestisch: Marguerite sinkt vor Armands Vater auf die Knie und streckt dabei die rechte Hand flehend geöffnet nach oben. Diese Geste zitiert Gaudenzio Ferraris »Figur unter dem Kreuz« (1513): eine demütige Handhaltung, die sowohl die Trauer über den gestorbenen Christus und zugleich die Vergeblichkeit des Bittens um Gnade ausdrückt. Das Largo aus der 3. Klaviersonate wiederum erklingt dreimal und ist das musikalische Motiv der großen Liebe; mit den Klavierkonzerten werden das gesellschaftliche Leben, gleichzeitig Marguerites »altes Leben«, begleitet.

Heute ist *Die Kameliendame* eines der am häufigsten weltweit aufgeführten Ballette John Neumeiers und gilt als *Giselle* des 20. Jahrhunderts. Zudem ist es eines der wenigen Ballette, das Neumeier 1987 auch als Film autorisiert hat – mit Marcia Haydée und Ivan Liška in den Hauptrollen. Es hat nichts von seiner Faszination verloren: Im weiß-grau-blauen, kühlen Bühnenbild von Jürgen Rose verweigert die Choreografie jede falsche Sentimentalität und macht dadurch das Schicksal der Protagonisten umso ergreifender. Ein dramaturgisch kluges – und dabei unendlich schönes und berührendes Ballett, das bei seiner Uraufführung 1978 auch Primaballerina Marcia Haydée strahlen lässt. Eine würdigere Reminiszenz an John Cranko und seine Literaturballette hätte sie – und das Publikum – sich wohl kaum vorstellen können.

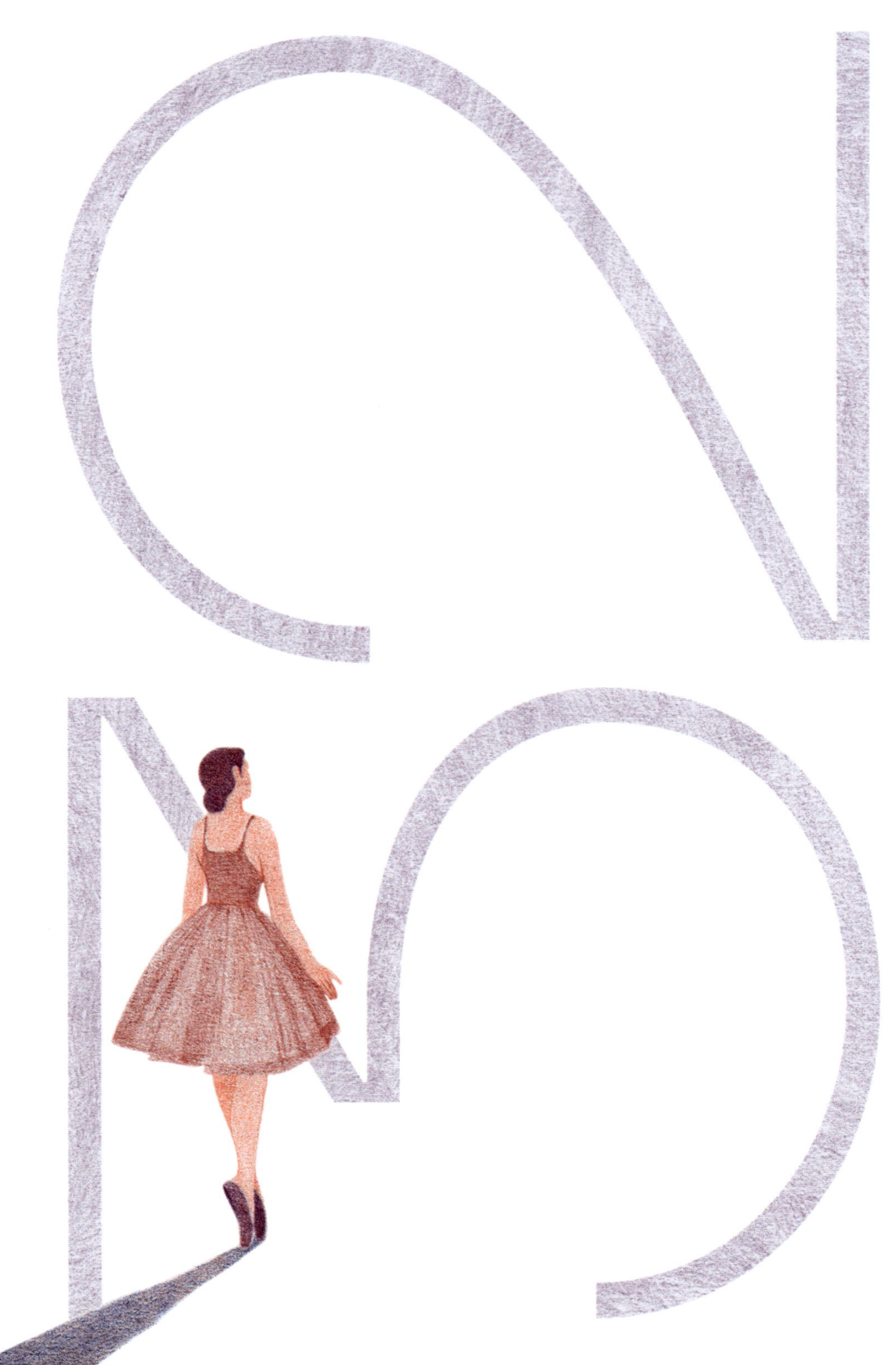

WARUM WURDE AUSGERECHNET EIN NUSS-KNACKER DER BERÜHMTESTE MANN DER BALLETT-GESCHICHTE?

Seit 125 Jahren ist *Der Nussknacker* unverzichtbarer Teil des Weihnachtsfestes, und zwar weltweit. So hat zum Beispiel in den USA jede noch so kleine Compagnie den *Nussknacker* um die Weihnachtszeit im Programm – mit fünfzig oder mehr Vorstellungen, natürlich alle ausverkauft. Viele Compagnien verdienen ihr gesamtes Jahresbudget mit diesem Ballett, das ihnen dadurch künstlerische Freiheiten für den Rest der Spielzeit verschafft. »Man geht mit der ganzen Familie in eine Vorstellung, will Schneeflocken sehen und in festliche Stimmung versetzt werden«[65], sagt der deutsche Choreograf Christian Spuck.

Aber ist das Ballett wirklich nur ein Weihnachtsmärchen für Kinder?

Im Jahr 1892 sucht der Direktor des Mariinsky-Theaters in Sankt Petersburg Iwan Wsewoloschsky händeringend nach einem neuen Ballett. Zwei Jahre zuvor ist *Dornröschen* mit großem Erfolg aufgeführt worden, nun soll ein weiteres Märchen mit ähnlicher Magie auf die Bühne. Ihm fällt das Kunstmärchen von E. T. A. Hoffmann, *Der Nußknacker und Mäusekönig* (1816), in die Hände. Er ist davon fasziniert und beauftragt Marius Petipa und dessen Assistenten Lew Iwanow, aus dem Stoff ein Ballett zu machen und dabei wieder mit dem russischen Komponisten Peter Tschaikowsky zusammenzuarbeiten. In der Folge wird das neben *Schwanensee* wohl bekannteste Ballett des Choreografen Marius Petipa entstehen.

Doch nach genauerer Prüfung betrachten Wsewoloschsky und Petipa die Erzählung von E. T. A. Hoffmann als zu verworren und bühnenuntauglich. Beide stützen sich daher auf die weniger komplizierte Nacherzählung der Geschichte von Alexandre Dumas (*Histoire d'un casse-noisette*, 1844) und schreiben auf dieser Grundlage ihr Libretto, das in die Ballettgeschichte eingehen wird:

In einem großbürgerlichen Haus in Nürnberg zur Weihnachtszeit bekommen die kleine Marie und ihr Bruder Fritz neben anderem Spielzeug auch einen Nussknacker. Der etwas boshafte Fritz gibt ihm zu harte und große Nüsse, der arme Kerl verliert dadurch bereits ein paar Zähne. Marie hat Mitleid und umsorgt ihn. Als sie um Mitternacht noch auf ist, kommen Mäuse und ein Mäusekönig aus den Löchern gekrochen – der Nussknacker stellt sich an der Spitze einer Armee aus Spielzeugsoldaten und Puppen. Doch als sie im Begriff sind zu verlieren und der Nussknacker gefangen genommen werden soll, greift Marie in das Geschehen ein: Die Mäuse fliehen und der Nussknacker verwandelt sich in einen jungen, hübschen Prinzen. Im ersten Akt wird die Geschichte vor allem pantomimisch erzählt, der zweite handlungslose Akt hingegen dient mit virtuosen Tänzen der Zurschaustellung des Könnens und der Technik der Tänzer: Marie und der Prinz erleben gemeinsam den »Walzer der Schneeflocken« im Wald und reisen ins »Reich der Zuckerfee«, wo sie ein Fest feiern, bei dem viele Tänzer einen grandiosen Auftritt haben.

Trotz der genauen Taktvorgaben Petipas (zum Beispiel: »Nr. 21: Die Tanne wird riesengroß. 48 Takte fantastischer Musik mit einem großen Crescendo«) reizt es Tschaikowsky, nach *Dornröschen* auch die Traumwelten des *Nussknackers* zu komponieren, die sich als Kampf zwischen hellen und dunklen Mächten entpuppen: So wirken die märchenhaften Tänze des »Schneeflockenwalzers« nach den düsteren nächtlichen Kampfszenen mit dem Mäusekönig wie eine Erlösung. Gleichzeitig will Tschaikowsky eine kunstvolle Verbindung der Szenen erreichen, indem sich Kinder- und Erwachsenenwelt, das märchenhaft Gute und Schreckliche durchdringen: wenn zum Beispiel Marie den Nussknacker schlafenlegt und das Wiegenlied, in dem ein kindlich-unschuldiger Spieluhr-Ton erklingt, von den drohenden Trompetensignalen von Fritz' Soldaten unterbrochen wird. Anschließend folgt das »Lied des Großvaters«, das in die friedliche Welt des Mädchens zurückführt.[66]

Genauso kunstvoll dreht Petipa im *Nussknacker* eine Regel des traditionellen Balletts um: Bis dahin ist der akademische Tanz für Fantasie verwendet worden und folkloristische Bewegungsmuster für die Wirklichkeit. Petipa nutzt nun verschiedene Nationaltänze, um im zweiten Akt, im »Reich der Zuckerfee«, das fantasievolle Fest zu bereichern: mit einer temperamentvollen spanischen *Tarantella* mit Kastagnetten (einem sehr schnellen Tanz im 6/8-Takt) oder einem temperamentvollen russischen Trepak, einem reinen Männertanz mit den typischen gewaltigen Spagatsprüngen.

Das Ballett weist also die typischen Märchenstrukturen auf, dennoch versteht Petipa sein Ballett keineswegs ausschließlich als Märchen – und lehnt daher Tschaikowskys Musik zunächst ab. In seinen Notizen wird deutlich, dass ihm die Figur des Vaters wichtig ist, die er wie Dumas »Präsident« nennt, eine Bezeichnung, die zuerst in der Französischen Revolution verwendet wird. Über den Beginn des zweiten Aktes schreibt Petipa: »Sitz der Harmonie«, was an Robespierre, »an die revolutionären Träume von einer Harmonie der Gesellschaft und der Natur, von Tugend und empfindsamen, reinen

Herzen«[67], erinnert. Petipa stammt aus Marseille, dem Geburtsort der Marseillaise. Auch deshalb will er die *Carmagnole*, den berühmten Tanz der Republikaner von 1792 als Reaktion auf die Entthronung von Louis XVI. und seiner Frau Marie Antoinette, im Kampf gegen den Mäusekönig einbauen. In Russland ist erst 1861 die Leibeigenschaft unter dem jungen Zaren Alexander II. aufgehoben worden.

Petipa plant, den *Nussknacker* so anzulegen, dass alles in der *Carmagnole* gipfeln und das Ballett mit den deutlichen Anspielungen an die Französische Revolution zugleich ein Kommentar zur gegenwärtigen russischen politischen Situation sein soll. Mit dem Kampf des Mäusekönigs spielt er zudem auf die russische Expansionspolitik und die allgegenwärtige Geheimpolizei im Reich an.

Auch die vier Charaktertänze im zweiten Akt sind eine versteckte Kritik an den herrschenden Verhältnissen. Sie repräsentieren zum Teil Getränke, die an den europäischen absolutistischen Höfen getrunken wurden. Petipa lässt sie bewusst in absteigender Folge auftreten: Zuerst die Schokolade – sie ist im 17. Jahrhundert ausschließlich der Aristokratie vorbehalten und gilt geradezu als Statussymbol, ehe sie im 19. Jahrhundert zum Getränk für Frauen und Kinder wird. Es folgt der teure Kaffee, der ebenfalls zunächst nur vom Adel getrunken wurde und erst nach der Französischen Revolution zum beliebten Getränk des Bürgertums wird – Russland gehört dagegen neben den Britischen Inseln, Polen und der Türkei zu den Teeregionen, Tee wird in Russland in allen Schichten getrunken. Mit dem letzten und vierten Charaktertanz Trepak sind wir dann beim russischen Volk angekommen.

Doch dem Theaterdirektor Wsewoloschsky am Mariinsky-Theaters sind Petipas politische Botschaften zu heikel, und er verlangt, dass er die Carmagnole wieder herausnehmen soll. Die nationalen Charaktertänze der Getränke werden dagegen als harmlos eingestuft und dürfen bleiben. Sie finden sich noch in John Neumeiers *Nussknacker*-Choreografie, der sich ansonsten sehr weit von Petipas Fassung entfernt hat.

Der Nussknacker, im Dezember 1892 zum ersten Mal aufgeführt, erlebt in der Folgezeit Bearbeitungen, veränderte Fassungen und Sichtweisen. So kommt Tschaikowskys musikalische Betonung des Märchenhaften viel später in Peter Wrights Choreografie für das Royal Ballet (1984) in London zum Ausdruck. Wright nennt wie schon Petipa seine Hauptfigur nicht Marie, sondern Clara. Nachdem alle schlafengegangen sind, huscht ein Weihnachtsengel über die Bühne. Bevor Clara noch einmal aufsteht, um nach dem verletzten Nussknacker zu schauen, und sie in das geheimnisvolle Reich des Mäusekönigs mitgenommen wird, lässt Wright den Weihnachtsbaum im Hintergrund riesengroß werden, so dass sein Baumschmuck mit den großen Keksen und Bonbons bereits ein Vorgeschmack auf das nachfolgende »Reich der Zuckerfee« ist.

Peter Wright, der vorher Ballettmeister bei John Cranko in Stuttgart 1961 gewesen ist, versucht sich an die Fassung von Petipa und Iwanow zu halten, wobei er wie alle anderen Choreografen vor der Schwierigkeit steht, dass für den *Nussknacker* kein choreografischer »Urtext« existiert, sondern nur ein unvollständiges choreografisches Notat von Iwanow, das unter anderem die Formation des Schneeflockenwalzers dokumentiert: »Das reine helle Leben beginnt nach 24 Uhr, obwohl es Nacht ist, kann man Glück erringen. Doch muss man dazu durch den Winter hindurchgehen.«[68] So hat Petipa in das Ballett plötzlich einen Schneesturm eingefügt, den sein Assistent Lew Iwanow in einen »Schneeflockenwalzer« übersetzt.

Wright möchte mit seinen Choreografien dem Original treu bleiben und es doch für ein modernes Publikum spannend machen. Sein »Schneeflockenwalzer« spielt daher deutlich auf die Tradition der *Ballets blancs* (*weißen Akte*) in *Giselle* oder *La Bayadère* an.

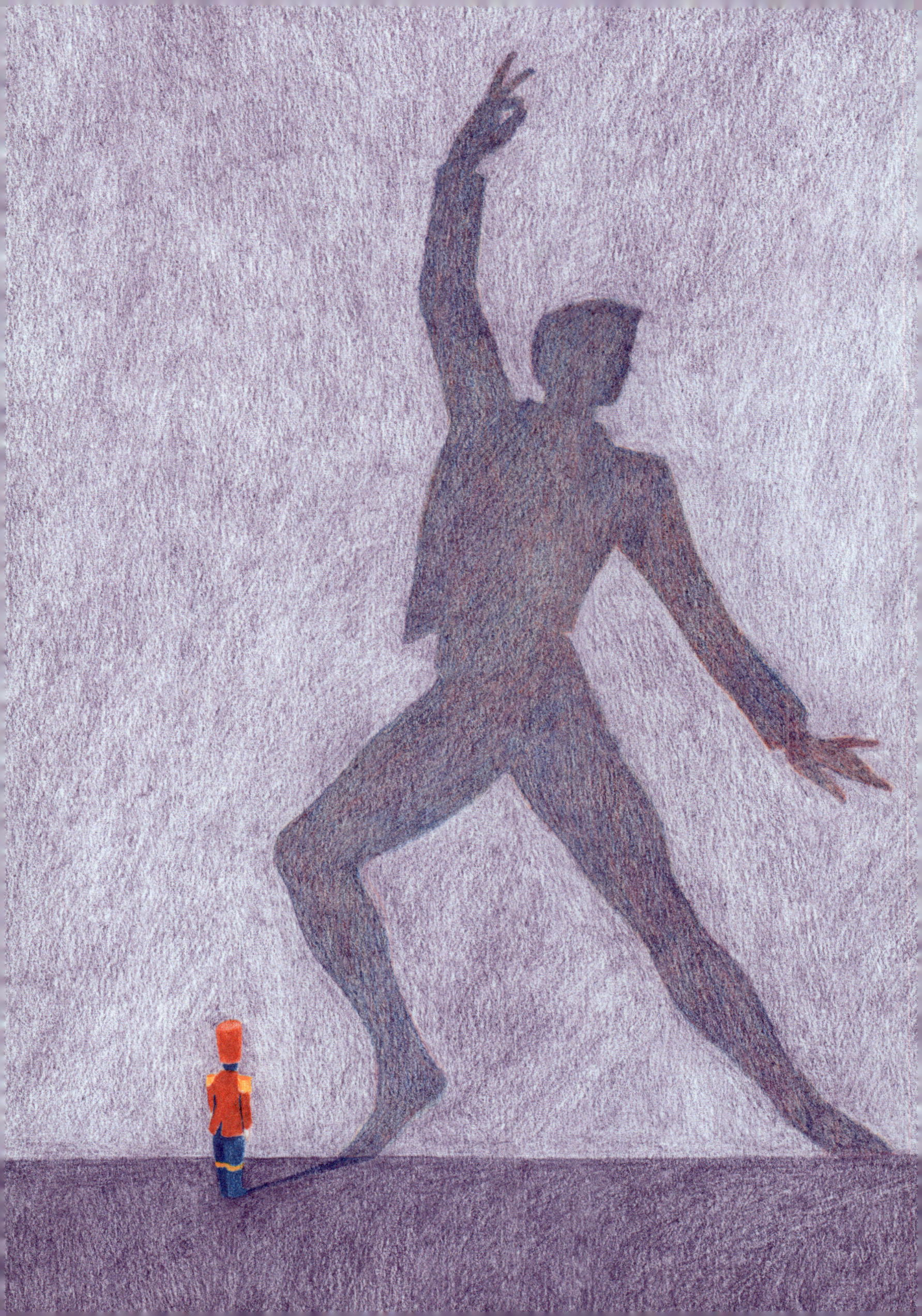

Aber während dort die *weißen Akte* mit überirdischen Wesen (den geisterhaften Wilis oder den Schatten) und dem Tod verbunden sind, was das Corps de Ballet durch das Verharren in festen Posen ausdrückt, sind bei Wright die Schneeflocken ständig in Bewegung: Ihre Hände sind nicht wie in *Giselle, La Sylphide* oder *Schwanensee* ergeben und still gekreuzt, sondern flattern beständig leicht durch die Luft.

Die Anspielung auf die *Ballets blanc* in den romantischen Balletten macht John Neumeier in seiner Choreografie des *Nussknacker* von 1971 zum Hauptgestaltungsprinzip. Er löst sich vollkommen von den Textvorlagen E. T. A. Hoffmanns und Dumas', um stattdessen, wie er selbst sagt, »eine Huldigung an das Ballett« zu schaffen, »eine Hommage an Petipa, der den klassischen Tanz zur Blüte brachte«[69]. Er zeigt weder einen politisch zu deutenden Kampf noch ein fantastisches Märchen, sondern den inneren Prozess, die Gestaltung eines Wunschtraumes. Marie (sie heißt wieder wie bei E. T. A. Hoffmann) ist in seiner Choreografie das Symbol für den Abschied von der Kindheit, Neumeier lässt sie während des Balletts in diesem Zwischenreich, in dem man nicht mehr ganz Kind, aber auch noch nicht ganz erwachsen ist.[70] Auch lässt er das Ballett nicht an einem Weihnachtsabend spielen. Denn Weihnachtsfeste, so Neumeier, gibt es viele, aber nur einen 12. Geburtstag, an dem man vielleicht seine ersten Spitzenschuhe bekommt.[71] Ihr Patenonkel Drosselmeier, der sie mit dem Nussknacker beschenkt, ist ein Ballettmeister, der Petipa ähnlich sieht und der Marie dabei hilft, ihren großen Wunschtraum zu erfüllen: genau wie ihre große Schwester Ballerina zu werden.

Statt vor einem Weihnachtsbaum findet sich Marie in dieser besonderen Nacht plötzlich mitten in einem Ballettsaal wieder und schaut Tänzerinnen beim Training zu. Der Kostümbildner Jürgen Rose erinnert mit seiner Bühnenausstattung an die Tanzbilder von Edgar Degas: Dessen Bild *Die Tanzklasse* (1874) zeigt beispielsweise einige weiß gekleidete Tänzerinnen beim Aufwärmen an der Stange, während sich andere um einen Ballettmeister scharen, der in Neumeiers Choreografie Ähnlichkeiten zu Petipa aufweist.

Das Besondere der vielen Ballettbilder von Degas ist, dass er weniger den Zauber und die Schönheit dieser Kunst zeigt, sondern vielmehr die Mühsal. Seine Tänzerinnen sitzen müde auf einer Bank, knüpfen sich erschöpft die Bänder neu und ziehen die Strümpfe glatt. Zeigt Degas doch einmal den Augenblick ihres Triumphs, wenn sie nach der Vorstellung Blumen entgegennehmen, so setzt er sie nicht ins Zentrum seines Bildes, sondern rückt sie an den Rand, als wolle er zeigen, wie vergänglich ihr Ruhm sei.

Mit Roses Anspielungen auf Degas visualisiert Neumeier somit den Gegensatz zwischen Traum und Wirklichkeit, den Tschaikowsky musikalisch hervorgehoben hat, und legt das eigentliche Wesen des Balletts offen. Dazu gehört auch der Traum junger Mädchen, eine große Ballerina zu werden. Dass sich dieser Traum erfüllt, ist für die meisten Mädchen ebenso unwahrscheinlich wie zu erleben, dass sich ein hölzerner Nussknacker in einen Prinzen verwandelt.

Zur Musik des »Schneeflockenwalzers« lässt sich Marie verzaubern von Tänzerinnen, die sich unablässig auf Spitze drehen, federleicht über die Köpfe ihrer Partner gehoben werden und in *Arabesque* landen. Neumeier zitiert hier die großen Ballette des 19. Jahrhunderts, das Rosenadagio aus *Dornröschen,* das Zucken der *Schwanensee*-Flügel und das *Pas de quatre* von Cesare Pugni, der 1845 ein einziges Mal die vier großen Ballerinen vereint: Marie Taglioni, Lucile Grahn, Carlotta Grisi und Fanny Cerrito.

Dazwischen wandelt Marie wie in Trance und scheint sich nicht sattsehen zu können. Doch zu ihrer Überraschung muss sie feststellen, dass sie nicht einmal eine einfache Kniebeuge ausführen kann, ohne hinzufallen, geschweige denn in Spitzenschuhen tanzen kann. Und so erinnert sie mit ihrem verdutzten Gesichtsausdruck sehr an die frustriert schauenden Tänzerinnen von Edgar Degas. Drosselmeier führt sie in die Welt des Tanzes ein: Sie lernt, wie eine Tänzerin im *tendu* (mit einer gestreckten Bewegung des Spielbeins) von der Bühne zu laufen, richtig zu springen oder sich zu drehen – und sich zu verbeugen. Alles Fantastische ist bei Neumeier eliminiert, stattdessen vollzieht sich vor den Augen der Zuschauer Maries Metamorphose zur Tänzerin, bis sie am Ende einen Pas de deux mit Drosselmeier tanzt.

Und noch eine Interpretation des *Nussknacker* sorgt für Furore: Für das Opernhaus Zürich choreografiert Christian Spuck *Nussknacker und Mäusekönig* und hält sich wiederum sehr genau an die Textvorlage E. T. A. Hoffmanns. »Vor dem weihnachtlichen Hintergrund erleben wir ein Vexierspiel, das virtuos zwischen mehreren Wirklichkeitsebenen hin- und herspringt und Realität und Imagination verschränkt. Die Weihnachtsszenerie ist nur die Verpackung für eine hochromantisch düstere Geschichte.«[72] Spuck stört sich an dem ursprünglich handlungslosen zweiten Akt, der nur aus Charaktertänzen und Divertissements besteht, und erzählt stattdessen die Geschichte der »Prinzessin Pirlipat und der harten Nuss«, die bei Hoffmann einen großen Raum einnimmt, von Dumas aber gestrichen worden ist. Für diese »Geschichte in der Geschichte« greift Spuck allerdings auf Divertissements von Tschaikowsky zurück, um den musikalischen Charakter nicht zu unterbrechen.

Vor allem zeigt er Metamorphosen: Wie bei E. T. A. Hoffmann wird Spielzeug lebendig und Menschen erstarren zu Puppen. Der Tänzer William Moore fährt zunächst als Jugendlicher mit einem Skateboard über die Bühne, wird dann zum Prinzen und zuletzt zu einem steifen, zackigen Nussknacker – was immer wieder die verwirrte Wahrnehmung und Perspektive des Kindes Marie hervorhebt.

Als E. T. A. Hoffmann sein Kunstmärchen schreibt, unternimmt man gerade mithilfe der *camera obscura* erste fotografische Versuche, was die menschliche Wahrnehmung für immer verändern wird. In der fantastischen Welt Hoffmanns ist diese Wahrnehmung auf den Kopf gestellt, was Spuck zu einer anderen Umsetzung treibt: Im ersten Akt wird nicht der Weihnachtsbaum riesengroß, sondern das Kinderspielzeug. Das kleine Puppentheater wächst, die Figuren werden lebendig, bewegen sich wie von unsichtbaren Fäden gezogene Marionetten über die Bühne. Das Puppentheater wird zum lebensgroßen Theater, der Prinz zum Nussknacker. Zur Musik der »Zuckerfee« tanzen Marie und Drosselmeier gegen Ende des zweiten Akts ein Pas de deux im Stil des tschechischen Choreografen Jiří Kylián. In diesem von Metaphern, Symbolen und Doppeldeutigkeiten geprägten Pas de deux verbindet Spuck klassische und moderne Techniken – und lässt Marie ohne Spitzenschuhe tanzen.

Das nachfolgende letzte Liebes-Pas de deux Maries mit dem nun wieder zum Jungen gewordenen Nussknacker ist jedoch eine Verbeugung vor dem klassischen akademischen Ballett. Der Tanz der beiden erinnert zudem sehr an John Crankos Handschrift, aus dessen Schule Spuck hervorgegangen ist. In diesem Pas de deux mit vielen Hebefiguren lässt sich Marie immer wieder in die Arme ihres Partners fallen. Wie in Crankos *Romeo und Julia* oder *Onegin* bilden die beiden mit ihren Armen und einander zugeneigten Körpern einen großen Kreis. So nimmt – aller Düsterheit und Verwirrung zum Trotz – auch bei Spuck das Märchen ein gutes Ende.

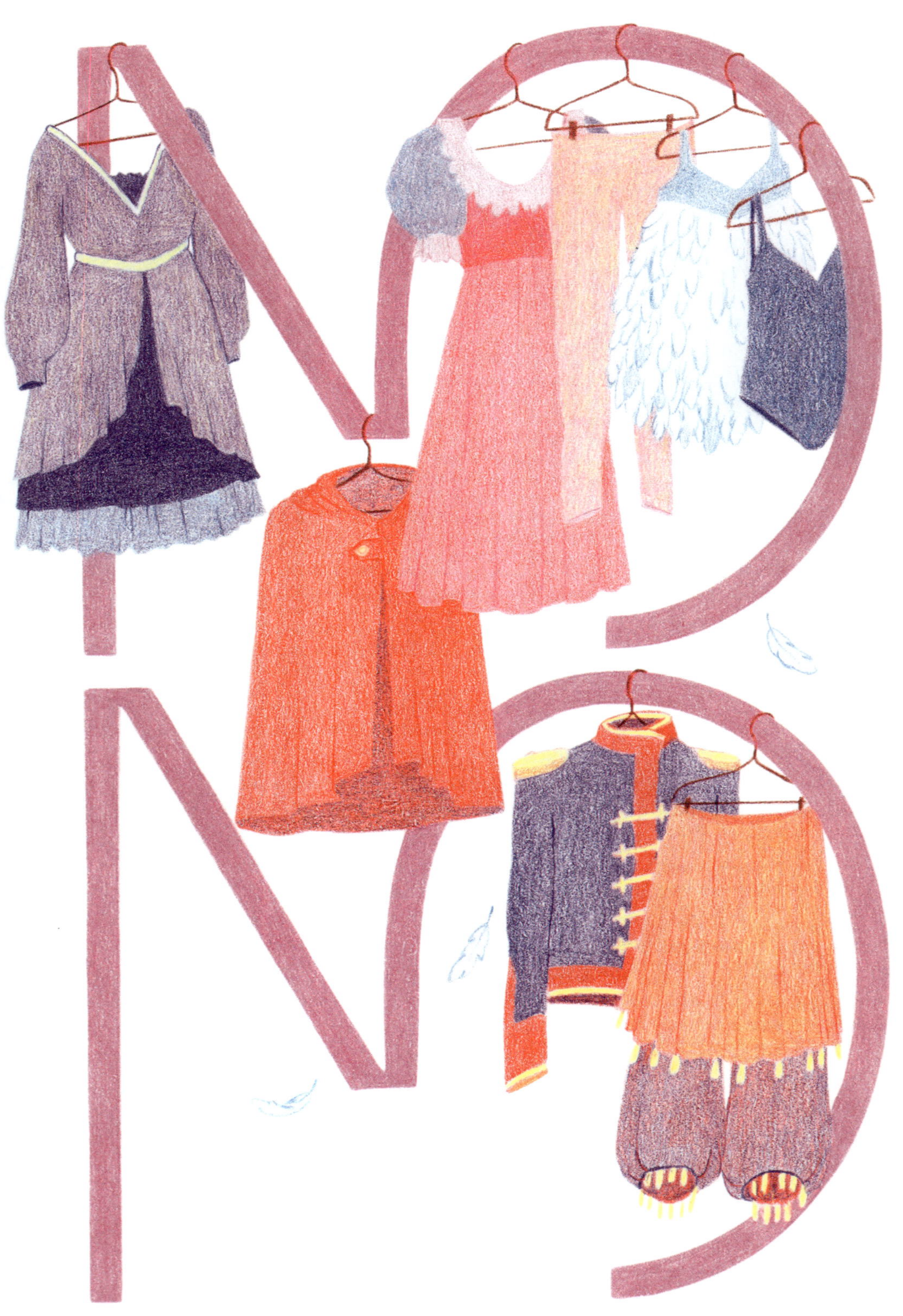

WIE HAT SICH DAS KOSTÜM IM BALLETT VERÄNDERT?

Natürlich spiegeln die Kostüme im Tanz immer auch den Zeitgeist wider und beeinflussen auch die Tanzbewegungen. Hat in der Antike beispielsweise das Kostüm noch eine große Nähe zur Alltagskleidung und ist bequem, so lässt das Kostüm im Barock nur noch ein Schreiten zu. Zu dieser Zeit tanzt man Ballett im schweren höfischen Gewand und mit trippelnden Schritten auf halber Spitze. In der Romantik wird der Rock kürzer und leichter. Die Ballerina kann sich nun viel besser drehen, springen und die *Arabesque* halten. Der Choreograf Petipa liebt das sehr kurze, steife Teller-Tutu, das oft prachtvoll verziert und mit Glitzersteinen geschmückt wird.

Das Kostüm auf der Bühne ist mehr als ein Kleidungsstück, es ist stets Teil der künstlerischen Konzeption – und kann bereits viel über eine Figur verraten, noch ehe die Tänzerin oder der Tänzer zu tanzen beginnt. Im Laufe der Zeit ändern sich daher nicht nur die Choreografien, sondern auch die Kostüme. Bei einigen Figuren sind sie jedoch so eng mit dem Tanz verbunden, dass sie bis heute wenig verändert worden sind. Das gilt für Marie Taglionis Kostüm als leichter, schwebender Waldgeist in *La Sylphide* (1832) mit den kleinen Flügeln am Rücken des Kleides, es gilt vor allem aber für das Kostüm, das Léon Bakst für Anna Pawlowa als *Sterbenden Schwan* (1907) entworfen hat: Bakst verarbeitet in Pawlowas weißem Tutu echte Gänsefedern und kreiert einen Kopfputz aus Federn. Heute verwendet man keine echten Federn mehr, und auch der rote Edelstein am Kostüm, der die Wunde des erschossenen Schwans zeigen soll, wird weggelassen. Doch dieses Kostüm ist in die Ballettgeschichte eingegangen, was aber auch an den vielen Zeichnungen von Ernst Oppler liegt, der beinahe jede Pose festgehalten hat.

Aufsehenerregende Kostüme gibt es seit Beginn des professionellen Balletts immer wieder. Im Ballett der Neuzeit ist es unter anderem Léon Bakst, der nicht nur dem

Sterbenden Schwan sein Federkleid schenkt, sondern auch mit seinem Kostüm für den *Feuervogel* (1910) für Furore sorgt. Seine sinnlich-farbenfrohe Ausstattung des Balletts bringt auch die Musik des damals noch fast unbekannten Igor Strawinsky zum Leuchten, das Publikum ist begeistert. Die Ballets Russes, für die der Maler, Kostüm- und Bühnenbildner Bakst arbeitet, schaffen Anfang des 20. Jahrhunderts den Sprung in die Moderne: So kleiden sich Tänzerinnen zum Beispiel in orientalische Kostüme. Die eng anliegenden Oberteile, Pluderhosen und langen Perlenschnüre, wie bei Vera Fokina oder Ida Rubinstein in *Schéhérazade* zu sehen, begeistern die Damenwelt in Paris und werden Teil einer von Coco Chanel angeführten Moderevolution, die für Frauen luftige Hosen, wadenlange Röcke und den Kurzhaarschnitt einführt. Die Perlenketten werden später zu Cocos Markenzeichen.

Im klassischen Ballett sind heute immer noch der lange Tüllrock oder das Tutu bei den Damen üblich, die Herren tragen oft blickdichte Strumpfhosen und über dem Hemd eine Jacke. Doch dass ein Kostüm nicht nur verhüllen, sondern auch den lebendigen Körper *ent*hüllen kann, ist gerade im Ballett sehr gut zu beobachten. Maurice Béjart lässt in den 1960er Jahren seine Tänzer mit Vorliebe nur in Trikots – in sogenannten »Leotards« – tanzen, damit man ihre Technik genau bewundern kann. Doch damit werden natürlich auch keine Fehler mehr gnädig »zugedeckt«.

Nackte Körper an sich provozieren im Ballett nicht mehr. Dennoch kann man immer wieder neu mit ihrer Verletzlichkeit spielen. Das hat auch den Choreografen Wayne McGregor fasziniert: In *Kairos* (2019) treten die Tänzerinnen und Tänzer des Bayerischen Staatsballetts in hauchdünnen Leotards auf, die fast wie Schleier wirken und die Arbeit der Muskeln und Sehnen zeigen. Zur Musik von Vivaldis *Vier Jahreszeiten* und zu immer wieder über die Bühne zuckenden Lichtblitzen tanzt das Ballett buchstäblich *Kairos* (in der griechischen Mythologie der Gott des »rechten Augenblicks«), sie sind ganz im Augenblick, der sich nicht fassen lässt, in den Pas de deux berühren sie sich nur kurz, tippen sich lediglich an. Die Kostüme hat Moritz Junge entwickelt, ebenso in einem weiteren Ballett von McGregor: *Sunyata*. Hier tragen die Tänzerinnen und Tänzer über dem Trikot noch ein zweites, das sie jedoch nur halb angezogen haben. *Sunyata*, das übersetzt »Kreis«, aber auch »Leere« oder »Nichts« bedeutet, ist ein Ballett über die Bewegung an sich und somit auch in den Kostümen mit einer halb angezogenen Trainingsbekleidung ein Zitat des Balletts. Die »leeren Ärmel« hängen einerseits kraftlos herunter, andererseits lassen sie die Figuren bei Pirouetten seltsam schwerelos erscheinen – und gestatten damit den Tänzerinnen und Tänzern eine ganz neue Körperlichkeit.

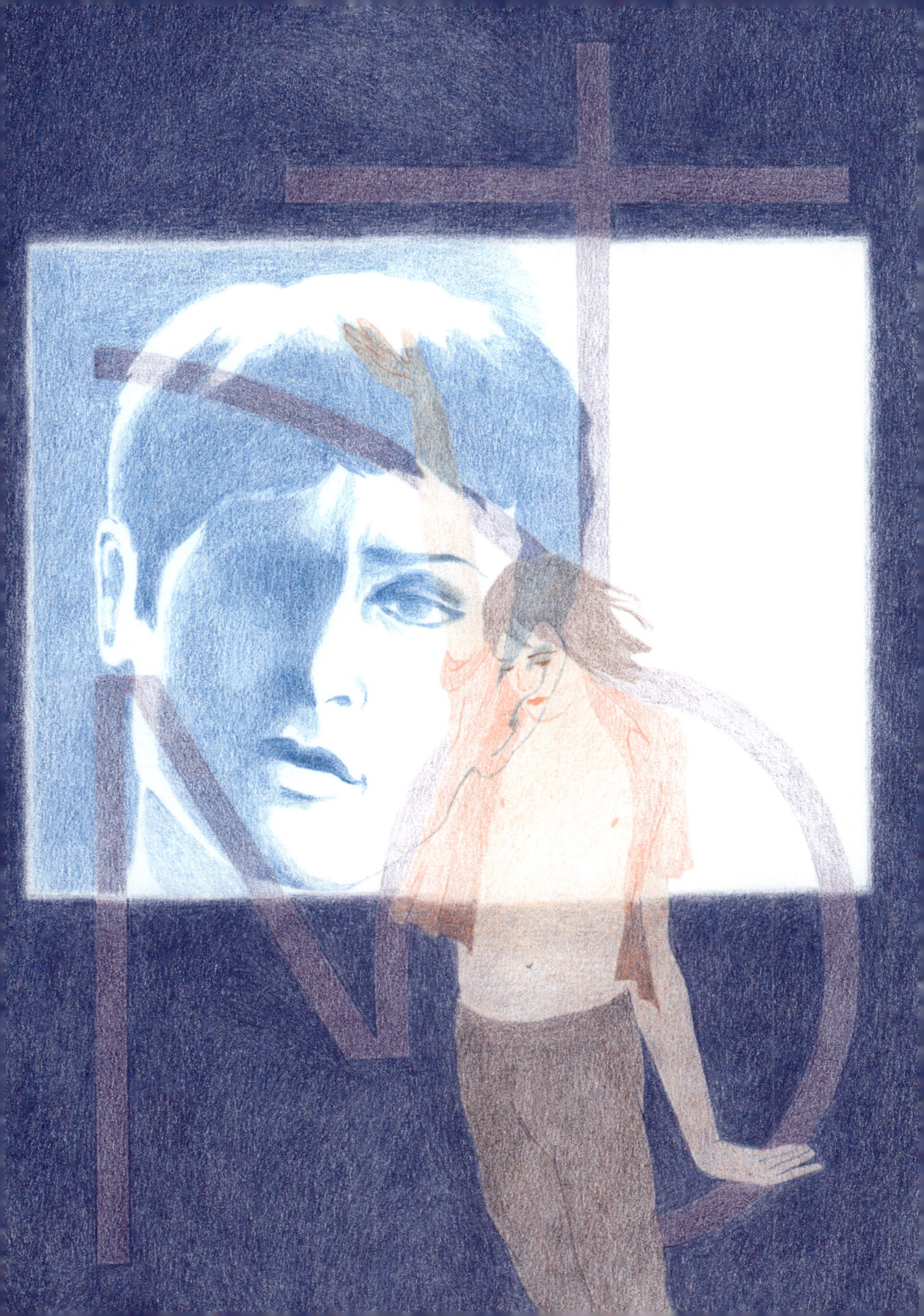

WIE TANZEN BALLETT UND BEWEGTE BILDER ZUSAMMEN?

1924 wird in Paris das zwanzigminütige Ballett *Relâche* von Francis Picabia zur Musik von Erik Satie zwischen seinen zwei Akten von einem extra dafür gedrehten Film unterbrochen, der einen absurden Traum zeigt: Puppen mit aufgeblasenen Köpfen, die explodieren, ein Papierschiffchen, das über den Dächern segelt und Schiffbruch erleidet, ein Jäger, der es nicht schafft, ein auf einem Wasserstrahl tanzendes Ei zu treffen, eine unsinnige Verfolgungsjagd, in die sich Radfahrer, Flugzeuge und Schiffe einmischen, und ein Leichenwagen, der von einem Kamel gezogen wird.

Das alles erinnert an Bilder von René Magritte oder auch Salvador Dalí, und so ist es auch beabsichtigt: Die Ballets Suédois möchten auf diese Weise ein surrealistisches Ballett schaffen. Gedreht hat den Film René Clair, der später in den 1940er Jahren nach Hollywood geht und 1960 als erster Filmschaffender in die Académie Française gewählt wird.

Die Ballets Suédois werden 1920 von dem Schweden Rolf de Maré nach dem Vorbild der Ballets Russes gegründet und treten wie diese in Paris auf. Ihr Ruhm basiert vor allem auf dem schwedischen Tänzer und Choreografen Jean Börlin, doch sie bleiben nur fünf Jahre bestehen – ein Jahr nach *Relâche* löst sich die Truppe wieder auf. Liegt es am Film (das französische Wort *relâche* zeigt übrigens an, dass das Theater geschlossen bzw. die Vorstellung abgesagt ist)?

Die Entwicklung der Videotechnik ab den 1970er Jahren sorgt für neue Möglichkeiten der Symbiose: Das erste Videoballett stammt von dem niederländischen Choreografen Hans van Manen. 1979 entwickelt er in seinem Stück *Live* zur Klaviermusik von Franz Liszt mit einer Tänzerin und einer Kamera eine Reflexion über die Flüchtigkeit des Tanzes.

Und ohne Videotechnik verlöre auch Christopher Wheeldons *Alice's adventures in Wonderland* (2011, Royal Ballet) seine Wirkung. Die absurde zweite Welt von Alice wird vor allem mithilfe der Animationstechnik erzeugt: der Sturz in den Kaninchenbau, der Fluss aus Tränen, der so stark anschwillt, dass Alice darin Boot fahren kann, und besonders die Grinsekatze, die dann und wann über die Bühne zieht. Bei Wheeldon dient der Einsatz der Filmtechnik der Visualisierung der Fantastik.

Kenneth MacMillan komplettiert bereits 1967 sein Ballett *Anastasia* mit dokumentarischen Filmausschnitten und Wayne McGregor lässt in *Infra* (2008) vor einer riesigen LED-Leinwand tanzen. Auch der berühmte Choreograf William Forsythe hätte ohne seine Offenheit für technische Innovationen keine neue Ästhetik für sein Frankfurter Ballett erschaffen.

Im 21. Jahrhundert erkennen die Intendanten der Opernhäuser jedoch noch einen ganz anderen Aspekt der digitalen Möglichkeiten. Sie zeigen nicht nur Streamings ihrer Produktionen, sondern werden sich der Tatsache immer mehr bewusst, dass der Tanz in der digitalen Welt beheimatet sein kann. So eröffnet die Pariser Oper 2015 die *3e Scène*: eine Art »Netzbühne«, die unter dem Link *operadeparis.fr* eigens dafür geschaffene Kunstwerke zeigt. 56 Auftragswerke sind bisher für die *3e Scène* entstanden und sprechen vor allem jüngere Zuschauerinnen und Zuschauer an, die den Weg ins analoge Theater nicht oder nur schwer finden. Auch woanders entdeckt man den »Zauber des Experimentellen«: zum Beispiel beim Northern Ballet oder Scottish Ballet, das »als Sidekick eine ›Digital Season‹ organisiert«[73].

Zwischen der Idee, ein Ballett mit dem Medium Film zu ergänzen, und den neuen digitalen Erfahrungsräumen liegt ein Jahrhundert kreativer und technischer Innovation. Das Publikum von 1924, das den dadaistischen Film bei den Ballets Suédois eher skeptisch und wenig beeindruckt aufnimmt, würde sich vermutlich nicht träumen lassen, dass die bewegten Bilder in der Zukunft wie selbstverständlich zum Ballett gehören.

»Relâche ist das Heute, die Freude der Liebe, es ist die Sonne ... Jedes Werk, das nicht aus dem Heute kommt, ist nichts als lächerlich.«

Der Künstler Francis Picabia, 1924

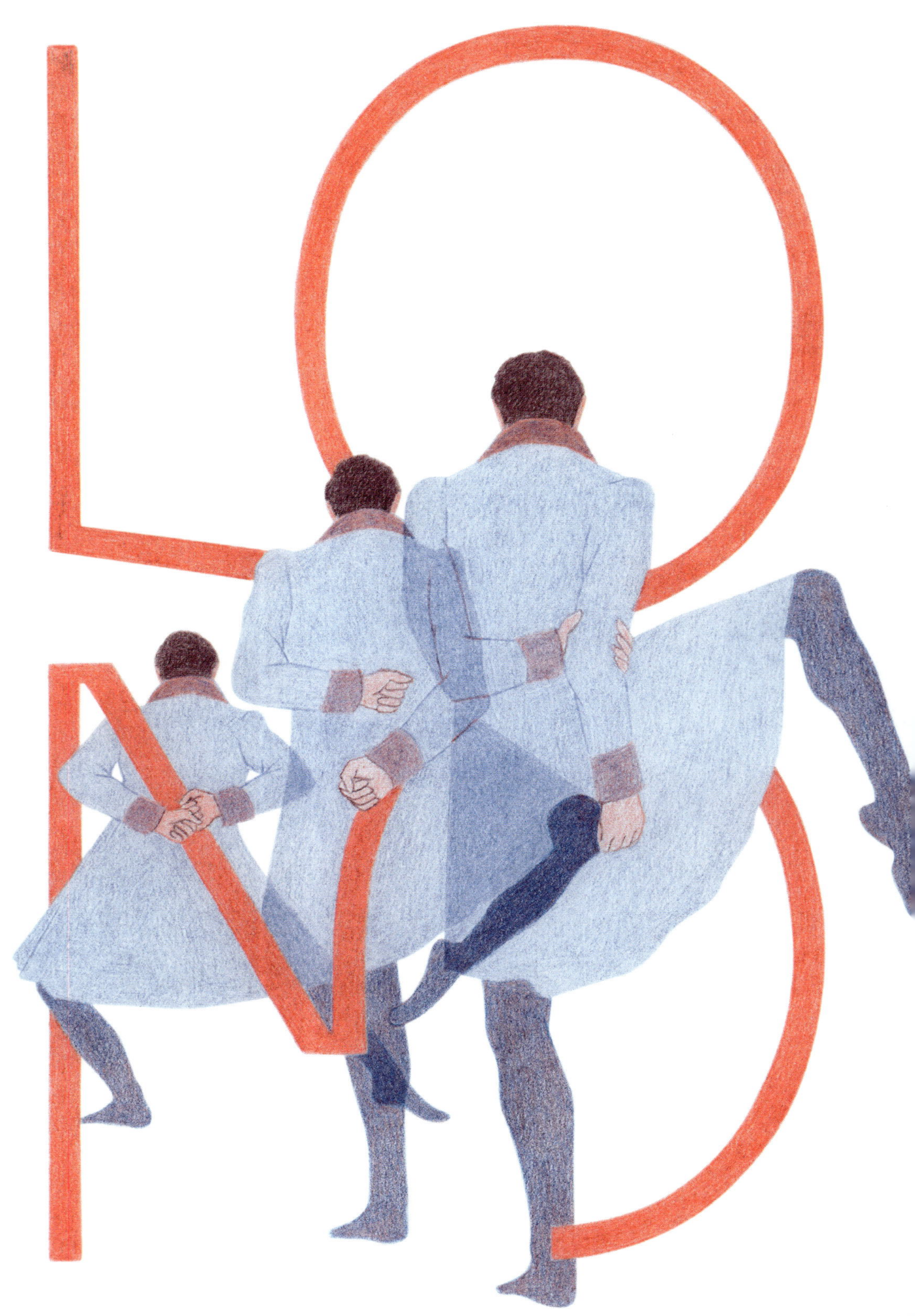

WIE KANN MAN EMOTIONEN IM BALLETT SICHTBAR MACHEN?

Die Stoffe der Ballettgeschichte sind emotional aufgeladen – und die Frage, wie diese Emotionen sichtbar gemacht und in Tanz übersetzt werden können, haben die Choreografen über die Jahrhunderte unterschiedlich beantwortet, wobei sie zum Teil Brücken zwischen Gegenwart und Vergangenheit schlagen.

Shakespeares *Wintermärchen* (*The Winter's Tale*) erinnert in der Struktur der Figuren an eine gotische Kathedrale, in der die Skulpturen verschiedene Tugend- bzw. Lasterpaare bilden – wie zum Beispiel an der Westfassade der Kathedrale Notre-Dame in Paris, wo Reliefs der Tugenden und der dazugehörigen Laster zu sehen sind: *Humilitas* (*Demut*) und *Superbia* (*Hochmut*) oder *Vanitas* (*Eitelkeit*) und *Fides* (*Treue*). Shakespeare nun überträgt diese Paarungen auf die Welt des Hofes und die Welt der Schäfer – wobei er die Laster den Männern und die Tugenden den Frauen zuteilt. Im Stück ist die Geschichte zweier Brüder (König Leontes von Sizilien und König Polixenes von Böhmen) um die Affektpaare *Gelosia* (*Eifersucht*) und *Humilitas* (*Demut*) sowie um *Vanitas* (*Eitelkeit*) und *Fides* (*Treue*) gruppiert. Bei Shakespeare sind die Herrschenden von ihren Gefühlen verblendet, während das einfache Volk zu wahren Gefühlen fähig ist – eine kaum versteckte Kritik am Königshof.

Der britische Choreograf Christopher Wheeldon übernimmt das in seine Choreografie von *The Winter's Tale*, die 2014 am Royal Opera House in London uraufgeführt wird. Er macht die Eigenschaften und Emotionen der Figuren sichtbar, indem er die sogenannten *Affekte* in ihrem Erscheinungsbild zitiert, die der italienische Gelehrte Cesare Ripa 1603 in seiner *Iconologia* dargestellt hat. So trägt bei Ripa die *Eifersucht* ein Kleid, das über und über mit Augen bedeckt ist – eine Anspielung auf die eifersüchtige Wachsamkeit und ein Bezug zur

Die romantische Innerlichkeit des klassischen Balletts mit Spitzentanz weicht bei Mats Ek der Darstellung eines inneren Zustands: kein leichtes, zartes Tutu, sondern ein weißes Krankenhausgewand.

antiken Mythologie: Argos, der Wächter von Hera, hat eine Vielzahl von über seinen ganzen Körper verteilten Augen.

Die Eifersucht zeigt Wheeldon aber auch durch starke Gesten: Als Leontes den Verdacht hegt, seine Frau Hermione habe eine Affäre mit seinem Bruder Polixenes, und er beiden eifersüchtig folgt, sind seine Hände zunächst zu Fäusten geballt, die er wie gefesselt auf dem Rücken hält. Im nächsten Augenblick jedoch flattern seine Finger von oben nach unten über sein Gewand und wieder zurück wie heftig blinzelnde Augenlider. Danach versucht er vergeblich, mit beiden Händen seinen eigenen Kopf wieder »zurechtzurücken«. Zwischen vier griechisch anmutenden Skulpturen schleicht Leontes umher, er dreht die Skulpturen um sich selbst, umarmt sie und scheint mit ihnen zu verschmelzen. Eine der Figuren erinnert an die Darstellung der *Pietá* und nimmt das zweite große Motiv des Stückes vorweg: Denn entgegen des königlichen Befehls hat der Diener Camillo Mitleid mit der kleinen Tochter Hermiones und wird sie nicht töten, wie Leontes es befiehlt, sondern nur in einem Wald aussetzen, in dem sie später von einem Schäfer gefunden und aufgezogen wird.

Die Statuen im 1. Akt antizipieren auch das schreckliche Schicksal Hermiones: Als sie von Leontes zu Unrecht des Ehebruchs beschuldigt wird und ansehen muss, wie ihr Sohn vor ihren Augen stirbt, erstarrt sie zu Stein. Am Ende des Stückes tanzt Leontes gemeinsam mit der treuen Dienerin Paulina – die immer wieder die von Ripa definierte Haltung der *Humilitas* einnimmt, indem sie Hände und Arme kreuzt. Vor Hermiones Statue tanzen beide ein Pas de deux, das ihre gemeinsame Trauer um Hermione ausdrückt, indem sie sich parallel bewegen, während Hermione – wie eine *Pietá* – den toten Sohn auf den Knien hält. In diesem Pas de deux wandeln sich die Emotionen von Leontes: Aus Eifersucht und Zorn wird eine genauso treue Liebe, wie sie auch Paulina für ihre Herrin empfindet.

Zutiefst bereut er das Hermione angetane Unrecht. Hat einst Pygmalion Venus mit seiner Liebe zu Galatea so gerührt, dass die Göttin die Marmorfigur zum Leben erweckt, wird nun auch Hermione zum Klang der Musik wieder lebendig und steigt von ihrem Sockel herab.

Emotionen lassen sich also durch Gesten zeigen, die Bilder der Kunstgeschichte aufgreifen. Sie werden aber auch in Bewegungen deutlich, die die Musik spiegeln. In den klassischen Petipa-Balletten bedient man sich für die Vermittlung von Emotionen noch immer der Sprache der Pantomime. Um zum Beispiel auszudrücken, dass eine Figur vor einer anderen Angst hat, tritt sie beiseite und bewegt die Arme, als wolle sie den anderen wegstoßen.

Eine ganz andere tänzerische Möglichkeit, tiefe Emotionalität zu tanzen, zeigt der schwedische Choreograf Mats Ek mit dem Stück *Giselle* für das Cullberg-Ballett in Stockholm 1982. Ek liebt es, alte Geschichten völlig neu zu erzählen, und das romantische Ballett über die betrogene Liebe des Bauernmädchens Giselle zu dem als Bauern verkleideten Herzog Albrecht eignet sich ideal dafür. Albrecht erschleicht sich Giselles Zuneigung, bis diese erkennen muss, dass er in Wahrheit mit Bathilde verlobt ist. Giselle wird wahnsinnig und stirbt an gebrochenem Herzen. Als Geisterwesen entsteigt sie um Mitternacht dem Grab und tanzt im Kreise der Wilis – der rachedurstigen Geister betrogener Bräute, die jeden Mann, der ihnen zu dieser Stunde begegnet, zu Tode tanzen. Giselles Liebe aber reicht über den Tod hinaus, und sie rettet Albrecht das Leben.

Zur originalen Musik von Adolphe Adam entwickelt Mats Ek eine völlig neue Lesart des traditionellen Stoffs und erschafft eine Choreografie mit dem ihm eigenen, modernen Idiom. Die Handlung verlegt er in die Gegenwart, die um ihre Liebe betrogene Giselle erwacht im zweiten Akt nicht zu einem Geisterdasein als Wili, sondern befindet sich in einer Heilanstalt. Ihre Körperhaltung offenbart ihre innere Verkrampfung und Verzweiflung: Sie dreht die Glieder einwärts, lässt Schultern und Arme herabhängen und knickt entweder immer wieder in sich zusammen oder explodiert in riesige Spagatsprünge. Eks Bewegungen erinnern sehr an Nijinsky und an den späteren Modern Dance, ohne jedoch gegenläufig zur Musik zu sein. Die romantische Innerlichkeit, die im klassischen Ballett durch Spitzentanz und an den Drähten hochgezogene Tänzerinnen mit äußerlichen Attributen verdeutlicht wurde, ist bei Ek ganz der Darstellung eines inneren Zustands gewichen. Keine Spitzenschuhe, kein leichtes, zartes Tutu, sondern ein weißes Krankenhausgewand, das wie eine Zwangsjacke die Bewegungen eher behindert als unterstützt. So zeigt er mit scheinbar kühlem sezierendem Blick, dass Gefühle auch in der Moderne nichts von ihrer Tiefe verloren haben, auch wenn sie sich anders äußern.

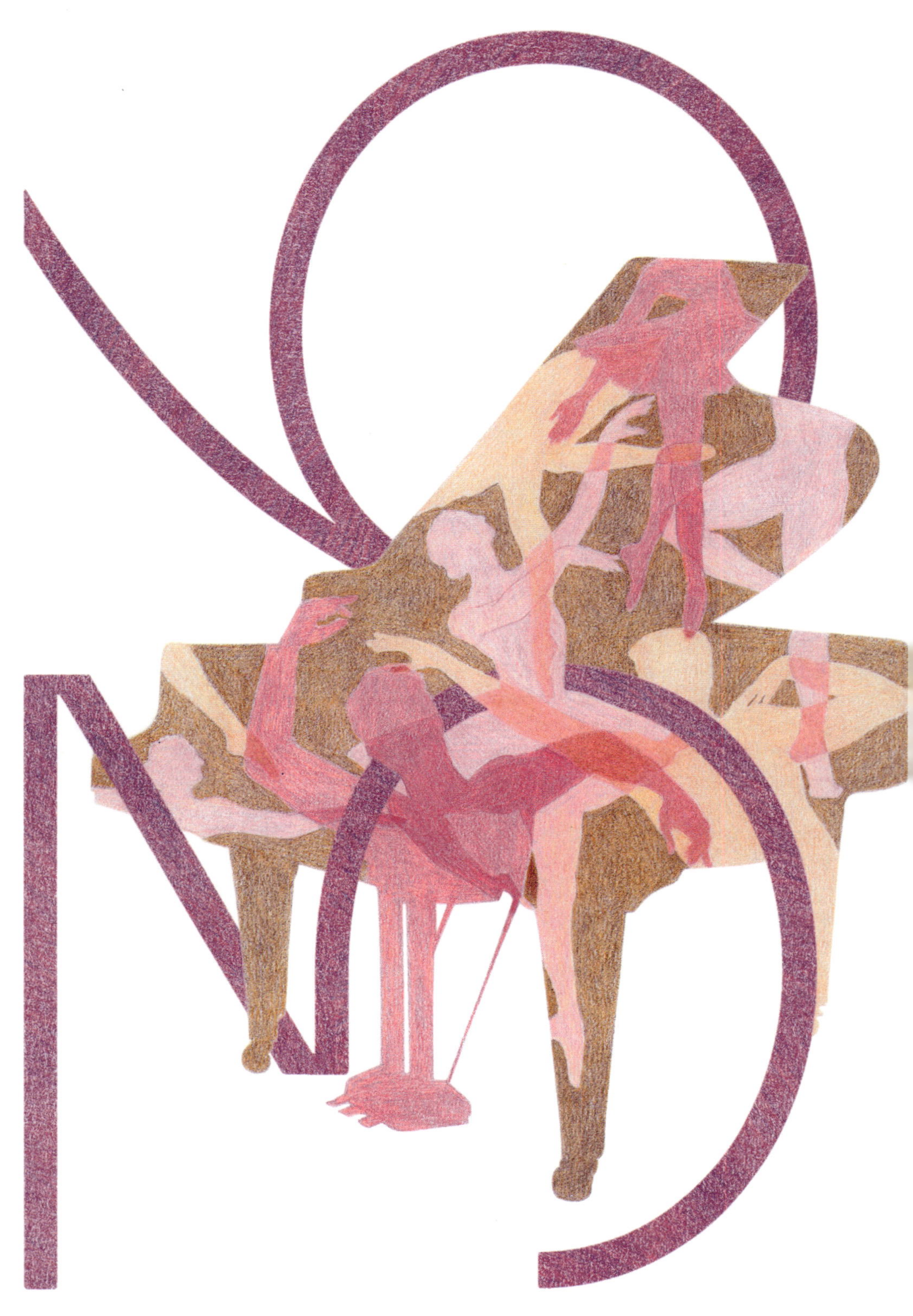

WAS IST EIN SINFONISCHES BALLETT?

In den 1930er Jahren prägt vor allem der vielseitige und geniale Tänzer und Choreograf Léonide Massine die Form des sinfonischen Balletts. Seit 1914 gehört Massine zu den Ballets Russes und choreografiert viele aufsehenerregende Stücke, die Sergej Djagilews Vision vom Zusammenspiel der darstellenden und bildenden Künste verwirklichen. Die Moderne kündigt sich bei den Ballets Russes aber nicht nur dadurch an: Nach einer Arbeitsphase als eigenständiger Künstler und Ballettmeister für verschiedene Opernhäuser kehrt Massine 1932 zu den neu gegründeten Ballets Russes de Monte Carlo zurück und entwickelt eine ganz neue Idee: eine bekannte Sinfonie als Grundlage für eine Choreografie zu verwenden.

In der Folgezeit kreiert er Ballette nach der Sinfonie Nr. 1 von Dimitri Schostakowitsch (*L'étrange Farandole*, 1939), der Sinfonie Nr. 4 von Johannes Brahms (*Choreartium*, 1934), der Beethovens Sinfonie Nr. 7 (1938) und der *Symphonie fantastique* von Hector Berlioz (1936) und *Les Présages*, 1933 zu Tschaikowskys Sinfonie Nr. 5. Es sind die ersten sinfonischen Ballette, die keine Handlung haben, sondern den musikalischen Inhalt und den Formverlauf mit tänzerischen Mitteln wiedergeben wollen. Die damit verbundene Abstraktheit sorgt für Verwirrung und auch für Protest, heute dagegen zählen diese Ballette zu den wichtigen Meilensteinen der Ballettgeschichte.

Aber auch schon vor Massine wird sinfonische Musik vertanzt: Isadora Duncan wählt ebenfalls Beethovens Sinfonie Nr. 7 (1907), Alexander Gorski die Sinfonie Nr. 5 von Glasunov (1915) und Fjodor Lopuchov Beethovens Sinfonie Nr. 4 (1923). Für George Balanchine, der Handlungsballetten grundsätzlich eher skeptisch gegenübersteht, entsprechen sinfonische Ballette seinem Ideal, Musik sichtbar zu machen. »Musik ist der Boden, auf dem sich der Tänzer bewegt.«[74] In Balletten wie dem *Brahms-Schoenberg Quartet* (1966) wird klar: Er will das »ballet pur«, das reine Ballett.

Andere berühmte Choreografen lassen sich inspirieren: John Neumeier arbeitet gern zu Musik von Gustav Mahler (z. B. *Dritte Sinfonie*, 1975), William Forsythe greift zum Ende des 20. Jahrhunderts das Konzept Balanchines auf und setzt es fort, indem er Musik und Ballett im gemeinsamen Moment des Rhythmus wieder zusammenführt.

Die abstrakten Ballette zeigen, dass im Ballett die Bewegung ist, was in der Musik der Ton ist. Ein sinfonisches Ballett mag handlungslos sein. Aber das bedeutet keineswegs, dass das Ballett keine Aussage oder Botschaft hat. Beispielhaft kann man das an Maurice Béjarts *Die Neunte* sehen, seiner Choreografie zu Beethovens Neunter Sinfonie (uraufgeführt 1964), die mit Schillers *Ode an die Freude* endet und ein Hymnus an die Menschlichkeit und Brüderlichkeit ist. In dieser Klimax mündet auch Béjarts Schöpfung, die damit die Utopie in einen starken tänzerischen Moment verwandelt.

»Musik ist der Boden, auf dem sich der Tänzer bewegt.«

George Balanchine

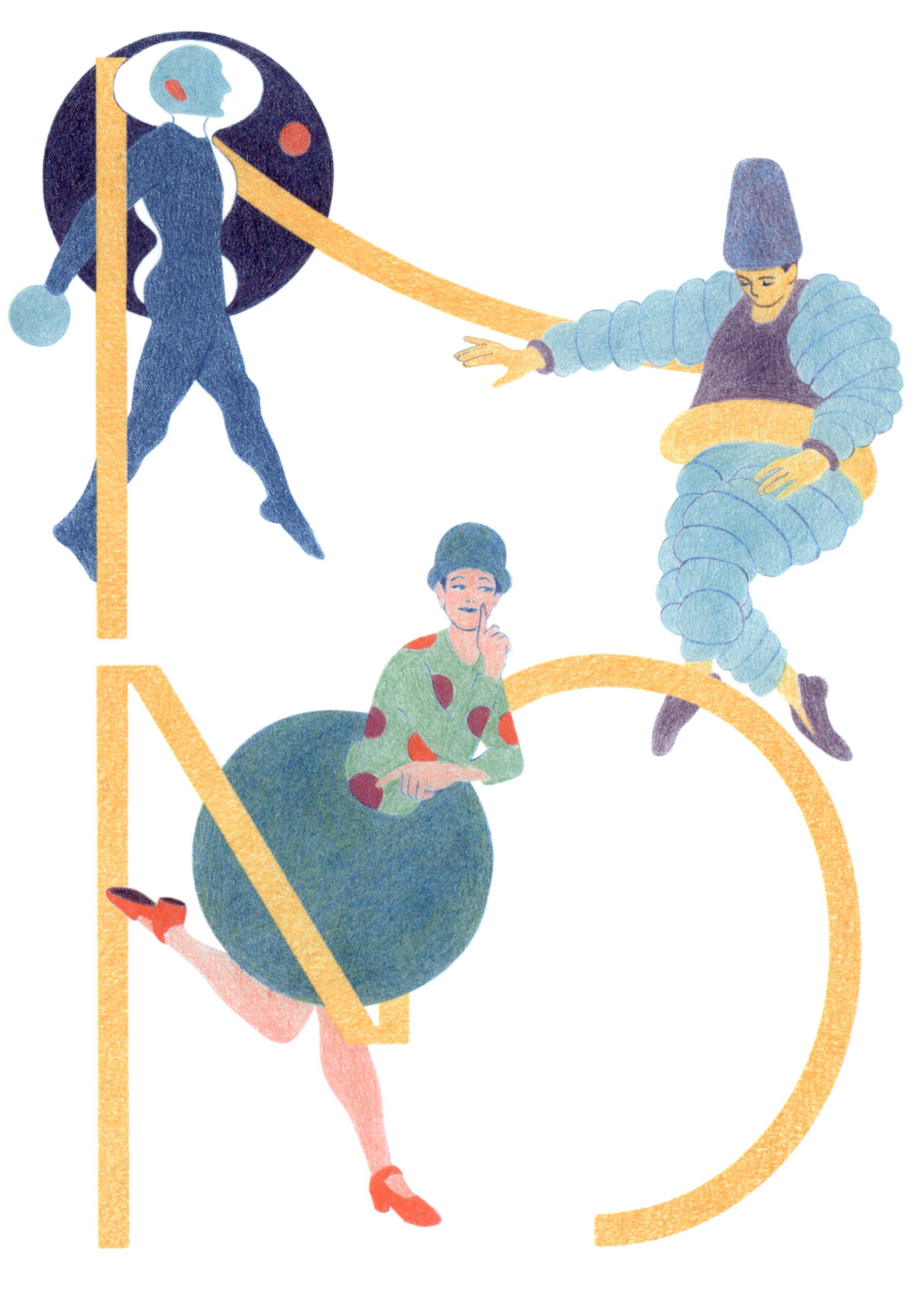

WAS FÜR EIN BALLETT IST DAS »TRIADISCHE BALLETT«?

Als am 30. September 1922 im Württembergischen Landestheater Stuttgart das *Triadische Ballett* uraufgeführt wird, sind es vor allem die ungewöhnlichen Kostüme, die für Erstaunen sorgen und Ballettgeschichte schreiben. Neun der einzigartigen Originalkostüme sind bis heute erhalten, sieben davon werden in der Staatsgalerie Stuttgart aufbewahrt.

Das experimentelle, handlungslose Ballett wird vom Tänzerpaar Albert Burger und Elsa Hötzel in Zusammenarbeit mit dem Bauhaus-Künstler Oskar Schlemmer entwickelt, wobei sich heute nur noch schwer sagen lässt, welchen genauen Anteil Schlemmer an der Choreografie des Balletts hat. Offenbar hat er die nicht-tänzerischen Aufgaben übernommen und die Figurinen entworfen, die entweder schreitend den Raum durchqueren oder sich nur drehend fortbewegen.

Oskar Schlemmer besucht am Bauhaus die »Harmonisierungskurse« von Gudrun Grunow. Diese hat zuvor die »Rhythmisierungslehre« von Émile Jaques-Dalcroze während eines zweiwöchigen Sommerkurses 1908 in Genf kennengelernt. An diesem Sommerkurs hat auch das Ehepaar Burger-Hötzel teilgenommen, genauso wie Vaclav Nijinsky, dessen erste Choreografie *Le Sacre du printemps* von Jaques-Dalcrozes Methode beeinflusst ist.

Grunow entwickelt davon ausgehend jedoch ihre eigene »Harmonisierungslehre«. 1919 wird sie ans Bauhaus berufen, in ihren grundlegenden Vorkursen lehrt sie die gleichberechtigte, harmonische Nutzung aller Sinne. Sie geht davon aus, dass je nach Tonart die Körperspannung und das Gebärdenspiel verschieden sind, dass die Ausdrucksmöglichkeiten des Menschen nach im persönlichen Farb-, Klang- und Formempfinden verwurzelten Gesetzen entstehen. In Analogie zur Zwölftonmusik Arnold Schönbergs arbeitet Grunow mit einem zwölfteiligen Farbenkreis und untersucht Zusammenhänge von Formen und Farben

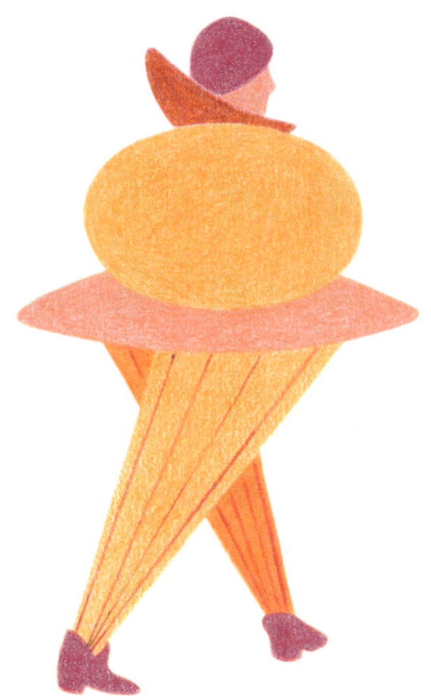

ähnlich wie in vergleichbaren Kursen von Johannes Itten, Wassily Kandinsky und Paul Klee.

Schlemmer interessiert sich nicht nur für die Lehre von Grunow, sondern überhaupt für den Menschen im Raum. Zusammen mit Hötzel und Burger (beide kommen von der Königlichen Oper Stuttgart) erarbeitet er Kostüme und Choreografie für das *Triadische Ballett*. In der Uraufführung 1922 tanzt er selbst unter dem Namen »Walter Schoppe«.

Die insgesamt 18 Kostüme behindern die Tänzer durch ihre Formen (Arme, die wie Keulen aussehen, Beine wie ausgestopfte Puppenbeine sowie dick verpackte Köpfe und Oberkörper), durch ihr Material (Holz, Draht oder Kunststoff) sowie durch ihr Gewicht, mehr noch, sie zwingen dem Tänzer seine Gesten geradezu auf.

Doch so absonderlich und bunt es auch auf den ersten Blick aussehen mag: Es ist keineswegs ein lustiges Ballett. Die Assoziation mit Prothesen tragenden, entstellten jungen Männern drängt sich auf, die den Ersten Weltkrieg überlebt haben und zum allgemeinen Straßenbild gehören. Auch sie sind in ihren Bewegungen eingeschränkt, ihnen werden ganz bestimmte Haltungen und Bewegungen abverlangt.

Die Tänzer im *Triadischen Ballett* werden durch die Kostüme »zur abstrahierten Figurine«, sie werden nach Oskar Schlemmer »raumplastisch, weil es sozusagen farbige und metallische Plastiken sind, die sich, von Tänzern getragen, im Raum bewegen«.[75]

Das »Triadische« des Balletts ist eine Art Dreiklang: Es gibt drei Akte mit jeweils drei Szenen, die »vor drei verschieden getönten, sich stimmungsmäßig steigernden Hintergründen (fröhlich Gelb, festliches Rosa, mystisches Schwarz) von den drei Tänzern in insgesamt achtzehn Kostümen getanzt werden, wobei der Auftritt des ›Abstrakten‹ mit seiner asymmetrisch aufgeteilten Maske den Höhepunkt markiert«.[76]

Die drei Teile können aufgrund der wechselnden Farbhintergründe choreografisch noch auf eine andere Weise gelesen werden: Der Teil »Gelb« behandelt das Thema »Raumtanz«. Im Spitzentanz dreht sich die Figurine unablässig um sich selbst kreisend im Raum, wobei ihre Hände die Musik unterstreichen. Dieser Teil zeigt zugleich die Geschichte des Tanzes, angefangen mit seiner Urform: den Planeten, die um die Sonne kreisen. So haben die Partner der weiblichen Figurine keine Arme, sondern drehen sich alle nur um sich selbst und umeinander. In der nachfolgenden Szene stehen die Figurinen als Mann und Frau erkennbar auf einem quadratischen Feld, während sie in der dritten und vierten Szene ohne Spitzenschuhe ein Menuett tanzen. In dieser Szene trägt eine Figur große Kugeln am Arm, auf dem Kopf hat sie etwas »Helmartiges« und deutet Fechtbewegungen an. In der sechsten Szene schließlich sieht man eine Figur im kubischen Raum fast wie einen Harlekin aus der Commedia dell'arte im *en dedans* (mit einwärts gedrehten Fußspitzen) springen.

Den zweiten Teil »Rosa« könnte man mit »Formentanz« überschreiben. Er wiederholt die Momente der Tanzgeschichte mit neuen Formen und Raumbewegungen: In der ersten Szene wird wieder die Figur des Kreises gezeigt, man sieht Spitzenschuhe und ein *Port de bras* (die balletttypische Armbewegung), das sich um ein Tutu herumzubewegen scheint. In der zweiten und dritten Szene bewegen sich ein Mann und eine Frau auf einer Treppe bzw. einer Schräge im Raum. Es folgt ein Pas de deux, dessen Schreiten erneut an ein barockes Menuett erinnert. In der vierten Szene werden zwei Becken gegeneinandergeschlagen und die fünfte Szene greift das Thema des Fechtens wieder auf, während die sechste an mittelalterliche Volkstänze erinnert.

Der dritte Teil »Schwarz« wirkt fast wie eine »entmaterialisierte« Tanzgeschichte. Eine Figurine im Spiralrock dreht sich auf einer ebenfalls spiralförmigen Bahn wie eine Schnecke um sich selbst, in der zweiten Szene trägt dagegen die Figur eine Scheibe, die mitten durch sie hindurchzugehen scheint, weshalb sie sich offenbar nur noch in geraden Linie fortbewegen kann. Dieser Teil ist sehr symmetrisch aufgebaut, die Bewegungen erinnern an ein höfisches Zeremoniell. Die weibliche Figurine tanzt auf der Spitze, während die männlichen majestätisch wie auf einem Schlachtfeld schreiten. Damit wird der geometrische Aufbau des klassischen Balletts zitiert: Geraden und Diagonalen sind die Raumrichtungen, die die Füße im klassischen Ballett zurücklegen. Kreise und Ellipsen hingegen sind Formen, die die Arme ausführen.

Das *Triadische Ballett* lebt von der Spannung, dass die Figurinen trotz der sie stark behindernden Kostüme auf dem klassischen Tanz zu bestehen scheinen. Klassisches Ballett und Bauhaus, Tradition und Moderne führen vor den Augen der Zuschauer eine Auseinandersetzung, bei der keine Seite als Sieger hervorgeht.

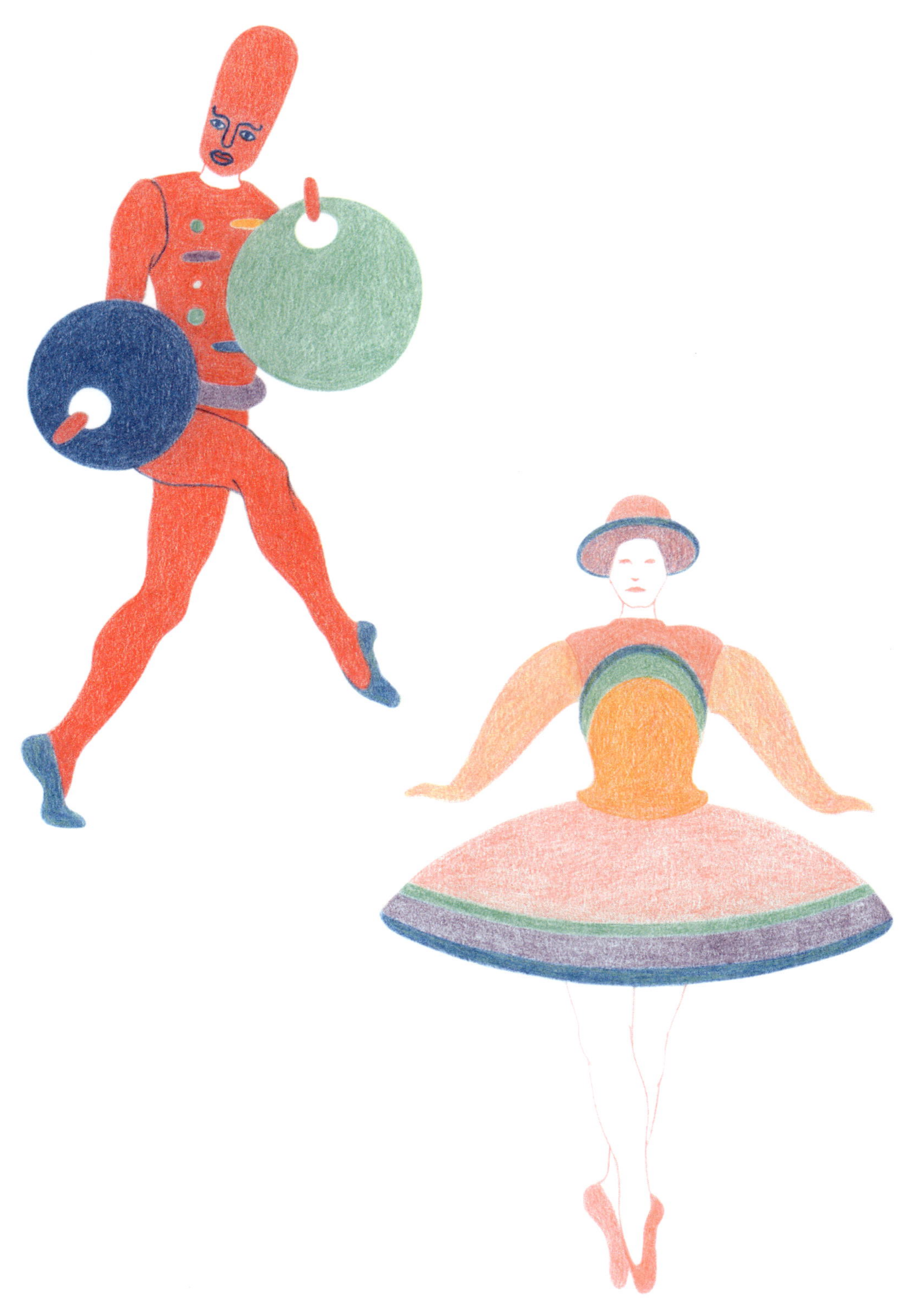

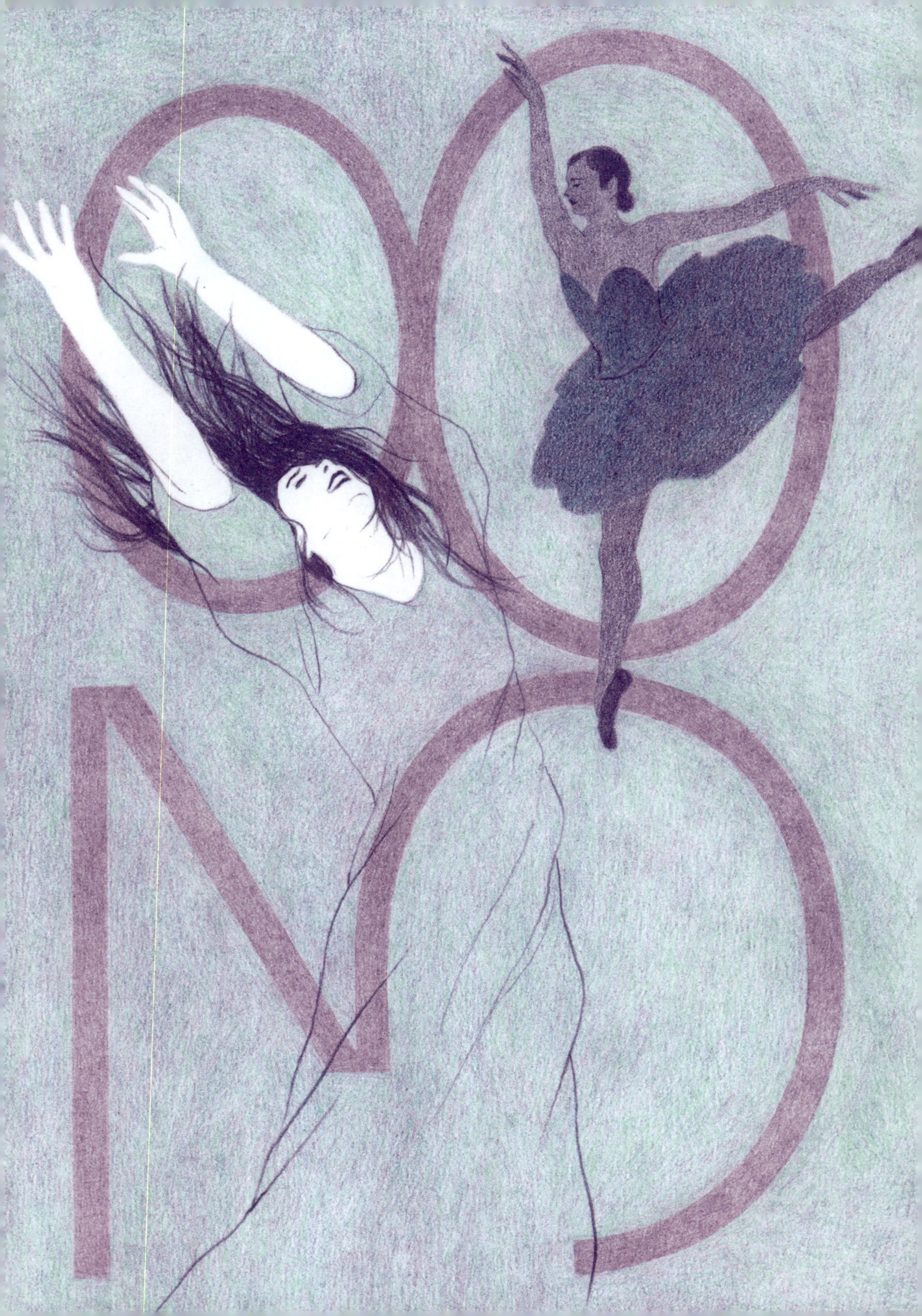

WODURCH UNTERSCHEIDET SICH DAS BALLETT VOM TANZTHEATER?

Aus dem Ausdruckstanz hat sich in der zweiten Hälfte des 20. Jahrhunderts das moderne Tanztheater entwickelt. Im Gegensatz zum klassischen Ballett und seiner formalisierten Bewegungssprache arbeitet das Tanztheater mit experimentellen Bewegungselementen und sucht nach genreübergreifenden neuen Formen für die tänzerische Darstellung. Dabei wird vor allem auch der theatralische Aspekt stark betont.

Kurt Jooss in Essen, Johann Kresnik aus Österreich, Pina Bausch in Wuppertal, Reinhild Hoffmann in Bremen oder Sasha Waltz in Berlin begründen das deutsche Tanztheater und bringen es zur Blüte. Sie lehnen den Spitzenschuh und die klassisch-akademischen Regeln ab und definieren Bühneninhalte auch über den Körper oder die »individuelle Körperbiographie« ihrer Tänzer. Sie gehen bewusst, wie Susanne Schlicher schreibt, in die »Auseinandersetzung mit dem als verlogen erkannten Schönheitsideal und dem Scheincharakter der Formentradition des neunzehnten Jahrhunderts im klassisch-akademischen Tanz«.[77]

Die neue Tanzform trifft die Stimmung in der Gesellschaft der 1960er Jahre. Traditionen werden als überkommen, einengend und vor allen Dingen als »bürgerlich« abgelehnt. Der akademische Tanz wird zum Inbegriff der »Knechtschaft des Leibes«, das »Lächeln der Ballerina auf der Bühne verrät ihre blutenden Füße nicht«, kritisiert Herbert Marcuse.[78] Das Tanztheater will sich davon befreien: Es versteckt weder die blutenden Füße, noch akzeptiert es die strenge Disziplinierung des Körpers.

Das Tanztheater ist aber keineswegs traditionslos, sondern die Fortsetzung des Ausdruckstanzes von Rudolf von Laban in den 1920er Jahren und dessen Schülerin Mary Wigman. Diese wiederum bildet Gret Palucca aus, die sich später in der DDR mit ihrer eigenen Schule in Dresden etabliert.

Bereits in der Laban-Generation versteht sich der moderne Tanz als Provokation gegen Traditionen und Regeln. Laban proklamiert 1910 auf dem Monte Veritá eine chorische Bewegungskultur, der letztlich die Abgrenzung von der Massenbewegung in der NS-Diktatur nicht wirklich gelingt. Nach dem Zweiten Weltkrieg bestimmen Bewegungschöre, die Abkehr vom literarischen Theater und die Betonung des körpersprachlichen Ausdrucks die Theaterbühnen.

Zunehmend wendet man sich auch den asiatischen Kultur- und Theatertraditionen zu. Um 1970 zieht die indische Bhagwan-Bewegung viele junge Leute an: Wer sich dazu bekennt, trägt orangefarbene oder rote lange Gewänder und eine Mala (Halskette) mit 108 Kugeln und einem Bild des Gurus. Die Faszination für den Orient erreicht die Mitte der Gesellschaft.

Philosophisch beherrscht der französische Existentialismus von Sartre und Camus die Debatten und findet im Theater des Absurden der 1950er und 1960er Jahre seinen Weg auf die Theaterbühnen – und später auch ins Ballett: Maurice Béjart choreografiert 1984 für Marcia Haydée und John Neumeier das Stück von Eugéne Ionesco, *Les Chaises*.

In Deutschland wird in den 1970er und 1980er Jahren der Name Pina Bausch fast zum Synonym für das Tanztheater. Im Rahmen ihrer klassischen Tanzausbildung hat sie ein Stipendium von der Juillard School in New York erhalten und ist von bei Mary Hinkson, José Limon und Antony Tudor unterrichtet worden, über den sie an die Metropolitan Opera kommt und im New American Ballett die Partnerin Paul Taylors wird. Danach kehrt sie nach Deutschland zurück und gründet 1973 – als die Hochphase der Theaterexperimente allmählich wieder abebbt – das Wuppertaler Tanztheater.

Bausch choreografiert in den ersten Jahren in Wuppertal entweder Stücke, in denen die Theaterfiguren im Wesentlichen Träger der Konflikte und der Emotionen sind, oder Musikwerke, die von der menschlichen Sprech- und Singstimme und deren Ausdrucksqualitäten leben. In ihrer Version der Gluck-Opern besetzt sie die Rollen mit je einem Sänger und einem Tänzer doppelt; auch wenn immer beide – Sänger und Tänzer – auf der Bühne zugegen sind, tragen die Tänzer den Hauptteil der Handlung. Sie verkörpern die handelnden Figuren, denen die Sänger ihre Stimme geben.

Allerdings ist dieses Konzept nicht wirklich neu. 1911 mischt Michail Fokine bei der Inszenierung der Oper *Orpheus und Eurydike* in St. Petersburg die Darsteller der Oper mit denen des Balletts, so dass das Publikum nicht unterscheiden kann, wer zum Chor und wer zum Ballett gehört. Bei der Inszenierung des *Coq d'or* (1914) in Paris trennt er jedoch die Operntruppe vom Ballett. Später versetzt Bronislawa Nijinska mit der Inszenierung von *Les Noces* (1923) die Sänger in den Orchestergraben. Ein Jahrhundert später experimentiert John Neumeier in *Orphée & Eurydice* (2018) an der Pariser Oper mit dem Nebeneinander von Gesang und Tanz zu dem Bühnenbild, das Arnold Böcklins *Toteninsel* (1880) nachempfunden ist.

Bausch hat nur einmal wirklich ein Werk der Ballettradition inszeniert: *Sacre du printemps* (1975), das »wie ein Höhepunkt einer tänzerischen Formulierungsweise der Choereographien« erscheint; gelobt werden ihre »kompositorische Klarheit und inhaltliche Expressivität«[79]. Später jedoch ändert Bausch ihre Arbeitsweise und verwirklicht das, was in den 1970er Jahren die Theaterensembles auf vielen Bühnen fordern: die Mitbestimmung der Darsteller. Von nun an erarbeitet sie die Stücke gemeinsam mithilfe einer umfassenden Befragung der Compagnie. Damit bricht sie mit dem traditionellen Entstehungsprozess von Balletten: Es gibt weder ein fertiges Konzept vor Beginn der ersten Probe noch ein Libretto, die Musik steht nicht fest, auch nicht die Solisten. Alles entwickelt sich allmählich im ständigen Dialog mit den Tänzerinnen und Tänzern. »Die Fragen, hunderte von Fragen, provozieren die Tänzer zu Antworten: verbalen und körperlichen. Aus ihnen

Das Tanztheater versteckt weder die blutenden Füße, noch akzeptiert es die strenge Disziplinierung des Körpers.

entwickeln sich theatralische und tänzerische Szenen, die die Choreografin dann zu einem größeren Ganzen verknüpft.«[80] (Jochen Schmidt)

Bausch ändert allmählich alle Faktoren, die sonst Halt geben: Sie zerschneidet und zerstückelt Musik oder sie lässt den Bühnenboden immer wieder mit neuen – oft weichen – Materialien auslegen wie Torf (*Sacre*), Wasser (*Arien*), Rasen und Laub (*Blaubart*) oder Kunstblumen (*Nelken*). Jo Ann Endicott, eine Bausch-Tänzerin der ersten Stunde, beschreibt die Arbeit so: »Oft spricht sie in Rätseln. So wie Pina sich ausdrückt, sind auch ihre Stücke. Sie sagt nie: ›Es ist so.‹ Sie deutet Worte und Sätze, die in der Luft liegen, auf dem Papier nur an – kompakt und sparsam – und trifft dabei alles genau. Ich kann ihre Worte, Sätze eher fühlen und sehen als hören. Ich spüre die Bewegung in ihrer Aussprache.«[81]

Die Trennung zwischen Ballett und Tanztheater ist heute nicht mehr so ideologisch aufgeladen wie zu der Zeit, als Bausch ihre ersten Choreografien zeigt. Heute mischen Choreografen nicht nur Musik- und Tanzstile, sondern heben auch die Grenzen zwischen klassischem Ballett und Tanztheater auf und schaffen damit zusätzliche Kontraste.

Auch die anfängliche Konkurrenz zwischen dem klassischen Ballett und dem Modern Dance ist mittlerweile gewichen, wobei viele Choreografen sich darüber einig sind, dass das klassische Ballett die Grundlage ist – wie ein Alphabet, das man beherrschen muss, um auch eine Fremdsprache (moderne Tanztechnik) zu erlernen. Als Maurice Béjart 1960 das *Ballet du XXième siècle* (*Das Ballett des zwanzigsten Jahrhunderts*) als innovative Ballettgruppe in Brüssel gründet, wird dort von Anfang an klassisch trainiert. Dass sich das Ensemble jedoch auch in ausgefalleneren Stilarten behaupten kann, stellt es in den kommenden Jahren durchaus unter Beweis.

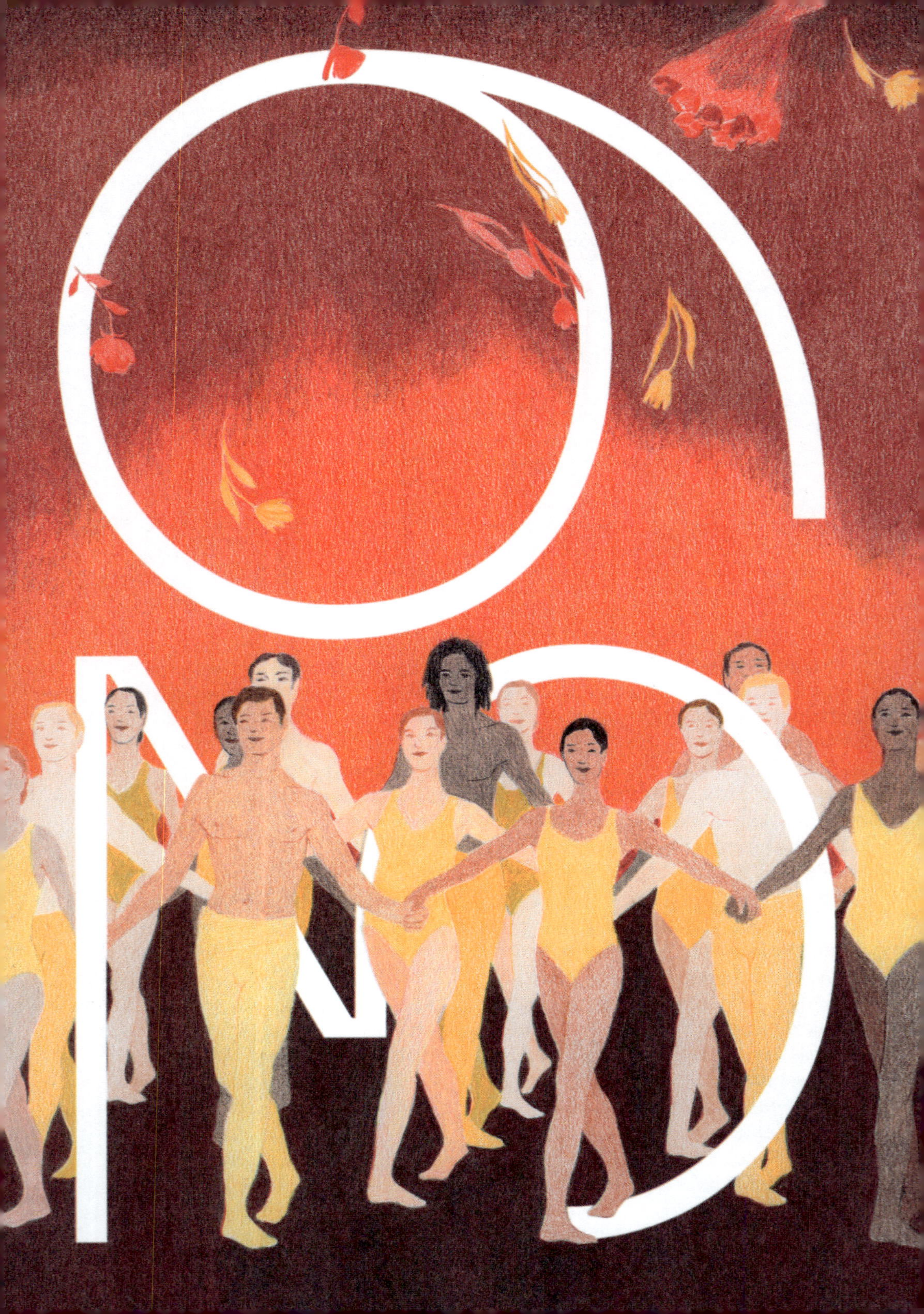

WIE ENTSTEHEN »BALLETT-WUNDER«?

Als der 1927 in Südafrika geborene John Cranko 1960 an das Stuttgarter Ballett berufen wird, hat man dort noch nie seinen Namen gehört. Der Intendant in Stuttgart, Walter Erich Schäfer, braucht zunächst nur einen Gastchoreografen und wendet sich an das Royal Ballet in London, weil dieses den Ruf hat, das beste der westlichen Welt zu sein – von George Balanchine in New York einmal abgesehen. In London gibt es zu jener Zeit zwei junge, recht vielversprechende Choreografen: Kenneth MacMillan und John Cranko. MacMillan ist beschäftigt, doch Cranko ist frei.

Und so beginnen Ballettwunder: Mit einem jungen Choreografen, der einwilligt, nach Stuttgart zu kommen – in eine Stadt, von der er nicht einmal genau weiß, wo sie eigentlich liegt.

Anfangs erarbeitet er nur kleine Choreografien, wie zum Beispiel den *Pagodenprinz*. Doch bereits dieses Ballett wird ein so großer Erfolg, dass er sich dazu entschließt, in Stuttgart zu bleiben und die Compagnie gründlich zu modernisieren. Zunächst führt er einige Produktionen auf, die er aus England mitgebracht hat, und beginnt gleichzeitig damit, einen anderen Ballettstil mit neuen Tänzerinnen und Tänzern zu erarbeiten. Während der Proben, so berichtet eine Tänzerin, darf niemand auf die Uhr schauen, er macht keine Pausen und hält keinen Probenplan ein.

Zwei Jahre dauert dieser Prozess. Dann tritt er 1962 mit *Romeo und Julia* an die Öffentlichkeit. Es wird zur Geburtsstunde des Stuttgarter »Ballettwunders« und zur Neugeburt des Balletts selbst.

Es folgen weitere kleinere choreografische Arbeiten wie *Jeu de Cartes, Opus 1* und *Initialen R.B.M.E.* sowie die großen Handlungsballette *Onegin, Schwanensee, Der Widerspenstigen Zähmung, Carmen, Poème de l'extase* und *Spuren*. Doch mit *Romeo und Julia* sichert er sich die ungeteilte

Begeisterung des Publikums, damit geht er für immer in die Ballettgeschichte ein. Er lässt Marcia Haydée als Julia und Ray Barra als Romeo ergreifende Liebes-Pas de deux tanzen in einer lebendigen Inszenierung mit dynamischen Fechtszenen und prächtigen Bällen im Renaissance-Verona. Zur Musik von Sergej Prokofjew lotet er die Pole zwischen Liebe und Gewalt, zwischen Leben und Tod aus. Bis heute ist Crankos Choreografie eine der meistgetanzten Versionen des Dramas, Ballettkenner aus der ganzen Welt pilgern nach Stuttgart. Die Authentizität der Darstellung verbunden mit technischer Höchstleistung verzaubert das Publikum.

Neben Haydée und Barra gehören zu den Tänzern der ersten Stunde unter anderem Richard Cragun aus England, Egon Madsen aus Kopenhagen, Birgit Keil und Susanne Hanke aus Deutschland. Cranko ermuntert auch die jungen Tänzer seiner Compagnie, darunter den Tschechen Jiři Kylián oder den Amerikaner John Neumeier, zu choreografieren.

Neumeier, der 1973 nach Hamburg berufen wird, schafft dort sein eigenes »Ballettwunder«, indem er Ballettklassiker auf völlig neue Weise erzählt, inzwischen fast alle Mahler-Sinfonien vertanzt und vor allem auch die sakrale Musik Johann Sebastian Bachs choreografiert. In regelmäßigem Abstand führt er zu Weihnachten das *Weihnachtsoratorium* oder zu Ostern die *Matthäuspassion* auf, wobei er den Gesang nicht etwa gestrichen hat. Wie in den Renaissance-Opern lässt er die Sänger die Geschichte erzählen und die Tänzer die Handlung zeigen.

Ursprünglich soll der im 20. Jahrhundert entstehende Begriff des »Ballettwunders« sowohl die Überraschung, die eine Compagnie beim Publikum hervorruft, als auch die Wertschätzung ihrer tänzerischen Leistung ausdrücken. Zum »Ballettwunder« von John Cranko und John Neumeier gehört auch, dass beide auf kluge und spannende Weise Geschichten erzählen. Während Neumeier der Psychologe ist, fasziniert Cranko das Erzählen an sich, das er als reine Bewegung versteht. Es werden nicht wie bei Marius Petipa einzelne Tanznummern aneinandergereiht, sondern vor den Augen des Publikums entwickelt sich die Geschichte. Der Tanz ist damit keine Unterbrechung der Geschichte mehr, eine Einlage sozusagen, sondern zeigt den Zustand der Figuren, die Veränderungen und Wandlungen, die sie durchmachen. Gerade weil das Ballett sich nicht mit Sprache befassen muss, ist es selbst eine viel gründlichere Sprache, weil man das Fühlen und Sein unmittelbar ausdrücken muss, findet Cranko. Man könne im Ballett nur das begreifen, was man auch unmittelbar sehe.

John Neumeier geht an diesem Punkt über Cranko hinaus und lässt auch Vergangenheit tanzen: In seiner *Romeo und Julia*-Inszenierung von 1971 vermag er etwas zu zeigen, was schon mit Worten kaum darstellbar ist: Er lässt Erinnerung tanzen. Neumeier zeigt die große Liebe zwischen Romeo und Julia auf dem Ball, indem sich ihre Handflächen berühren, doch in der Balkonszene – als sich Julia an Romeo erinnert – legt sie ihre eigenen Hände ganz leicht aufeinander. Die Wiederholung einer Geste im anderen Kontext ist ein häufiges choreografisches Stilmittel bei Neumeier.

Mit den klaren, dramatischen Strukturen seiner Pas de deux hat John Cranko das moderne Ballett grundlegend verändert – auch das gehört zu seinem »Ballettwunder«. Pas de deux bedeutet von nun an die Klimax in einer erzählten Geschichte, ein Höhepunkt – wie eine Arie in der Oper. Damit ändert er den formelhaften Ablauf des Pas de deux zum Beispiel von Marius Petipa (erst tanzt der eine, dann der andere und schließlich beide zusammen) oder die Prinzipien des Pas de deux in der Romantik: In Balletten wie *Giselle* gibt es noch ein zweites Pas de deux, der von einem zweiten

Paar (den sogenannten *demi-caractères*) getanzt wird – häufig klassische Charaktertänze, die oft nur technische Leistungen demonstrieren sollen.

Bei Cranko jedoch erlebt man zwei Personen auf der Bühne, die wirklich miteinander kommunizieren. Er erschafft sozusagen psychologisch motivierte Pas de deux mit einer Emotionalität und einer choreografischen Radikalität, die neue tänzerische Ausdrucksbereiche erschließen. Und so führt er seine Compagnie – seit seiner Inszenierung von *Romeo und Julia* »das Ballettwunder von Stuttgart« genannt – auf Tourneen durch die ganze Welt.

Auch der aus Prag stammende Choreograf Jiři Kylián erschafft mit dem Nederlands Dans Theater, dessen Leitung er von den großen Choreografen Hans van Manen und Glen Tetley 1975 übernimmt, sein eigenes »Ballettwunder«.

Zunächst choreografiert er für seine Compagnie Stücke wie *Stoolgame* oder *November Steps*, die jedoch noch nicht die radikal neue Bewegungssprache sprechen, die ihn später auszeichnen wird. Er beschäftigt sich intensiv mit der bildenden Kunst Mondrians, Arcimboldos und René Magrittes, die er – für einen Prager naheliegend – mit Franz Kafkas kühler Erzählweise konfrontiert und in Tanz übersetzt. So entsteht 1990 *Sweet Dreams* zur Musik von Anton Webern (*Sechs Stücke für Orchester*). Kylián reduziert nicht nur die Ausstattung, sondern zunächst auch die Zahl der Tänzer auf der Bühne. Ähnlich wie die Ballettavantgardisten der 1920er Jahre experimentiert Kylián mit Musik und Bewegungen, die er aus der bildenden Kunst gewinnt.

Dieses Stück steht am Ende einer Entwicklung, die Kylián seit den 1970er Jahren nimmt: Er definiert allmählich ein neues Ballettvokabular, das beschrieben wird als »aus der Ruhe explodierende und abrupt in den Stillstand zurückfallende, verdrehte Bewegungen, aus der Körpermitte gereckte, in den Raum weisende Glieder, selbstvergessene Stretchingübungen, schlenkernde Arme, Kämpfe mit der Schwerkraft und gegen sie; in den Pas-de-deux kurze, wie Hilfe suchende Umklammerungen, kraftvolle Lifts, Balancen, bei denen die auseinanderstrebenden Körper sich gegenseitig im Gleichgewicht halten. Das Ballett, auf flachen Sohlen, ist hier ganz nah am Modern Dance.«[82]

Auch John Neumeier, der anfangs eher Crankos Stil fortgesetzt hat, scheint sich dem Stil seines Kollegen Kylián anzunähern. Choreografien wie *Turangalîla* zur Musik von Olivier Messiaen, *Tatjana* oder auch das *Beethoven-Projekt* sind keine rein neoklassischen Ballette mehr wie etwa die *Kameliendame* oder *Illusionen – wie Schwanensee*, sondern haben ihre Bewegungssprache mit dem »Kylián-Stil« ergänzt und bereichert.

Und so zeigt die Geschichte der »Ballettwunder« im 20. Jahrhundert, dass anders als in früheren Jahrhunderten nicht mehr das akademische Ballett abgelehnt werden muss, dass Vorheriges um jeden Preis zu überwinden ist, sondern dass im 21. Jahrhundert – vielleicht zum ersten Mal? – im Ballett ein Nebeneinander von Tradition und Moderne möglich ist.

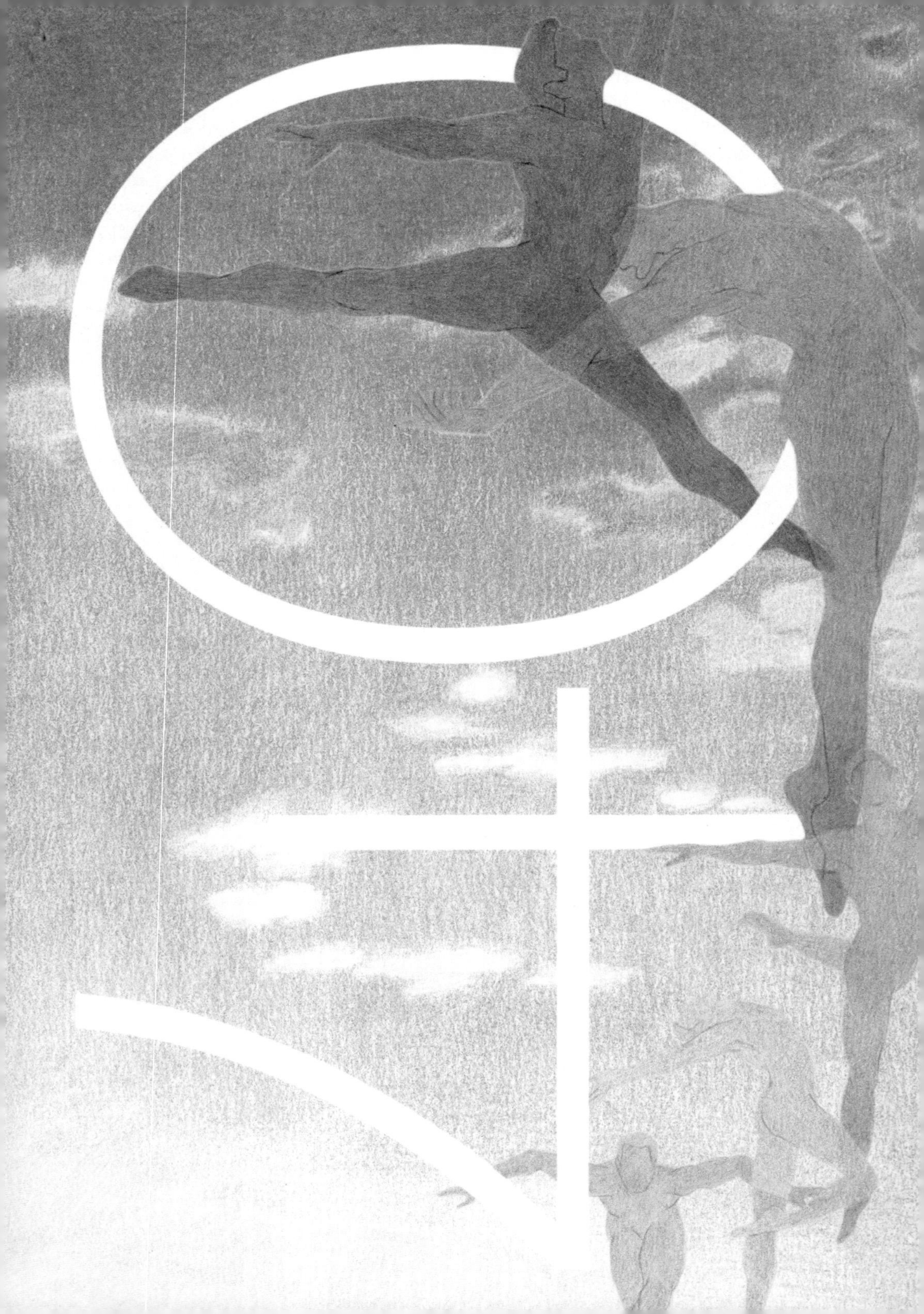

WARUM GIBT ES SO HÄUFIG VÖGEL IM BALLETT?

Vom *Schwanensee* bis zu Jiři Kyliáns *Zugvögeln*, von Feen, schwebenden Waldgeistern und elfengleichen Wesen bis zu Michail Fokines *Feuervogel*: Vögel oder fliegende Geschöpfe verkörpern die Leichtigkeit und Flüchtigkeit des Tanzes. Mit ihnen verbinden wir aber auch Verwandlungen in das Bedrohliche, Unheimliche oder gar in das Komische.

Seit 1900 denkt man intensiver über Bewegungen nach und steht den Formen des akademischen Balletts zunehmend kritisch gegenüber. Interessanterweise beinhaltet das auch eine Rückbesinnung auf das Vorbild der Natur: Die Choreografie des *Sterbenden Schwans* von Fokine aus dem Jahr 1907 ist fast naturalistisch zu nennen. Doch in *L'Oiseau de Feu* (*Der Feuervogel*, 1910) zur Musik von Igor Strawinsky mit den prächtigen Kostümen von Léon Bakst, ging Fokine noch weiter, was neue Bewegungsmuster betrifft. In dem Ballett jagt Prinz Iwan den Feuervogel und gelangt dabei in den Garten eines Zauberers, in dem er an einem Wunderbaum den Vogel fängt. Dieser bittet ihn um seine Freiheit, die der Prinz ihm auch schenkt, wofür er zum Dank eine Feder mit magischen Kräften erhält, die bei Gefahr den Feuervogel herbeiruft. Fokine erzählt selbst über seine Choreografie: »Den Tanz des Feuervogels baute ich auf Spitzentanz und auf Sprüngen auf – hauptsächlich auf letzteren; den virtuosen Tanz aber völlig ohne jegliche Auswärtsdrehungen und ohne jegliche Préparationes [eine vorbereitende Bewegung im Ballett, deren Ausführung eine besondere Energie fordert, z. B. bei einer Pirouette]. Die Arme wurden wie Flügel hochgeworfen oder umschlangen den Körper, entgegen allen Ballettpositionen.«[83]

Trotz dieser Abkehr von den gültigen Positionen des klassischen Balletts: Wenn man genauer darüber nachdenkt, ist der Unterschied zwischen Fokines *Feuervogel* und dem romantischen Ballett gar nicht so groß. Das Märchenhafte wird mit Leichtigkeit verbunden, Tierfiguren im klassisch-romantischen Ballett deuten von jeher das Fantastische und Unwirkliche an. Das ist mit dem kuhähnlichen Faun in Nijinskys *L'Apres-midi d'un Faune* genauso wie in *Le Coq d'Or* (*Der goldene Hahn*, 1914), wofür Natalia Gontscharowa die Kostüme entwirft.

Doch das Verzaubernde des Balletts entsteht noch immer aus dem Ideal, die Schwerkraft zu überwinden. Nur wird die Ballerina jetzt nicht mehr an Drähten über die Bühne gezogen wie noch in der ersten Inszenierung von *La Sylphide*, sondern selbst zu einem Vogel, der zwischen Erdenschwere und Himmelsleichtigkeit problemlos hin- und herwechseln kann.

Die Faszination für Vogelbewegungen ist durchaus auch bei modernen Choreografen zu finden. Mats Ek, der nun sicher nicht in dem Verdacht steht, »verzaubern« zu wollen, ist in seiner *Swan Lake*-Choreografie (1987) sichtlich von Pflanzen und Tieren inspiriert. Seine Bewegungslinien im Raum haben den floralen Charakter von Grashalmen, die sich im Wind biegen, seine Schwäne watscheln jedoch wie Enten.

Tänzer, die sich wie Tiere bewegen oder sogar in Tierkostümen stecken und die entsprechenden Bewegungen ausführen, können durchaus für Komik sorgen. Frederic Ashton lässt zu Beginn von *La Fille mal gardée* (*Das schlecht behütete Mädchen*, 1960) Tänzer im Hühnerkostüm auftreten, die auf das ländliche Ambiente einstimmen sollen und vor allem anzeigen, dass das Publikum eine sehr heitere Komödie erwarten kann.

Doch nicht nur Vögel im Ballett drücken die Sehnsucht nach einer anderen Welt aus. Nijinskys tierähnlicher Faun bewegt sich so ungewöhnlich und seltsam schiebend über die Bühne, als würde er von unsichtbaren Fäden wie ein Schattenriss von einer Seite zur nächsten gezogen. Trotz Trikot mit Kuhflecken tanzt er unvertraute Bewegungen und verfremdet alles bisher Gesehene – was auch ein Streben nach einer »anderen Menschlichkeit« sein kann.

Gerade von der Tierwelt inspirierte Bewegungsmuster und Raumfiguren eröffnen neue künstlerische Möglichkeiten, erweitern das Menschliche, übersteigern oder transformieren. Dass die Vögel in den Choreografien der Ballets Russes so eine prominente Rolle spielen, erhält vor dem Hintergrund des kurz darauf beginnenden Ersten Weltkrieges auch eine ganz andere Bedeutung: Dieser Krieg wird mit all seiner Wucht und Unmenschlichkeit auch die Kunst und die Künstler überrollen, die in den Balletten dargestellte Leichtigkeit und neue Menschlichkeit muss nach diesem Krieg erst wieder mühsam erlernt werden.

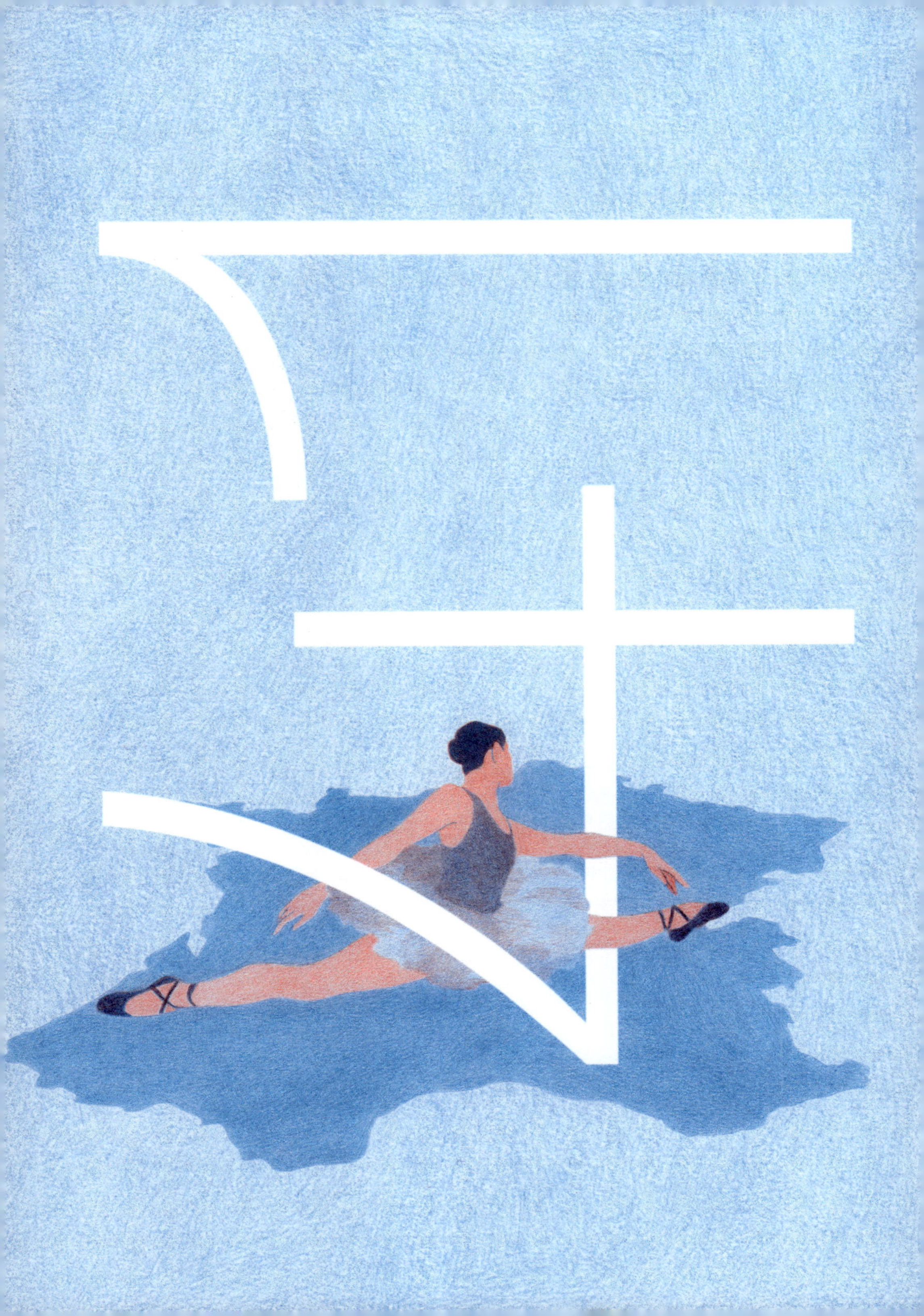

WAR DAS BALLETT IMMER FRANZÖSISCH?

In der Tat entsteht das Ballett ursprünglich in Frankreich und wird auch dort professionalisiert. Mit Marie Taglioni, Carlotta Grisi oder Fanny Elßler, die als erste Ballerinen auf Auslandstournee gehen, wird das Ballett als französisches Kulturgut europa- bzw. sogar weltweit bekannt und feiert große Triumphe. Am Ende des 19. Jahrhunderts jedoch gerät das Ballett in Frankreich in eine Krise. Weder gibt es solche herausragenden *Étoiles* mehr, also Tänzerinnen erster Güte, noch machen Choreografen besonders von sich reden.

Der einzige Franzose, der möglicherweise etwas daran hätte ändern können, geht nach Russland: Marius Petipa. Er verhilft dem dortigen kaiserlichen Ballett mit seinen Choreografien zu einer ersten bemerkenswerten Blüte.

Doch zu Beginn des 20. Jahrhunderts, als sich überall in Europa das Lebensgefühl verändert, gibt es zwei Compagnien, die in Paris für kurze Zeit das Ballett zu einem Experimentierfeld der Künste machen und es nachhaltig verändern: die Balletts Russes (von 1909 bis 1929) und die Ballets Suédois (von 1920 bis 1925).

Beide Compagnien sorgen in nur wenigen Jahren nachhaltig für Furore, was sie vor allem ihren Gründern zu verdanken haben. Diese kommen in beiden Fällen nicht vom Ballett, sondern von der bildenden Kunst, und denken das Ballett neu als Gesamtkunstwerk.

Bei den Ballets Russes ist es der Impresario Sergej Djagilew, der für den enormen Erfolg der Truppe mitverantwortlich ist. 1872 in einer reichen Familie geboren, zeigt er bereits sehr früh ein großes Interesse an Musik und Kunst. In Sankt Petersburg schließt er sich zunächst der Gruppe *Mir Iskusstva* (*Welt der Kunst*) an, die auch die gleichnamige Zeitschrift herausgibt. Dort lernt er den Maler Léon Bakst kennen, der schon das Kostüm für Anna Pawlowa im *Sterbenden Schwan* (1907) entworfen hat – eine schicksalshafte Begegnung.

Über Bakst macht Djagilew die Bekanntschaft mit dem Choreografen Michail Fokine, der die Bewegungsabläufe und Darstellungsweisen des Balletts modernisieren will, sich jedoch von der konservativen zarentreuen Direktion ständig behindert sieht. Djagilew, der bereits bildende Kunst und russische Musik in den Westen »exportiert« hat, findet die Idee reizvoll, auch russisches Ballett im Westen zu zeigen. So stellt er mit Fokine eine Truppe ausgewählter Tänzerinnen und Tänzer zusammen, die als »Ballets Russes« 1909 im Théâtre du Châtelet Paris das Publikum erobern: mit Fokines neuen Choreografien *Le Pavillon d'Armide, Les Sylphides* und den *Polovetzer Tänzen* aus Alexander Borodins Oper *Fürst Igor*.

Wie gelingt das dieser russischen Compagnie? Djagilew hat ein sehr gutes Gespür für kulturelle und nationale Befindlichkeiten, er weiß, welche Vorstellung man in Paris vom fernen Russland hat und umgekehrt. Und er bedient bedenkenlos das Klischee.

Seit den Reformen Peters des Großen im 17. Jahrhundert und der Verlegung der Hauptstadt des Russischen Reiches von Moskau nach Sankt Petersburg ist die russische Kultur zwischen Westeuropa und dem als asiatisch bezeichneten Osten hin- und hergerissen. Dieser durchaus produktive Dualismus ist tief eingeprägt und verschärft sich im vorrevolutionären Russland des 19. Jahrhunderts, was eine Aufspaltung der künstlerischen und intellektuellen Bewegung nach sich zieht. Westlich orientierte Künstler, die oft auch Französisch sprechen, stehen den russisch-orthodoxen »Slawophilen« unversöhnlich gegenüber, die sich nicht als vormodern sehen, sondern vielmehr als Bewahrer der Tradition des »echten, authentischen« Russlands. Diese Haltung, die sich auch der Schriftsteller Leo Tolstoj in späteren Jahren voller Überzeugung zu eigen macht, so dass er als Adliger unter seinen Bauern auf dem Land lebt, führt dazu, dass sich in Russland zunehmend der Topos der »russischen Seele« entwickelt, die den modernen, intellektualisierten, entfremdeten Westen »erretten« könne.

Der Westen lässt sich auf diese dualistische Lesart ein, ohne sie zu hinterfragen. Vor diesem Hintergrund kann Sergej Djagilew mit den Ballets Russes und den ersten Choreografien Fokines dem Westen immer wieder ein scheinbar »echtes«, »ursprüngliches« oder »wildes« farbenfrohes Ballett vorführen, das aber eigentlich nur das westliche Bild vom Osten transportiert – und zudem auf einem akademischen Tanzvokabular basiert, das von Frankreich einhundert Jahre früher nach Russland importiert worden war. Die Ballets Russes, die ab 1909 zwanzig Jahre lang in Paris mit Balletten wie *Petruschka, Feuervogel, Schéhérazade* oder *Carnaval* auftreten, begeistern aber nicht nur wegen der wilden, orientalisch anmutenden Tänze, sondern auch wegen der herausragenden Tänzerinnen und Tänzer, derentwegen die Truppe zu Recht so erfolgreich: Die Pariser konnten Vaclav Nijinsky, Anna Pawlowa und Tamara Karsawina in einer Vorstellung tanzen sehen. 1912 löst Nijinsky Fokine als Chefchoreograf auf Wunsch Djagilews ab und sorgt zu dessen heller Freude mit *L'Après-midi d'un Faune* für einen handfesten Theateraufruhr, dem 1913 mit *Jeux* und *Sacre du printemps* noch größere Skandale folgen.

Als sich Nijinsky jedoch auf einer Auslandstournee mit der Ungarin Romola Pulszky vermählt, kündigt Djagilew seinem ehemaligen Liebhaber umgehend den Vertrag. In den Jahren nach dem Ersten Weltkrieg wählt Djagilew sogar die französische Stadt Monte Carlo als Hauptquartier der Truppe und wendet sich den dort ansässigen Künstlern zu: Nun erschaffen Pablo Picasso, Henri Matisse und George Braque die Bühnenbilder und Kostüme. Nach Djagilews Tod 1929 löst sich die Truppe nach und nach auf.

Die zweite Compagnie, die dem französischen Ballett neue Einflüsse beschert, sind die Ballets Suédois. Die schwedische Compagnie verdankt ihren Erfolg ebenfalls ihrem Gründer: Rolf de Maré. 1911 ist Fokine als Gastchoreograf an der Königlichen Oper Stockholm engagiert und trifft dort auf eine Truppe, die zwar im klassischen französischen Tanz geschult ist, sich aber kaum neben der Opernsparte behaupten kann. Er erkennt ihr Potenzial, wie Karin Dietrich es zutreffend beschreibt, »weckte die Tänzer aus ihrem ›nordischen Schlummer‹ und schulte sie im dramatischen, freien Stil, den er unter dem Einfluß der Ästhetik des modernen Ausdruckstanzes der Amerikanerin Isadora Duncan entwickelt und in einen Brief an die *London Times* vom 6. Juli 1914 dargelegt hatte. Fokine wagte den Bruch mit dem klassischen Akademismus.«[84]

Fokine studiert in der Folge mit den Stockholmern seine Choreografien ein und bittet die Oper um die Bewilligung einer Auslandstournee. Doch die königliche Oper lehnt ab, der Erste Weltkrieg bricht aus und Fokine kehrt nach Russland zurück. Erst 1918 kommt er wieder nach Schweden und lernt in Stockholm Rolf de Maré und den Tänzer Jean Börlin kennen. Genau wie Djagilew verfügt Rolf de Maré über ein großes ererbtes Vermögen, das er zunächst in einer Kunstsammlung angelegt hat und nun in den Tanz investieren will. Er hat sich auf kubistische Kunst spezialisiert und lernt später auf einer Spanienreise die Bilder El Grecos kennen. Die ersten Produktionen der Ballets Suédois werden denn auch nach Gemälden El Grecos geschaffen.

Als de Maré der Impresario der Ballets Suédois wird, ist er 32 Jahre alt. Er mietet ab 1920 für sieben Jahre das Théâtre des Champs-Élysée, das von nun an das Domizil der Ballets Suédois wird. Insgesamt tanzt die Truppe jedoch nur sechs Spielzeiten, von den an zwölf großen Premierenabenden gezeigten großen und kleineren Balletten sind heute viele unbekannt oder nicht mehr rekonstruierbar. Ballette wie *Derviches* (1920) zur Musik von Glasunov oder *Skating Rink* (*Eislaufbahn*, 1922) mit der Ausstattung von Fernand Léger zur Musik Arthur Honeggers werden nicht mehr gezeigt. *La Création du Monde* (*Die Erschaffung der Erde*, 1923), inspiriert durch dokumentarische Filmaufnahmen afrikanischer Tänze und von Rolf de Maré choreografiert, sowie *La Jarre* (*Der Krug*, 1924) und viele mehr sind heute leider alle vergessen.

1925 löst sich die Truppe auf, zum Teil, weil einige Tänzerinnen und Tänzer abgesprungen sind, zum Teil, weil Börlin künstlerisch ausgebrannt ist, und schließlich auch, weil de Maré in finanzielle Schwierigkeiten geraten ist. *Relâche*, womit bezeichnenderweise im Französischen ein »vorstellungsfreier Tag« oder auch eine »Ruhepause« bezeichnet wird, ist ihre letzte Produktion.

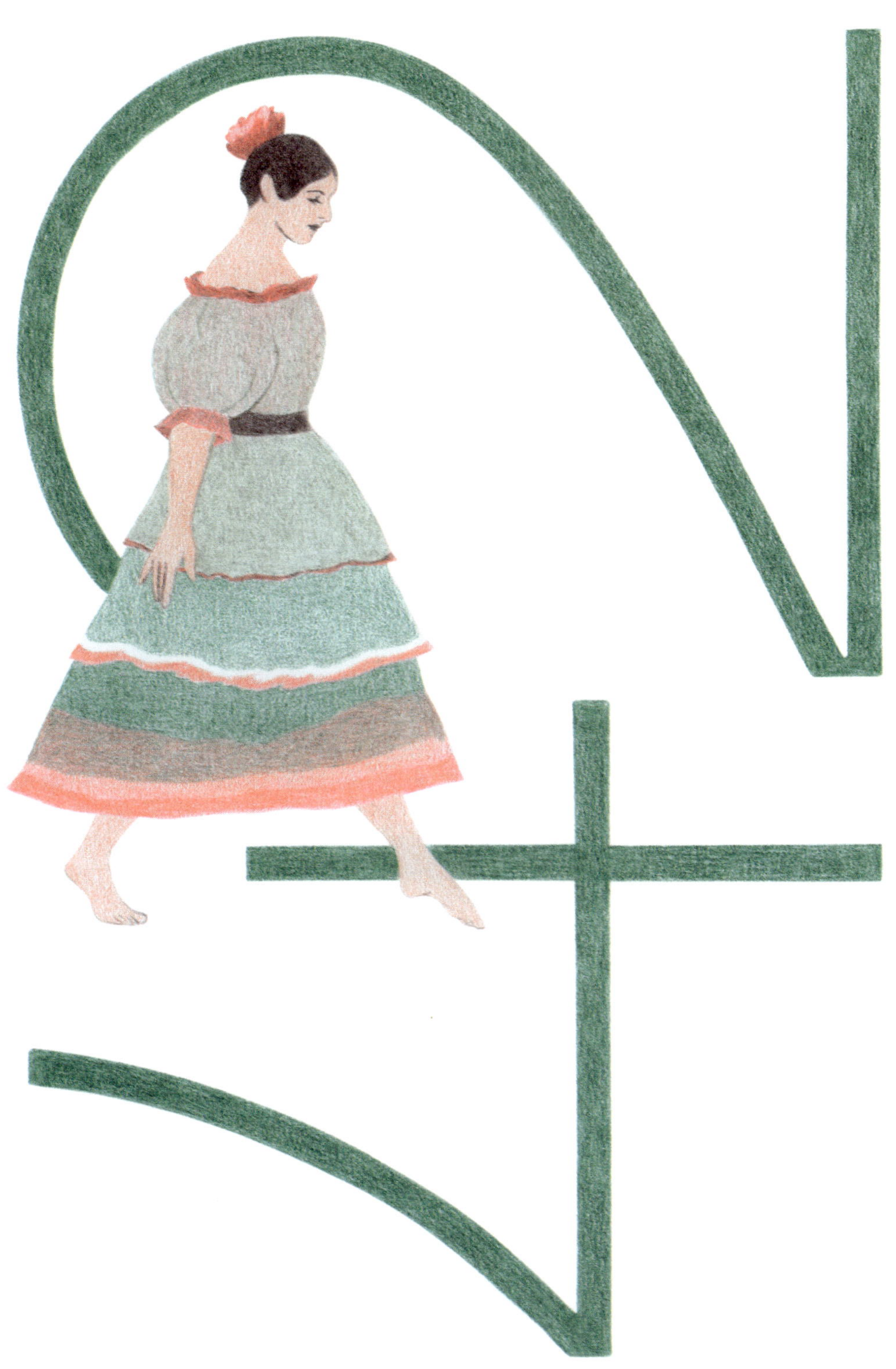

WO SIND FANNY ELSSLERS BALLETTSCHUHE?

In einer gläsernen Vitrine der Hamburger Altbauvilla John Neumeiers liegen zwei durchgetanzte Spitzenschuhe, die vor zweihundert Jahren die Füße einer Ausnahmekünstlerin stützten: Sie gehörten der aus Wien stammenden romantischen Ballerina Fanny Elßler.

2006 gründet John Neumeier in Hamburg eine Stiftung, um seiner Sammlung zur Ballettgeschichte einen offiziellen Rahmen zu geben. In seinem Privathaus beherbergt er unter anderem das weltweit größte Nijinsky-Archiv. Die drei Abteilungen seiner Sammlung umfassen Bücher, Zeitschriften und Zeitungsartikel, weiterhin Objekte, Bilder und Fotografien, und in der dritten Abteilung dokumentiert er sein Lebenswerk als Choreograf mit persönlichen Aufzeichnungen, Bühnenentwürfen, Videos und vielem mehr.

Obwohl das Nijinsky-Archiv sicher den größten Teil seiner Sammlung einnimmt, ist Neumeier immer auch eine Dokumentation der Tanzgeschichte in ihrer Gesamtheit wichtig. So ist beispielsweise Anna Pawlowa eine eigene kleine Nische gewidmet mit einigen Radierungen und Zeichnungen Ernst Opplers. Und natürlich befinden sich auch die beiden berühmtesten Tänzerinnen der Romantik, Fanny Elßler und Marie Taglioni, in seiner Sammlung – unter anderem mit den erwähnten Spitzenschuhen von Elßler.

Zu Lebzeiten sind die beiden Ballerinen erbitterte Konkurrentinnen und spalten das Publikum. Fanny Elßler wird damals vom Publikum gern gegen Marie Taglioni ausgespielt. Doch zur selben Zeit wird in der Ballettwelt auch das Wort geprägt: »Die Taglioni tanzt Goethe, die Elßler tanzt Weltgeschichte.«[85]

Der andauernde Konkurrenzkampf erfährt am 22. September 1838 einen Höhepunkt, als Fanny Elßler es wagt, in *der* Rolle der Taglioni aufzutreten – *La Sylphide*. Doch sie hat keinen Erfolg damit. »Ein Teil des Publikums, die Taglionisten, verstärkt durch die ›Meute‹ gedungener Claquere, begannen, besonders im zweiten Akt, ein Zisch- und Pfeifkonzert auf Fingern, Trillerpfeifen und Hausschlüsseln, sie warfen Applausjünger mit Fußtritten und Faustschlägen unsanft aus dem Parterre.«[86] Möglicherweise auch unter dem Eindruck dieser Geschehnisse geht Fanny Elßler zwei Jahre später auf Tournee durch Nordamerika, wo sie in zwei Jahren und über zweihundert Auftritten das Publikum zu Begeisterungsstürmen hinreißt. Vor allem mit ihrem sinnlichen spanischem Solotanz *Cachucha,* den sie 1836 in der Rolle der Ballerina Florinda in dem Ballett Jean Corallis *Le Diable boiteux* (*Der hinkende Teufel*) an der Pariser Oper zeigt, wird sie berühmt.

Interessanterweise verkörpern Taglioni und Elßler die romantischen Ballettpole: Steht Taglioni für federleichte Schwerelosigkeit im *Ballet blanc,* repräsentiert Elßler im Leben wie auf der Bühne den Gegenpart, der sich in Charakter- und Nationaltänzen ausdrückt. Wird die erstere wegen ihrer *Elevation* (das ist die Fähigkeit eines Tänzers, hoch zu springen oder eine Bewegung in der Luft auszuführen) und *Ballonées* (ein Sprung, bei dem er Tänzer von einem Bein abspringt und auf dem anderen landet) verehrt, die die Illusion des Schwebens unterstreichen, schätzt man bei der anderen den *Danse tacquée* (heute würde man das als *staccato* bezeichnen), eine sehr schnelle, präzise Beinarbeit und starke Spitzentechnik im *terre-à-terre*-Stil.

Ein einziges Mal jedoch sollen die beiden Konkurrentinnen zusammen auf der Bühne tanzen: im *Pas de quatre,* das Jules Perrot nach der Musik von Cesare Pugni 1845 choreografiert. Doch Fanny Elßler springt im letzten Moment ab, und so übernimmt Lucile Grahn die Rolle an der Seite von Taglioni, Carlotta Grisi und Fanny Cerrito.

Von Fanny Elßler bleiben begeisterte Zeugenberichte, Zeichnungen – und eben ihre Spitzenschuhe in John Neumeiers Sammlung, übrigens aus einer Aufführung von *Giselle* in Hamburg im Jahr 1843. Sie sind also nach Hause zurückgekommen.

»Die Taglioni tanzt Goethe, die Elßler tanzt Weltgeschichte.«

Zeitgenossen über die Primaballerinen

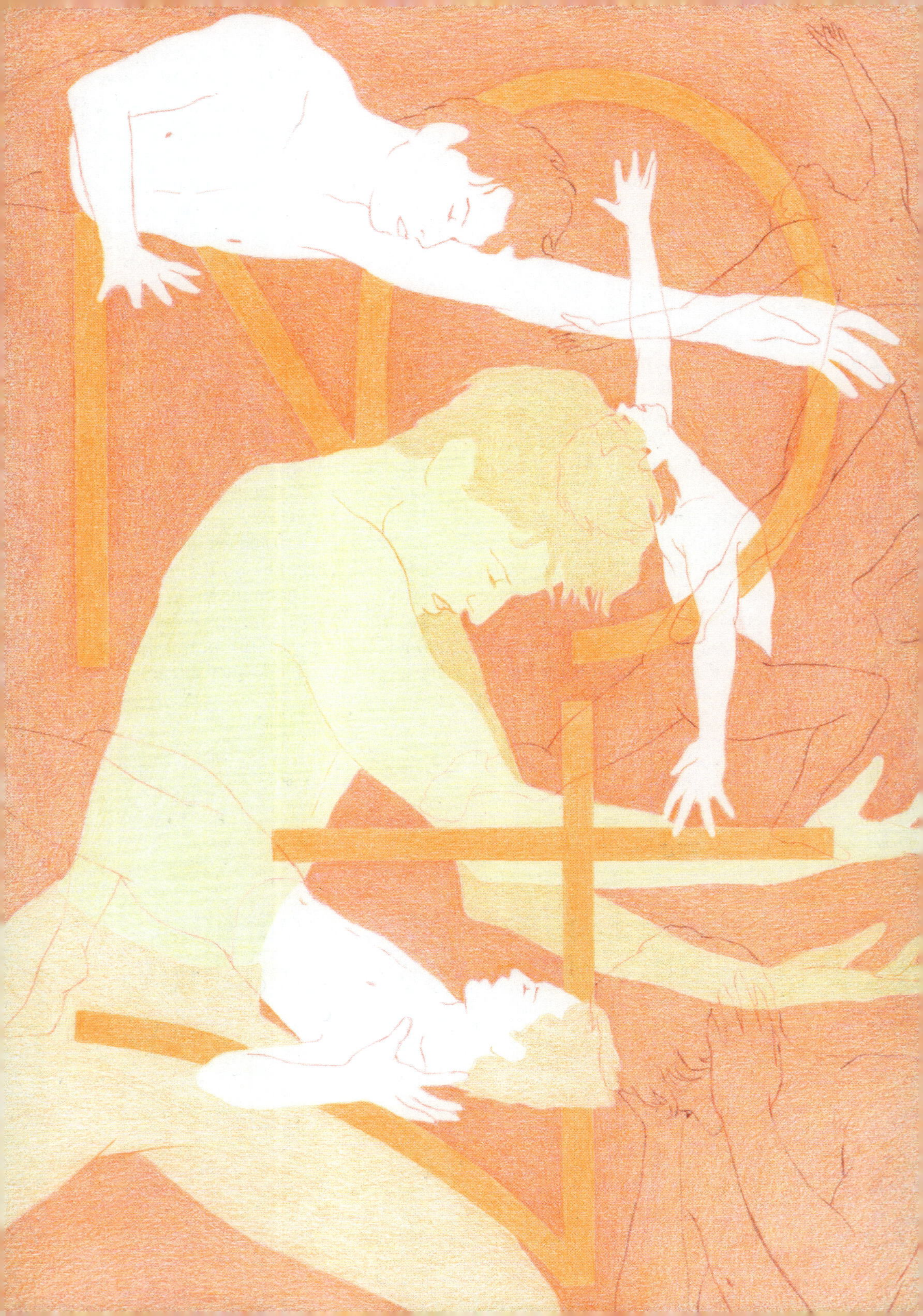

WIE WIDER-SPRÜCHLICH IST DAS BALLETT HEUTE?

Seit seiner Entstehung kann das Ballett Widersprüche verkörpern. Von Beginn an wehren sich Choreografen, Tänzerinnen und Tänzer gegen seine zu schnelle Rezeption als nur wunderschöne Kunstform. Ein Beispiel der jüngeren Zeit verquickt Eleganz, Kraft und Schönheit des Tanzes mit gegensätzlichen politischen Aussagen und konfrontiert die Zuschauer mit Ambivalenzen.

2013 bringt der irische Sänger Hozier den Song *Take Me to Church* heraus, in dem er die katholische Kirche für ihre Ablehnung der Ehe homosexueller Paare kritisiert. Das Lied ist weltweit enorm erfolgreich und inzwischen eine Hymne der LGBQT-Bewegung. Im dazugehörigen Musikvideo (auf YouTube über 500 Millionen Mal angesehen) ist ein homosexuelles Paar zu sehen. Einer der beiden wird von einer Gruppe vermummter Männer verschleppt und geschlagen, während im Fernsehen Demonstrationen für die Rechte von Homosexuellen übertragen werden. Die dabei hochgehaltenen Plakate zeigen Botschaften in kyrillischer Schrift.[87]

2015 erscheint zu diesem Song eine Ballettchoreografie. Getanzt wird sie von dem Ukrainer Sergej Polunin, dem ehemaligen Superstar des Royal Ballet in London, die Regie des Videos führt der amerikanische Fotograf und Regisseur David LaChapelle. Er lässt den Tänzer in einem kahlen, aus Holz errichteten, kirchenähnlichen Gebäude ein expressives Solo tanzen (Choreografie Jade Hale-Christofi), das die Kraft des Songs ins Unendliche zu potenzieren scheint.

Polunins Athletik gepaart mit schauspielerischem Ausdruck ist atemberaubend. Seine Sprünge, seine Drehungen, die zu einem Taumeln werden, seine verzweifelten Blicke, der muskulöse, atmende Körper faszinieren. Man ist gebannt von der Eleganz und Stärke der Bewegungen, und scheinbar mühelos wird die Grenze überschritten zwischen der Hypermännlichkeit des Tänzers und der Grazilität des Balletts.

Doch nicht nur Polunins gewaltige Sprungkraft ist zu sehen, sondern auch eine große Tätowierung auf dessen Brust: das Kolovrat-Symbol, ein achtgliedriges Hakenkreuz, das häufig von Neonazis verwendet wird. Hinzugekommen ist mittlerweile ein Konterfei von Wladimir Putin, zu dem er sich offen bekennt und den er als »Lichtgestalt« bezeichnet.[88]

Das alles schafft einen bemerkenswerten Gegensatz zwischen dem Song und der Person des Tänzers Sergej Polunin. Verträgt das Ballett diese Widersprüche? Das Pariser Ballett antwortet zum Beispiel: Nein. Und kündigt 2019 einen Vertrag mit Polunin für einen Gastauftritt. Die Direktorin Aurélie Dupont, selbst eine ehemalige Balletttänzerin, sagt, seine Äußerungen stünden nicht im Einklang mit ihren Werten und denen der Institution[89] und stellt damit seine politische Haltung über seine künstlerische Arbeit.

Zur gleichen Zeit hat Polunin ein Engagement am Bayerischen Staatsballett und diverse Auftritte an anderen Bühnen, die das Publikum zu Begeisterungsstürmen hinreißen, denn er ist einer der besten Tänzer seiner Generation.

Eines ist gewiss: LaChapelle und Polunin haben mit ihrem Video dem Ballett ein ganz neues Publikum erschlossen. Im Herbst 2021 wurde das Video von knapp 30 Millionen Menschen auf YouTube angesehen.

»Take me to church
I'll worship like a dog at
the shrine of your lies
I'll tell you my sins and
you can sharpen your knife
Offer me that deathless death
Good God, let me give
you my life«

Aus *Take Me to Church*
von Hozier

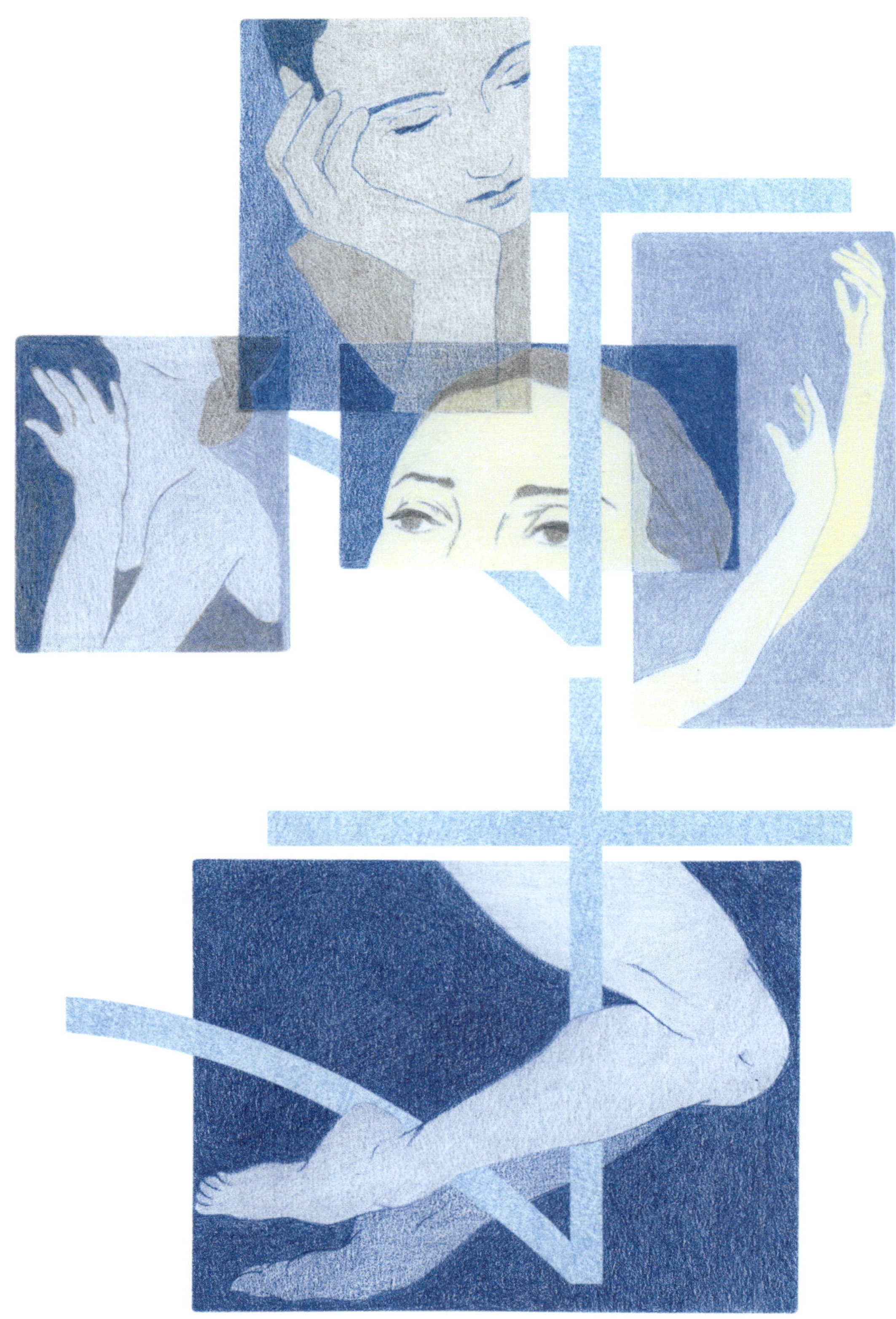

WIE WIRD MAN PRIMA-BALLERINA?

In jeder Gruppe von perfekten und großartigen Balletttänzerinnen gibt es immer eine Ballerina, die besonders herausragt und deshalb die Hauptrolle tanzt. Sie beherrscht nicht nur die Technik, sondern hat zusätzlich immer eine ganz besondere Eigenschaft, eine unerklärliche Energie, eine unverwechselbare künstlerische Persönlichkeit: die Primaballerina.

Im Laufe der Geschichte gibt es viele Primaballerinen, die im Gedächtnis bleiben. So zum Beispiel Sylvie Guillem: Die 1965 in Paris geborene absolute Ausnahmetänzerin erhält schon früh den Spitznamen »Mademoiselle Non«, weil sie sich nicht anpassen will und auf ihrer Individualität besteht – was für eine Primaballerina eine entscheidende Eigenschaft ist.

Mit nur sechszehn Jahren wird sie unter der Direktion von Rudolf Nurejew Tänzerin des Corps de Ballet der Pariser Oper. Später geht sie ans Royal Ballet nach London, wo William Forsythe für sie die Hauptrolle in *In the Middle, Somewhat Elevated* (1987) kreiert. Mit den choreografierten Drehungen, Sprüngen und Dehnungen der Gliedmaßen geht Forsythe weit über das übliche klassische Ballett hinaus – und die außergewöhnlich biegsame und sprunggewaltige Sylvie Guillem ist perfekt. Ihr Markenzeichen: das auf 180 Grad erhobene Bein und die Höhe ihrer *Double tour* (Doppeldrehung).

Guillem entdeckt für sich den zeitgenössischen Tanz und arbeitet 2002 mit dem schwedischen Choreografen Mats Ek in einer modernen Fassung von *Carmen* zusammen. Ähnlich wie Haydée tanzt auch Guillem furchtlos und mit derartig fließenden Bewegungen, dass sie mitunter knochenlos zu sein scheint. Im Alter von fünfzig Jahren bricht sie zu einer Abschiedstournee auf, die sie in Japan mit Béjarts *Boléro* beendet. Die Tänzer stehen um eine erhöhte runde Bühne, auf der sie tanzt, und zählen den Countdown bis Mitternacht herunter, wenn sie ihre Karriere, ihr öffentliches Tanzen beendet.

Primaballerina werden nur sehr wenige Tänzerinnen überhaupt, und sie alle eint neben der tänzerischen Technik ein besonders starker persönlicher Ausdruck. Nur so können sie ihre Rollen so unverwechselbar machen, dass wir heute noch zum Beispiel von der russischen Balletttänzerin Anna Pawlowa sprechen, obwohl wir sie nie live auf der Bühne erlebt haben.

Wer das Balletttanzen beruflich ausüben will, muss sehr früh mit dem Unterricht beginnen und dann möglichst im Alter von zehn Jahren auf eine professionelle Ballettschule wechseln. Dort lebt man im Internat und hat neben dem normalen Schulunterricht tägliches Balletttraining. Allerdings muss man zunächst eine Aufnahmeprüfung bestehen, und jährlich wird wieder neu geprüft, ob man noch dem geforderten Niveau entspricht. Um einen Platz in einer Ballettcompagnie zu bekommen, müssen die Tänzerinnen und Tänzer vortanzen. Dann werden sie zu Beginn meist ins Corps de Ballet aufgenommen, um sich von dort aus zu einer Solotänzerin oder zu einem Solotänzer zu entwickeln. Wenn die Karriere einer Tänzerin gut verläuft, kann sie zunächst Halbsolistin werden – das sind Vortänzer des Corps de Ballet, die kleinere Rollen übernehmen –, um danach vielleicht Solistin zu werden. Als Solistin tanzt sie wichtige Rollen im Stück, aber noch immer keine Hauptrollen. Erst danach wird sie eventuell Erste Solistin (*Prima Ballerina*) und darf dann endlich die Hauptrolle tanzen.

Unter Petipa am russischen Mariinsky-Theater gibt es noch eine weitere Auszeichnung: *Primaballerina assoluta* (»die absolut größte erste Ballerina«). Die erste, die diesen Titel vom Zaren erhält, ist Pierina Legnani, die über eine außergewöhnliche Technik verfügt. Ein zweites Mal wird der Titel Matilda Kschessinskaja verliehen. Später, zur Zeit der Sowjetunion, werden zwei Tänzerinnen damit ausgezeichnet: Galina Ulanowa und Maja Plissetskaja. Dann wird es nur noch zwei weiteren Tänzerinnen in der

»Am Schluss von *Schwanensee*, als sie Bühne verließ in ihrem wunderbaren weißen Tutu – ich wäre ihr gefolgt bis ans Ende der Welt.«

Rudolf Nurejew
über Margot Fonteyn

Ballettgeschichte gelingen, diesen Titel zu erhalten: Eva Evdokimova und Margot Fonteyn am Royal Ballet in London.

»Eine Primaballerina muß die ›Putzfrau der Compagnie‹ sein«, sagt John Cranko und meint damit, dass sie Vorbildfunktion habe, unbedingte Kollegialität brauche und auch die Aufgabe, andere Tänzerinnen in ihren Rollen zu coachen.[90] Unter Cranko in Stuttgart treffen in den 1960er Jahren mit Marcia Haydée und Birgit Keil zwei Primaballerinen aufeinander, die sehr verschieden sind, sich perfekt ergänzen und dadurch sowohl zum großen Zusammenhalt der Truppe als auch erheblich zum »Stuttgarter Ballettwunder« beigetragen haben.

Eine Primaballerina muss jedoch auch erst einmal entdeckt werden: Als Marcia Haydée zum ersten Mal vortanzt, ist ihre Technik noch ausbaufähig. Doch vom ersten Schritt auf der Bühne an sieht Cranko in ihr ein einmaliges dramatisches Potenzial. Zum Intendanten Walter Erich Schäfer sagt er: »Glauben Sie mir, Chef, das wird was.«[91] Und der Kostümbildner Jürgen Rose erinnert sich: »Er hat einfach bestimmt, das ist meine Primaballerina! Und dann hat sie die Julia getanzt, und von da an war sie's«[92]

1962 hat sie als Julia in *Romeo und Julia* ihren großen Durchbruch. Doch was macht die gebürtige Brasilianerin zur Primaballerina? Haydée wirft sich immer vollkommen in ihre Rollen, und zwar buchstäblich: Ohne Furcht springt sie, lässt sich ohne Zögern in die Arme des Partners fallen oder aus der Balance bringen. Haydée tanzt nicht einfach vorgegebene Schritte, sie *verkörpert* ihre Rollen mit Haut und Haar. Mit ihrem großen schauspielerischen Talent schuf sie bisher noch nie gesehene Frauenfiguren wie Tatjana in *Onegin* oder die Katharina in *Der Widerspenstigen Zähmung*, aber sie setzt auch wegen ihrer bedingungslosen Hingabe neue Maßstäbe für Odette/Odile in *Schwanensee* oder Shakespeares *Julia*. »Sie war die Wegbereiterin für einen individuellen Zugang zu den Cranko-Balletten und hat der Welt einige der schönsten Ballerinenrollen des Handlungsballett-Genres geschenkt. Dass Marcia Haydée trotz strenger choreografischer Vorgaben dem Tanz eine individuelle Note verleihen konnte und dass sie ihr Herzblut in jeder Vorstellung verströmte – sie hätte nicht anders gekonnt –, hatte zur Folge, dass die Interpretationen ihrer Rollennachfolgerinnen ohne Marcia Haydée nicht denkbar gewesen wären«, kommentiert Cornelia Stilling-Andreoli.[93]

Ein ganz anderer Typ Primaballerina ist Birgit Keil. Die sieben Jahre ältere Marcia Haydée ist zwar ein Vorbild, aber Keil versteht, dass sie Haydée nicht einfach kopieren darf. »Ich bin überzeugt, dass wir füreinander wichtig waren. Dass wir uns gegenseitig beflügelten und wie ein Motor füreinander wirkten. Wenn wir gemeinsam auf der Bühne standen, verband uns positive Energie und Spannung.«[94] Hat Haydée das dramatische Talent und die Leidenschaft, verbindet man mit Keil eher ätherische Perfektion. Die Karrieren beider Stuttgarter Tänzerinnen zeigen eindrucksvoll, dass eine Primaballerina mehr braucht als nur eine perfekte Technik. Haydée und Keil, aber auch andere Primaballerinen wie zum Beispiel Alicia Alonso, Trisha Brown, Angela Reinhardt, Misty Copeland, Natalja Ossipowa, Alina Cojocaru oder Polina Semionova zeigen: Ohne Hingabe, persönlichen Ausdruck, Stil oder Anmut leben die Rollen nicht, die sie tanzen.

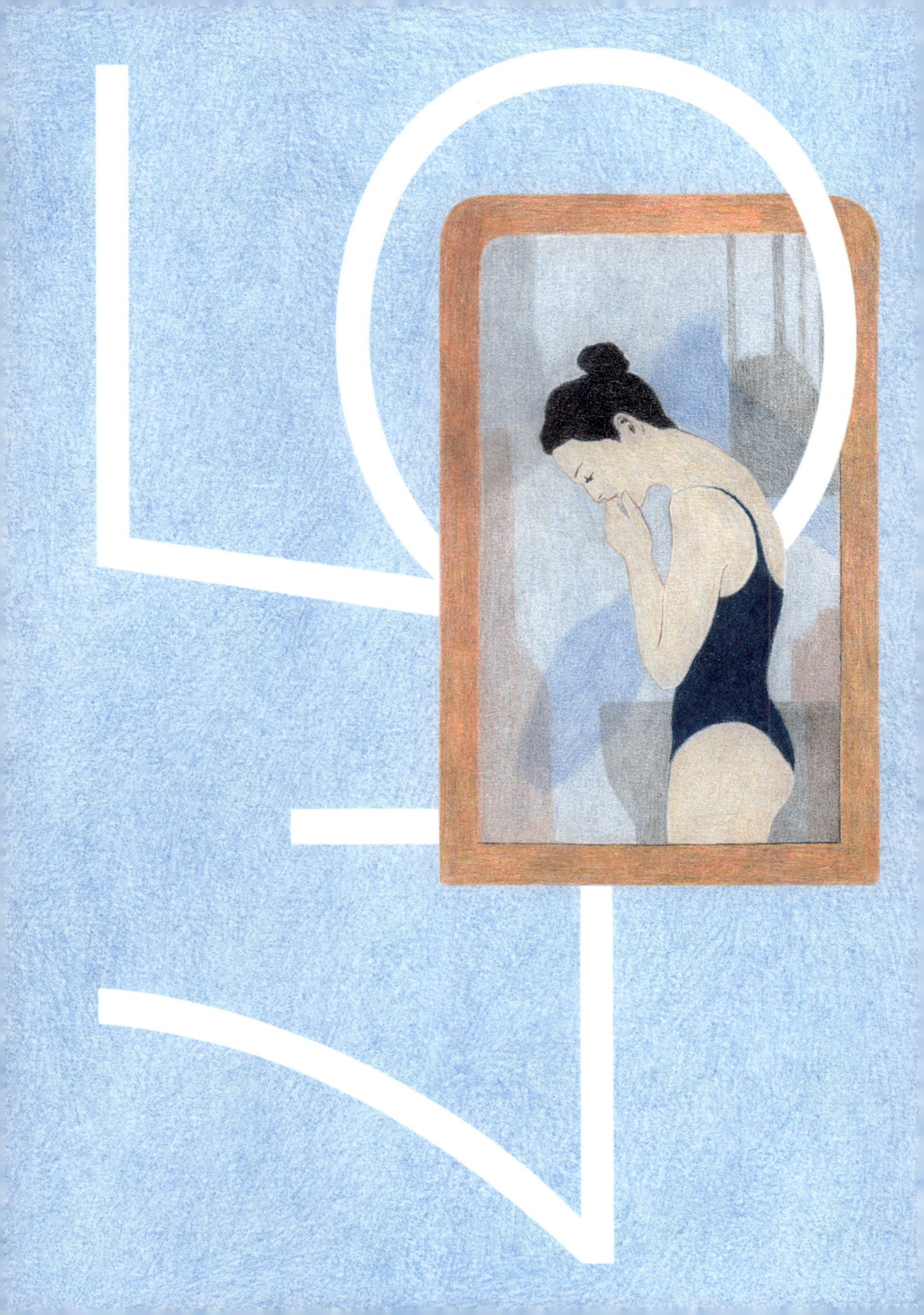

WIE VIEL SCHOKOLADE DARF EINE BALLERINA TÄGLICH ESSEN?

Um es vorwegzunehmen: Relativ viel. Tanzen ist Schwerstarbeit, und daher braucht – so überraschend es auch klingen mag – selbst der ranke und schlanke Tänzerkörper Kalorien, und zwar eine ganze Menge.

Balletttänzer und Balletttänzerinnen sind heute akrobatischer und ihr Körperbau athletischer als noch vor einhundert oder zweihundert Jahren. Schaut man heute auf Fotografien beispielsweise von Petipas geschätzter Primaballerina assoluta, Pierina Legnami, ist man ob ihrer robusten Gestalt etwas erstaunt. Spätestens seit George Balanchine und seinem neoklassischen Ballett, der extrem in die Länge und Weite gezogene Linien bevorzugt, sind Tänzerinnen und Tänzer eher groß und sehr schlank. Sie sind aber auch athletisch, und diese Athletik fordert nicht nur ein tägliches körperliches Trainieren, sondern auch eine entsprechende Ernährung. Tänzer brauchen viel Energie, um die Perfektion und absolute Körperbeherrschung zu erreichen. Um das noch einmal in Schokolade umzurechnen: Eine Tänzerin mit Anfang 20, die circa 55 Kilogramm wiegt, 167 cm groß ist und etwa zehn Stunden in der Woche trainiert (was sehr wenig ist), hätte nach Berechnung von Tanzmedizinerinnen[95] einen täglichen Gesamtumsatz von ungefähr 2500 Kilokalorien. Sie dürfte also tatsächlich jeden Tag zum Beispiel fünf Snickers essen!

Besser deckt sie ihren Energiebedarf allerdings mit ausgewogener Ernährung. Die Ernährung im Tänzeralltag ist nicht unproblematisch und muss gut geplant werden. Wer mit vollem Magen tanzt, wird nicht nur müde und unkonzentriert, sondern riskiert auch Übelkeit, Magenschmerzen und Seitenstiche. Idealerweise sollten immer einige Stunden zwischen dem Essen und dem Training liegen. Doch lässt der eng getaktete Probenplan oft kaum Zeit für eine ruhige Mahlzeit, so dass sich Balletttänzerinnen und -tänzer sehr gut organisieren müssen.

Da wir heute in einer Zeit leben, in der sich auch viele Nicht-Tänzer ständig von einer Diät zur nächsten hangeln, überrascht es nicht, dass fast ein Drittel der professionellen Tänzer einen Body-Maß-Index von unter 17 haben. Fast die Hälfte der in Ausbildung befindlichen oder professionellen Tänzerinnen und Tänzer haben ein gestörtes Essverhalten, wird gewarnt. Sogar zehn Prozent leiden unter einer Essstörung – eine erschreckend hohe Zahl.[96] Intensives Tanzen fordert aber nicht nur ein gesundes Ernährungsverhalten, sondern kann auch die Psyche beeinflussen. Wenn manche Choreografen verlangen, dass bis zur Premiere ein bestimmtes Körpergewicht erreicht werden soll, kann das zu einer enormen Belastung werden, die im schlimmsten Fall zu einem Zusammenbruch führt. Hinzu kommen Lampenfieber, der Leistungsdruck beim ersten Auftritt in einer führenden Rolle, Enttäuschungen oder die Entbehrungen des Tourneelebens. Angesichts dessen ist eine Schokolade ab und zu vielleicht gar nicht so verkehrt …

Tanzen ist Schwerstarbeit.

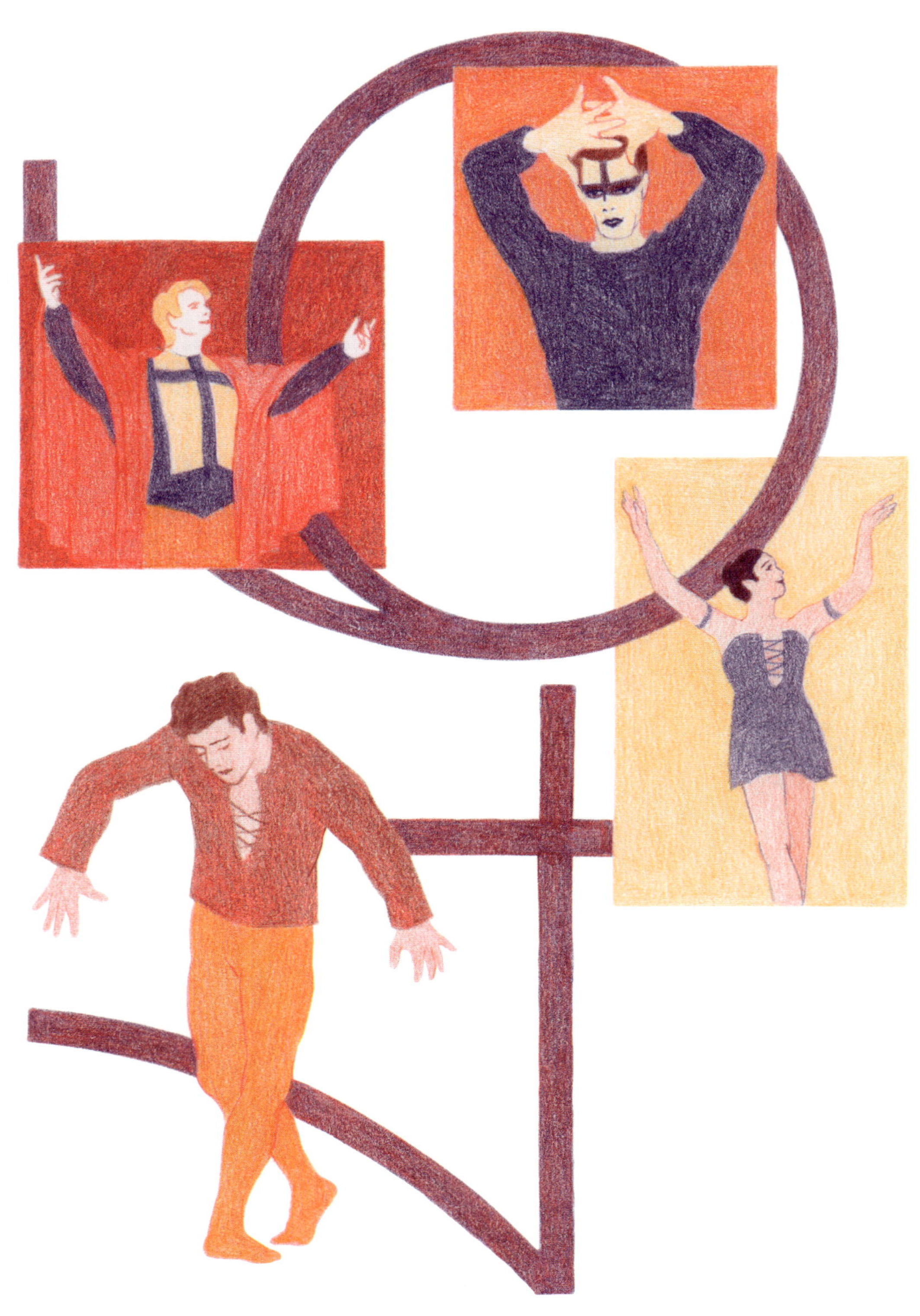

WIE KANN EINE KATHEDRALE ZUR HAUPTFIGUR IN EINEM BALLETT WERDEN?

Als im April 2019 in Paris die Kathedrale Notre-Dame brennt, erreicht wenige Tage später ein Roman einen Verkaufsrekord: *Notre-Dame de Paris. 1482 (Der Glöckner von Notre-Dame)*. Anscheinend wird den Franzosen durch das Unglück die identitätsstiftende Rolle dieser besonderen Kathedrale für die Kultur ihres Landes wieder stärker bewusst. Frankreich ohne Notre-Dame? Unvorstellbar.

Victor Hugos historischer Roman wird 1831 veröffentlicht. Zeit seines Lebens beklagt er die Zerstörung der architektonischen Kunstwerke des mittelalterlichen Paris durch die nachfolgenden Generationen – und verbindet das mit deutlicher Kritik an der Gesellschaftsordnung und dem Justizsystem unter Louis XI.

Die Geschichte von der unglücklichen Liebe zwischen dem missgestalteten Glöckner Quasimodo und der schönen Zigeunerin Esmeralda ist eine der wesentlichen Handlungsstränge des Romans, der uns wieder ins mittelalterliche Paris zurückbringt – und damit in die Kathedrale Notre-Dame als wichtigsten Schauplatz des Geschehens.

Eine der spannendsten Umsetzungen dieser literarischen Vorlage ist Roland Petits Ballett *Notre Dame de Paris* von 1965, das der Choreograf für die Compagnie der Pariser Oper ausarbeitet. Auch bei ihm spielt die Kathedrale die zentrale Rolle, wie bei Hugo ist sie nicht nur Schauplatz, sondern auch Hauptfigur – und Petit bringt sie mit Hilfe des Bühnenbildners René Allio selbst zum Tanzen: Die Kathedrale senkt sich mehrmals sichtbar von der Decke herab und klappt ihre Flügel auf. »Der zweite Akt beginnt innerhalb der Kathedrale im Glockenturm, wo die Glocke beinahe zur Protagonistin wird. Auch das bunte Lichtspiel in den Fenstern von Notre-Dame wird geradezu lebendig auf die Bühne gebracht, indem das Ensemble tanzend in bunten Kostümen auftritt, die den Farben der Glasscheiben nachempfunden sind.«[97]

Der elf Bücher umfassende Roman ist bei Petit auf zwei Akte verteilt, die die wichtigsten Romanszenen darstellen: die Wahl von Quasimodo zum Narrenkönig, eine Messe des Priesters Frollo in der Kathedrale, der Tanz von Esmeralda, in die sich der Priester verliebt, Esmeraldas Begegnung mit dem Ritter Phoebus, in den sie sich verliebt und schließlich Esmeraldas Verurteilung und ihre Rettung durch Quasimodo, der Angriff auf die Kathedrale, Esmeraldas Hinrichtung und Quasimodos Mord an Frollo.

Die Kathedrale ist allgegenwärtig – und zwar nicht nur im Bühnenbild und in den Kostümen, die der Modeschöpfer Yves Saint-Laurent in den Farben der Glasfenster entwirft, sondern auch in der Choreografie. In den ersten Szenen bilden die Tänzer mehrmals kreisförmige Formationen, die auf das Motiv der Rosette anspielen und das Thema des Romans verdichtet darstellen.
Die Rosette symbolisiert in den gotischen Kathedralen das Glücksrad des Lebens. Manchmal sitzt auch noch der apokalyptische Christus auf der Radkappe und wird von menschlichen Gestalten begleitet, die aufsteigen, und anderen, die in die ewige Verdammnis hinabstürzen. Den zentralen Figuren im Roman wird es genauso ergehen.

Frollo ist weiß geschminkt mit einem schwarzen Balken über den Augen, dazu ganz in Schwarz gekleidet, und er trägt er ein weißes Kreuz auf der Brust. Doch er ist nicht der einzige: Auch Phoebus und die Soldaten haben ein großes Kreuz auf der Brust.

Später, als Esmeralda mit ausgestreckten Armen zur Hinrichtung getragen wird, bildet auch ihr Körper eine Kreuzesform, womit angedeutet wird, dass sie ein Opfer der Justiz und vor allem das Opfer eines verblendeten Kirchenmanns ist.

Sie und Quasimodo sind diejenigen, die unverschuldet zwischen die Räder dieser beiden Mächte – Justiz und Kirche – geraten. Während Esmeralda als einzige Spitzenschuhe trägt, um zu zeigen, dass sie nicht ganz von dieser Welt ist, hat Petit Quasimodos körperliche Behinderung nicht durch ein Kostüm, sondern ausschließlich durch die Bewegung choreografiert. Das Gleichgewicht und die Achse der Figur sind verschoben. Die lineare Ästhetik Esmeraldas trifft auf die eckige des Glöckners. Während ihres kurzen Asyls in der Kathedrale nimmt sie jedoch manchmal die gekrümmte Haltung Quasimodos ein. Sie tanzen schließlich ein Pas de deux, bei dem Quasimodo sich vollkommen aufrichtet und mit ausgebreiteten Armen den Himmel anzurufen scheint, bevor er bei Frollos Erscheinen wieder gekrümmt in sich zusammensinkt.

Der zweite Akt ist bei Petit von sehr beeindruckenden Pas de deux bestimmt: den ersten tanzt Quasimodo mit den Glocken, den zweiten Esmeralda und Quasimodo, einen weiteren Esmeralda und Frollo. In dem zweiten Pas de deux von Quasimodo und Esmeralda erkennt man, dass Quasimodo Esmeralda wie seine Glocken liebt: »Er läßt sie behutsam zu Boden sinken, wobei er sie so hin- und herwiegt, dass die beiden einer menschlichen Glocke ähneln.«[98] Quasimodo ist kein Ungeheuer, sondern ein Wesen mit einer großen Seele.

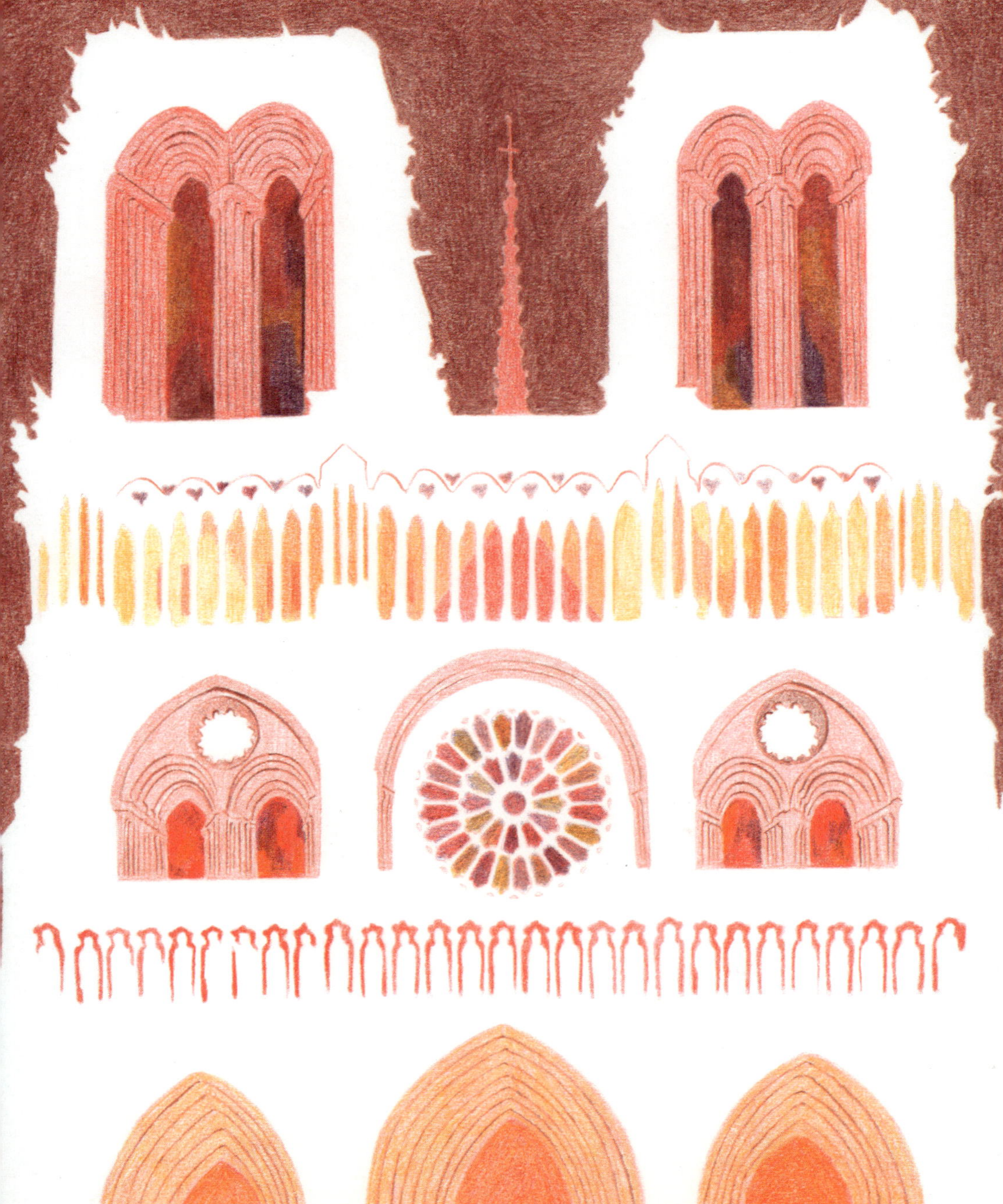

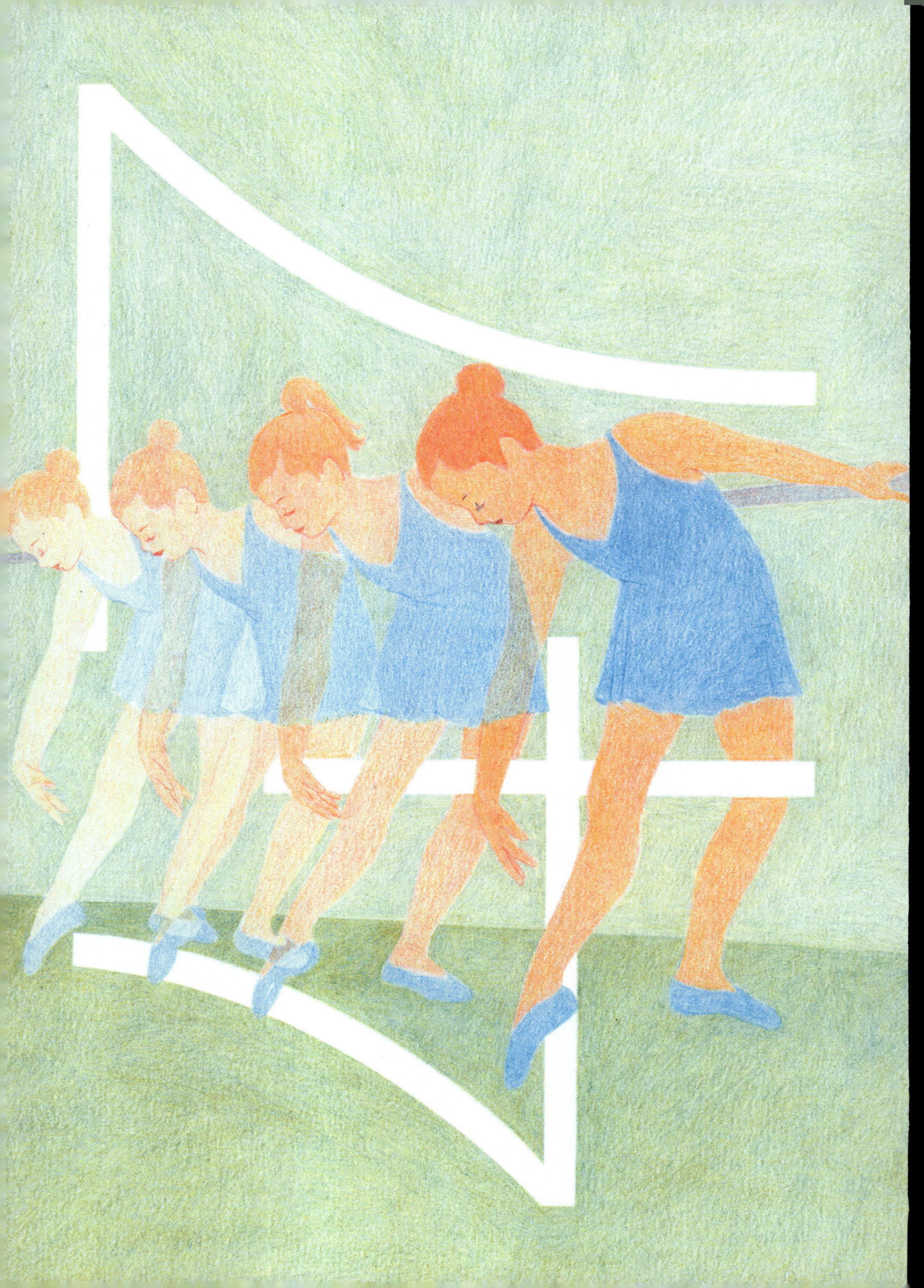

WAS IST DAS GEHEIMNIS RUSSISCHER BALLETTSCHULEN?

Unter Tänzern kursiert der Spruch: »Wenn du einen Tag nicht trainierst, merkst du es selbst. Wenn du zwei Tage nicht trainierst, sieht es dein Lehrer. Wenn du eine Woche nicht trainierst, sieht es das Publikum.«

Ballett wird oft mit Drill, unerbittlicher Disziplin und Strenge verbunden. Die Höchstleistungen, die Tänzerinnen und Tänzer auf der Bühne vollbringen müssen, sind Ergebnis eines harten täglichen Trainings. Da Ballett von vielen mit den klassischen russischen Petipa-Balletten gleichgesetzt wird, wird mitunter davon ausgegangen, dass auch die russischen Ballettschulen besonders streng und hart seien. Aber stimmt das wirklich?

Zwei namhafte Ballettschulen gibt es in Russland: die Waganowa-Ballettakademie in Sankt Petersburg und die Bolschoi-Ballettschule in Moskau. Die Schule in Moskau wird 1763 von Zarin Katharina II. als erste Theaterschule in Moskau gegründet. Heute werden dort 150 Jungen und Mädchen im Alter von 11 bis 16 Jahren unterrichtet, die Hälfte der Schülerinnen und Schüler kommt mittlerweile aus dem Ausland.

Die Schule in Sankt Petersburg hat eine etwas längere Geschichte. An ihr lehrt ab 1920 Agrippina Waganowa, nach deren Methode bis heute unterrichtet wird. Waganowa ist ab 1920 Lehrerin und ab 1934 Leiterin der Schule. 1956, fünf Jahre nach ihrem Tod, benennt man die Schule zu ihren Ehren in *Waganowa-Ballettakademie* um. Zur besonderen Aura der Schule tragen sicher auch die Namen einiger ihrer Absolventinnen und Absolventen bei: Vaclav Nijinsky, Bronislawa Nijinska, Anna Pawlowa, George Balanchine oder Rudolf Nurejew sind aus ihr hervorgegangen.

Über 3000 Kinder bewerben sich jährlich an der berühmten Sankt Petersburger Akademie, doppelt so viele wie an der Bolschoi-Akademie in Moskau. Bereits im Auswahlprozess kommt es zu Tränen und Enttäuschungen bei den jungen Bewerberinnen und Bewerbern: In mehreren Eignungstests werden ihre körperliche Eignung, ihre Sprungkraft, ihre Musikalität und ihr Bewegungstalent geprüft. Doch nur 60 Kinder im Alter von 10 Jahren werden aufgenommen. Von diesen wiederum schaffen nur um die 25 Schülerinnen und Schüler wirklich alle acht Ausbildungsjahre. In einer Dokumentation über die Aufnahmeprüfungen an der Waganowa-Akademie sagt eine Lehrerin mit Blick auf die weinenden Kinder, die nicht bestanden haben: »Diejenigen, die jetzt weinen, sind eigentlich die glücklicheren Menschen.«[99]

Es wird nämlich in der Tat viel verlangt und hart trainiert: Neben dem normalen Schulunterricht geht es täglich für circa sechs Stunden in den Ballettsaal, und zwar von Montag bis Samstag. Der Unterricht hat sich seit der Zeit Waganowas kaum verändert, ihr Unterrichtssystem, in dem logisch und aufeinander aufbauend alle Bewegungen des klassischen Tanzes vermittelt werden, ist eine Art heiliger Leitfaden, auch für alle anderen Schulen des Landes. Der berühmte Tänzer und Choreograf George Balanchine, ein ehemaliger Schüler der Akademie, erinnert sich: »Wir lernten die echte klassische Technik in Reinkultur.«[100]

Das Erlernen dieser Technik ist verbunden mit Anstrengung, Wiederholung der Übungen bis zur Erschöpfung und dem langsamen Hineinwachsen in die Perfektion der Bewegungsabläufe. Viele verlassen die Schule vor Ende der Ausbildungszeit wieder, weil sie verletzt sind, in den Augen ihrer Lehrerinnen und Lehrer vielleicht nicht hart genug trainieren, einzelne Prüfungen nicht bestehen (die sich jährlich wiederholen), weil sich ihr Körper verändert und nicht mehr dem tänzerischen Ideal entspricht oder weil sie schlicht dem Druck nicht gewachsen sind.

Es ist und bleibt harte Arbeit – bereits ab einem sehr jungen Alter. Doch bei aller Strenge und Disziplin der Ausbildung haben die russischen Ballettschulen einen ausgezeichneten Ruf. Das perfekt erlernte Handwerk des klassischen Tanzes gibt Sicherheit, die es den Elevinnen und Eleven erst ermöglicht, das Ballett als Kunstsprache zu begreifen, als etwas, das »von Inhalt und Seele erfüllt« ist, wie es Waganowa selbst formuliert. Eine ihrer berühmtesten Schülerinnen, die Primaballerina Galina Ulanowa, beschreibt rückblickend, wie Waganowa »den ganzen Menschen, den wachen Geist, absolute Offenheit und Arbeitsliebe« gefordert hat. Dabei will sie interessanterweise nicht von Strenge reden – sondern von »Hingabe und Unerbittlichkeit«.[101] Liegt zwischen diesen beiden Polen die Kunst? Die Antwort kann am Ende wohl nur der Tänzer oder die Tänzerin selbst geben. Doch seit dem Ende der Sowjetunion kommen auch immer mehr Kinder aus dem Ausland an die Schule, weil sie eines wissen: Wenn sie acht Jahre lang durchhalten und sich anschließend tatsächlich Absolventen der Waganowa-Akademie nennen dürfen, stehen ihnen alle Türen der Ballettwelt weit offen.

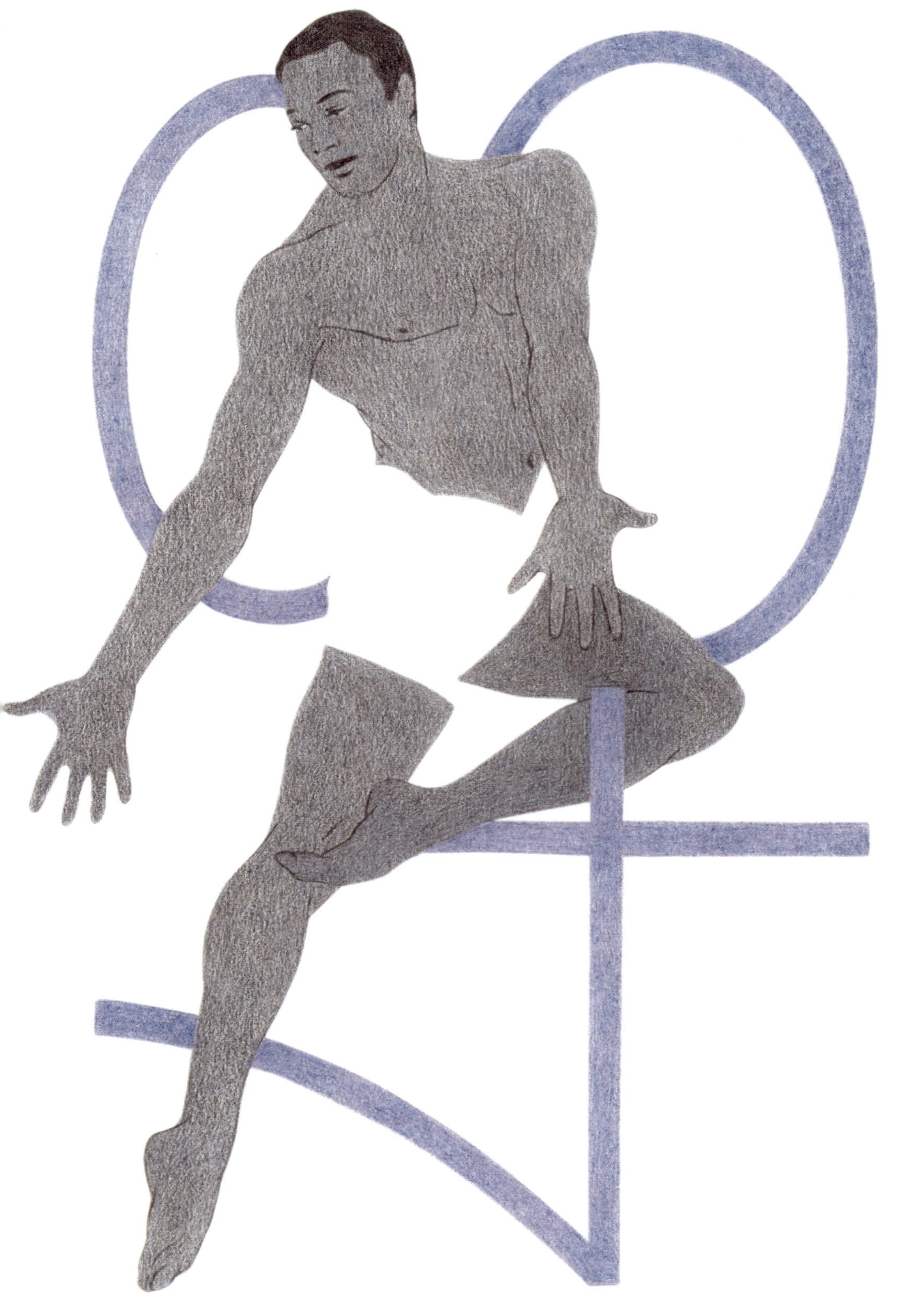

WIE WEISS IST DAS BALLETT?

Die Fragen, ob es Rassismus im Ballett gibt oder wie divers das Ballett ist, sind seit einigen Jahren mehr und mehr Gespräch. Dabei können Rassismus bzw. Diversität auf zwei Ebenen diskutiert werden: auf der Handlungsebene sowie auf der Ebene der Compagnien und der Rollenbesetzungen von Tänzerinnen und Tänzern.

Auf der Inhaltsebene stehen Werke wie *Le Corsaire, La Bayadère, Paquita, Schéhérazade, Petruschka* oder auch der »chinesische Tanz« im *Nussknacker,* um nur einige zu nennen, heute im kritischen Fokus. Auf der einen Seite beinhalten sie exotische, nationale und folkloristische Elemente, auf der anderen Seite stehen sie im Verdacht, rassistisches und kolonialistisches Gedankengut zu verbreiten, wenn sie zum Beispiel Haremsszenen mit Sklaven zeigen, die keine weiße Hautfarbe haben.

Christopher Hampson, der Direktor des Scottish Ballet lehnt es ab, *Le Corsaires* oder *La Bayadères* zu inszenieren, weil diese Ballette »Elemente des 19. Jahrhunderts repräsentieren, westeuropäische Werte und Haltungen, die heute ebenso veraltet wie nicht länger wünschenswert sind innerhalb einer modernen Gesellschaft, die nach Inklusion und Respekt für Diversität strebt.«[102] Dem widersprechen Choreografen wie Jean-Christophe Maillot (Ballets de Monte-Carlo) oder Kevin O'Hare (Royal Ballet London), die das Balletterbe und die Balletttradition bewahren wollen. Auch Alexei Ratmansky (American Ballet Theatre) gehört dazu, der in der Tradition historischer Aufführungspraxis 2018 für das Berliner Staatsballett die 1877 uraufgeführte *La Bayadère* aus den Notationen von Marius Petipa rekonstruiert, die in der Sergeyev Collection der Harvard Universität aufbewahrt werden.

Ähnlich wie in der klassischen Musik, in der es schon seit Jahrzehnten Vertreter der sogenannten historischen Aufführungspraxis gibt, die in die Musikarchive gehen, die Originalnoten studieren und Musikinstrumente aus der Entstehungszeit nachbauen lassen, um dem ursprünglichen Klang eines Werkes so nah wie möglich zu kommen, verfolgt Ratmansky im Ballett dasselbe Ziel: Er möchte die Ballette so authentisch wie möglich aufführen. Das bedeutet nicht nur, dass er sich um eine Rekonstruktion der Kostüme und Schritte bemüht, sondern sich auch intensiv mit der Musik auseinandersetzt.

Ratsmansky hat dabei festgestellt, dass die Musik der Petipa-Ballette heute viel langsamer gespielt wird als zur Zarenzeit, damit die Tänzer all ihre technische Raffinessen zeigen können. Diese Bemühungen und Erkenntnisse werden als »einzigartiges Tanzwissen« gewürdigt,[103] gleichzeitig wird gemahnt, dass Kunst »ein Kind ihrer Zeit« ist: »Wer ihre Hervorbringungen ohne Weiteres entsorgt, statt sich die Mühe der Historisierung zu machen, also Zug um Zug sämtliche Bedeutungsschichten zu erkunden und freizulegen, entzieht sich dem Wesen der Kunst: dem Widersprüchlichen,«[104] schreibt die Tanzkritikerin Dorion Weickmann. Die Aufführung von *La Bayadère* wird als Zusammendenken von Vision und Revision begriffen, als Nebeneinander von Original und Neudeutung.[105]

Die Komplexität des Themas kann beispielhaft an *Petruschka* gezeigt werden: *Petruschka* entsteht 1911 auf Anregung Sergej Djagilews, der ein neues Ballett für seine Ballets Russes sucht. Strawinsky schreibt nicht nur die Musik, sondern verfasst zusammen mit Alexandre Benois auch das Libretto, Michail Fokine choreografiert.

Djagilew, der mit den Ballets Russes im Westen stets den Antagonismus zwischen Russland und dem Westen betonen will, möchte in den Balletten das »echte« und »volkstümliche« Russland darstellen, das den Gegenpol zur »Verwestlichung« bildet, die mit den Reformen Peters des Großen begonnen haben. In dem Ballett nun wird dieser Gegensatz – das alte Russland versus das neue Russland – in den beiden Figuren *Petruschka* (das ist die russische Kasperfigur im Volksmärchen) und dem sogenannten Mohren zum Ausdruck gebracht.

Der eher treuherzige Petruschka (das alte Russland) unterliegt dem selbstsüchtigen Mohren (das neue Russland), der in der Originalchoreografie auch die zaristische Gardeuniform trägt. Am Ende verliert in der Moderne das ursprüngliche, authentische alte Russland den Kampf mit dem Westen: Der Mohr tötet Petruschka.

Fokine bemüht sich, die kulturelle Gegensätzlichkeit in sehr verschiedenen Bewegungen zu choreografieren: »Der Hauptunterschied bestand im folgendem: beim Mohren alles ›en dehors‹, bei Petruschka alles ›en dedans‹. Noch niemals habe ich so wie bei dieser Choreografie gefühlt, dass diese beiden Körperhaltungen so viel über die Seele des Menschen aussagen können. Der selbstzufriedene Mohr wirkt nur nach außen, und der eingeschüchterte, ängstliche Petruschka kauert sich ganz zusammen, zieht sich in sich selbst zurück. Habe ich das dem Leben abgeschaut? Zweifellos. Dem Leben selbst für eine – Puppenpantomine; Puppenbewegungen auf psychologischer Grundlage.«[106] Fokine sagt: »Ich zähle dieses Ballett zu meinen gelungensten Arbeiten, und ich hätte es gern gesehen, dass es so ausgeführt würde, wie ich es gestellt hatte.«

So hat zwar einerseits Christopher Hampson Recht, wenn er die Figur des Mohren »inakzeptabel« nennt, weil sie zeige, dass »Blackfacing ein Werkzeug ist, um black people zu entmenschlichen«[107], andererseits ist der Kontext des Balletts zu berücksichtigen: Bedeutet eine Ablehnung des Balletts nicht auch, die russische Kulturgeschichte zu ignorieren?

Daneben ist die Rassismusdebatte in den Compagnien selbst angekommen. In den letzten Jahren wird zum Beispiel die Dominanz der weißen Tänzerinnen und Tänzer häufiger infrage gestellt. Dabei gibt es starke und frühe Vorbilder, die mit gängigen Ballett- und Rollenklischees brechen:

»Making dances is an act of progress.«

Alvin Ailey

Arthur Mitchell ist der erste schwarze Balletttänzer, der in den 1950er und 1960er Jahren beim New York City Ballet unter der Leitung George Balanchines internationalen Ruhm erlangt. 1969, kurz nach der Ermordung des Bürgerrechtlers Martin Luther King, gründet Mitchell das Dance Theater of Harlem, das erste überwiegend schwarze Tanztheater, dessen Direktor er später wird. Berühmt wird Mitchell vor allem mit zwei Rollen: 1957 in Balanchines *Agon*, fünf Jahre später als Puck in *A Midsummer Night's Dream*.

1958 gründet auch der schwarze Tänzer und Choreograf Alvin Ailey seine eigene Tanzcompagnie: das Alvin Ailey American Dance Theatre, für das er hauptsächlich afroamerikanische Tänzer und Tänzerinnen engagiert und das im Modern Dance wegweisend wird. Sein bekanntestes Werk *Revelations* wird 1960 uraufgeführt. Zu Spirituals, Gospel- und Bluesmusik zeigt es eine Vision der historischen afroamerikanischen Erfahrung aus einer kirchlich inspirierten Perspektive.

Unter der Überschrift »Schwarze im Ballett: Schwanenweiß, soweit das Auge reicht« stellt Alexandra Albrecht in der Frankfurter Allgemeinen Zeitung die Frage, weshalb in vielen Compagnien sowohl in den Vereinigten Staaten als auch in Europa schwarze Tänzerinnen und Tänzer unterrepräsentiert sind und auch nicht immer oben in der Hierarchie des Ensembles angesiedelt seien. »Liegt das an den Vorurteilen der Ballettdirektoren, die sich keine Schwarze als Julia, Tatjana oder Giselle vorstellen können? Wird im Ballett noch ein Naturalismus verfolgt, den die Oper überwunden hat? Dagegen spricht der hohe Anteil brasilianischer, kubanischer und asiatischer Tänzerinnen in den europäischen Compagnien, die den Rollenbildern ja auch nicht entsprechen.«[108] Albrecht kommt zu dem Schluss, dass es in den USA eher an der sozialen Ungleichheit liege, weil Afroamerikanerinnen und Afroamerikaner oftmals über ein geringeres Einkommen verfügten und ihren Kindern keinen Ballettunterricht bezahlen könnten.

2020 haben sich an der Pariser Oper fünf schwarze Tänzerinnen und Tänzer in einem offenen Brief an die Mitarbeiter der Oper gewandt und eine Veränderung hinsichtlich der Sichtbarkeit der »black dancers« gefordert. Der künstlerische Leiter Alexander Neef hat daraufhin angekündigt, dass er rassistische Karikaturen in den klassischen Ballettproduktionen verhindern will, ohne Ballette wie *La Bayadère* oder *Nussknacker* aus dem Repertoire nehmen zu müssen. Zudem wolle er die Diversität bei den Tänzerinnen und Tänzern erhöhen. Ein Komitee soll gegründet werden, das über diese Reformen berät, sowie einen Chief Diversity Officer ernennen, der die Umsetzung der Maßnahmen kontrolliert.

Die Pariser Oper ist nicht die einzige Ballettcompagnie in Europa, in der diese Debatte geführt wird. An der Staatsoper Berlin macht die einzige schwarze Tänzerin Chloé Lopes Gomes 2020 Schlagzeilen, weil sie den Rassismus in der Compagnie anprangert. Ein Jahr zuvor hat sich die afroamerikanische Solotänzerin Misty Copeland (American Ballet Theatre) gegen Blackfacing am Bolschoi-Theater in Moskau gewandt: Auf ihrem Instagram-Account mit 1,8 Millionen Followern postet sie ein Probenfoto von *La Bayadère* mit zwei schwarz angemalten Mädchen im Kostüm. Auf die Kritik gibt sich das Bolschoi-Theater ahnungslos bis unbeeindruckt: Man habe dieses Ballett nie anders inszeniert, heißt es vom Generaldirektor, und werde auch in Zukunft nichts daran ändern.[109]

Doch läuft dieses Festhalten am historischen Erbe nicht auf eine »Mumifizierung der Klassik«[110] hinaus, wie Dorion Weickmann in einem Zeitungsartikel schreibt? Ballettdirektoren in den USA scheinen umzudenken: Der *Schwanensee* ist an einigen Häusern längst nicht mehr »weiß«, das New York City Ballet hat den *Nussknacker* mit einer schwarzen Marie besetzt.

Und auch in Paris beginnt sich nun in der Tat langsam etwas zu verändern: Das Ballett hat im vergangenen Jahr erste Schritte unternommen, Tänzer und Tänzerinnen mit Strumpfhosen und Schuhen auszustatten, die zu ihrer Hautfarbe passen. Auch das ist ein Anfang.

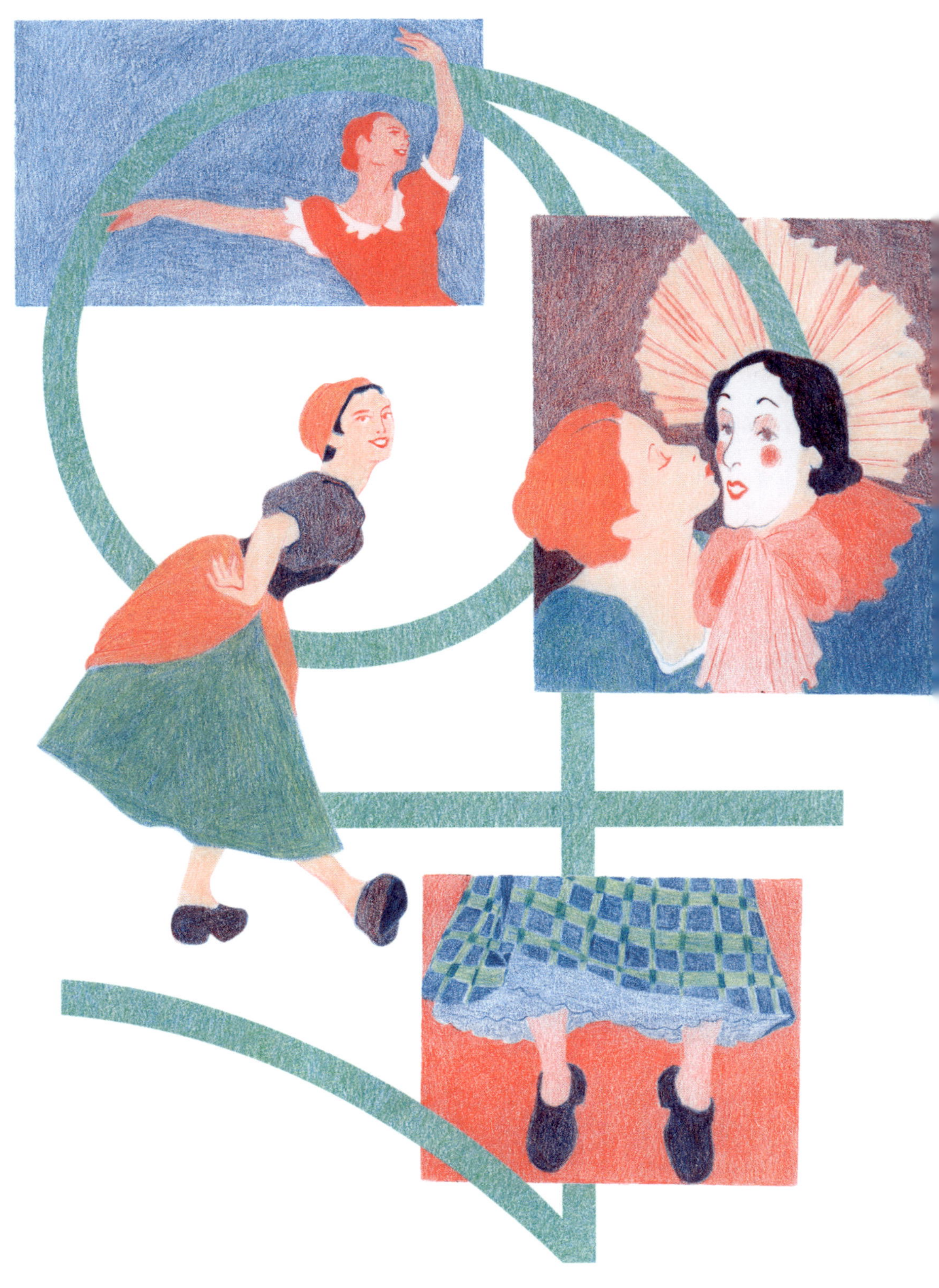

WIE TANZT MAN KOMIK?

Interessanterweise gibt es nicht viele Ballettkomödien, so dass man den Eindruck haben könnte, die Ästhetik des klassischen Balletts eigne sich eher für tragische Darstellungen. Und das ist in gewisser Weise gar nicht so verkehrt. Will das klassische Ballett Harmonie vermitteln, der die Geometrie der geraden Linien zugrunde liegt, muss Komik das in irgendeiner Weise stören. Damit erfüllt auch im Ballett die Komik eine uralte Regel des Theaters: Komik entsteht durch etwas Unerwartetes, einen Regelbruch.

Im Ballett wäre nun die einfachste Möglichkeit, die erwarteten anmutigen und graziösen Bewegungen zu stören. Das ist genau das komische Prinzip, worauf das Ballett *Coppélia* (1870) in der Choreografie von Arthur Saint-Léon aufbaut. Basierend auf E. T. A. Hoffmanns Erzählung *Der Sandmann* bietet das Spiel mit der Puppe, die wie ein Mensch tanzt, und Swanhilda, die umgekehrt wie eine Puppe tanzt, um Coppelius zu täuschen, viele Möglichkeiten zum Lachen, wobei es immer wieder ein Höhepunkt ist, wenn Swanhilda aus ihrer »Puppenrolle« herausfällt und Coppelius scheinbar aus Versehen ohrfeigt oder tritt. Das sind eigentlich Effekte, wie wir sie aus dem Zirkus bei Clownsnummern kennen.

Eine andere Möglichkeit hat Frederic Ashton in *La Fille mal gardée* (1960) mit dem berühmt gewordenen Holzschuhtanz gezeigt. Die Witwe Simone – meist von einem Mann getanzt, was die Komik noch unterstützt – wird von den Dorfmädchen zu einem Holzschuhtanz überredet. Nachdem sie sich zunächst ziert, tanzt sie ihn dann mit einigen Tänzerinnen des Corps de Ballet mit großer Begeisterung und Hingabe. Dabei ist nicht nur allein der derbe, laut klappernde Holzschuh komisch, sondern der Kontrast, der entsteht, wenn die Tänzerinnen des Corps de Ballet die Arme in akademischer Balletttradition heben oder mit den Holzschuhen versuchen, auf der Spitze zu tanzen. Dass Witwe Simone dabei mehrfach stürzt und von den Mädchen beim

Tanzen gestützt werden muss, sorgt für zusätzliches Gelächter im Publikum.

Sowohl in *Coppélia* als auch in *La Fille mal gardée* wird die Komik aber auch durch Ballettpositionen erzeugt: Simones unbeholfenes Tanzen und Swanhildas abgehackte Bewegungen, die an einen Automaten erinnern, sind mit geflexten Händen und Füßen getanzt.

Es gibt jedoch noch eine ganz andere Möglichkeit, Komik im Ballett zu erzeugen, wie man in Choreografie von Carlos Acosta nach Petipas *Don Quijote* (1869) für das Royal Ballet 2013 sehen kann. Das Ballett beruht auf einer kleinen Nebenepisode aus dem Roman von Miguel de Cervantes, die Musik stammt von Ludwig Minkus.

Acosta unterbricht die Formation des klassischen Grand Pas de deux zwischen den Hauptfiguren Kitri und ihrem Verlobten Basilio durch einen Hoftanz. Er möchte zeigen, wie sehr der »Ritter von der traurigen Gestalt« Don Quijote aus der Zeit gefallen ist und schon allein dadurch komisch wirkt, dass er die Welt seiner Romane weiterträumt. Dafür unterbricht Acosta das Grand Pas de deux von Kitri und Basilio: Für einen kurzen Moment ergreift Don Quijote Kitris Hand und sie tanzen ein paar Menuettschritte. Dadurch zeigt der Choreograf Don Quijotes Traumwelt nur mit den Mitteln des Tanzes: Denn für das einfache Mädchen aus dem Volk Kitri ist es eigentlich undenkbar, dass sie die komplizierten Menuettfiguren beherrscht. Selbst Höflinge benötigen etwa einen Monat, um ein Menuett zu erlernen, und müssen dafür mindestens zwei Stunden am Tag üben.

Zum Menuett gehört aber auch eine ganz bestimmte Handbewegung: Die Hände bewegen sich wie auf einer liegenden Acht. Das Zeichen, das in der Mathematik für die Unendlichkeit steht, malt in der Londoner Inszenierung Marianela Núñez während der Menuettschritte in die Luft und unterstreicht damit subtil Don Quijotes unerreichbare Sehnsucht nach seinem weiblichen Ideal, die er für einen Augenblick in Kitri zu erblicken glaubt.

Komik kann man im Ballett also mit Gesten oder Requisiten ausdrücken, aber auch mit der Musik und dem Tanz selbst. Schon ein Tanzschritt kann eine kurze Irritation, ein kurzes Stutzen auslösen, das manchmal viel subtiler als Gesten sein kann.

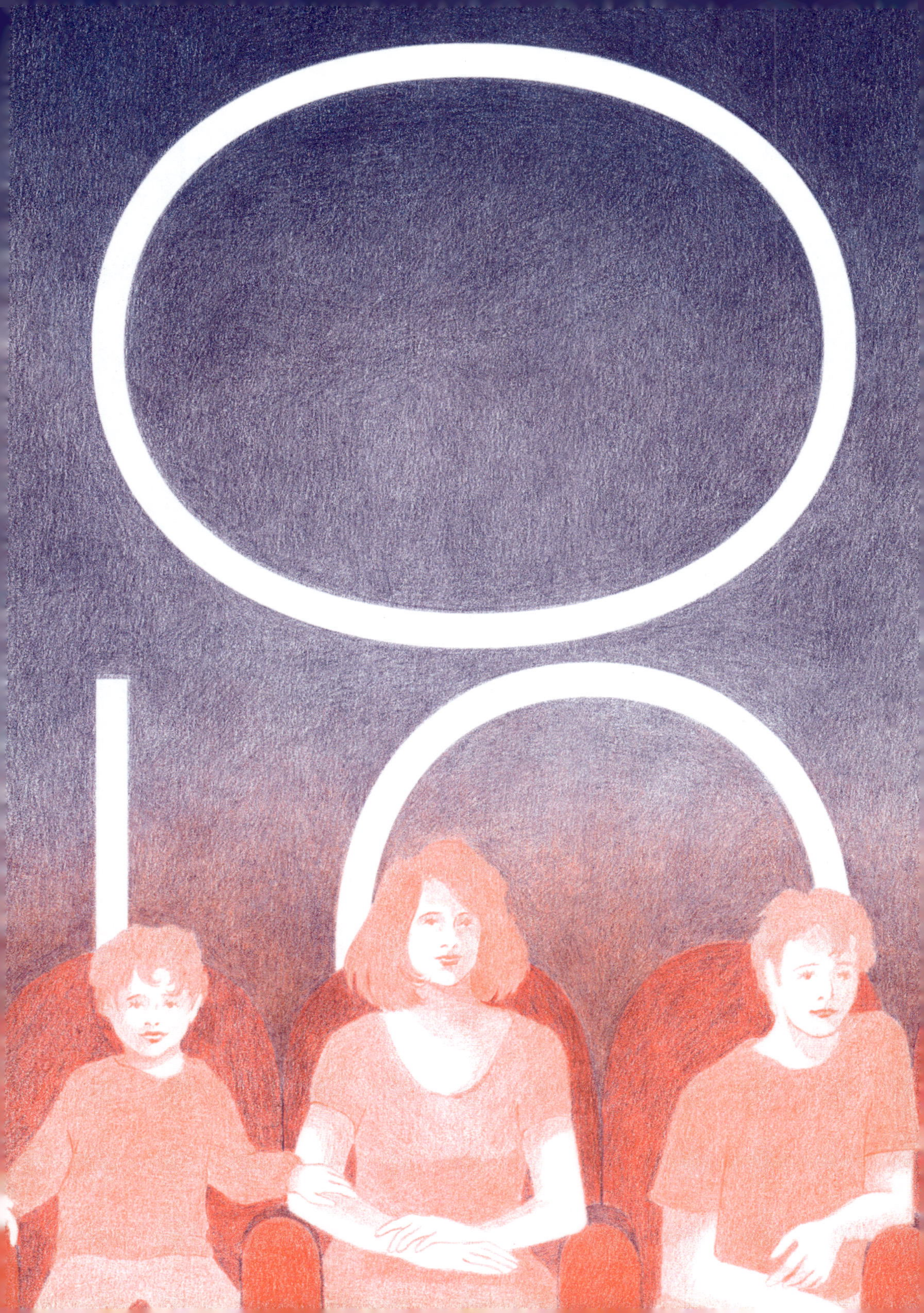

IST DAS BALLETT HEUTE NOCH ZEITGEMÄSS?

Das Ballett ist über vier Jahrhunderte alt. Ist das nicht zu alt, um heute noch aktuell sein zu können? Aber müsste man dann nicht auch die folgenden Fragen stellen: Wie zeitgemäß ist es, ein Bild von Cézanne anzuschauen? Ein Musikstück von Johann Sebastian Bach zu hören? Oder die tausend Jahre alte Kathedrale Notre-Dame, die im April 2019 abbrannte, wieder aufzubauen?

Ballett ist Teil der europäischen Kulturgeschichte. Aber wird es noch akzeptiert und wertgeschätzt? Dass Tanz und alle anderen Künste auch immer ein Spiegel der Gesellschaft und ihrer Zeit sind, ist eine recht triviale Aussage. Kunstwerke sollen oft »entstaubt« werden, »aktualisiert« – oft auch von Menschen, denen die ursprüngliche Formensprache und Aussage des Werks verschlossen bleiben.

Interessanterweise entwickelt sich in den 1980er Jahren in der klassischen Musik eine Bewegung der historischen Aufführungspraxis, die bis heute anhält. Hier geht es zuallererst um das Wiederentdecken: Wie wurde ein Stück zu seiner Entstehungszeit aufgeführt und mit welchen Instrumenten? Ziel ist nicht eine Konservierung, sondern, wie John Eliot Gardiner schreibt, die »Musik von in jahrelanger Aufführungspraxis angelagerten Schichten zu befreien und jeden Komponisten – und jedes bedeutende Werk dieses Komponisten – in seiner ganz individuellen Schönheit erstrahlen zu lassen. [...] Überraschend häufig kommt uns dann jahrhundertealte Musik ›moderner‹ vor als eine Vielzahl von Stücken, die in den letzten 100 Jahren komponiert worden sind.«[111]

Einen ähnlichen Versuch unternimmt im Ballett ab 2007 der russische Tänzer und Choreograf Alexei Ratmansky mit der Rekonstruktion der Petipa-Ballette unter anderem am Bolschoi-Theater. Dabei stellt er fest, dass man zu Petipas Zeiten die Musik viel schneller gespielt hat. In den heutigen Aufführungen braucht man mehr Zeit, damit die Tänzerinnen und Tänzer ihre verfeinerte und anspruchsvollere Technik (höhere Beine, höhere Sprünge, mehr Pirouetten) zeigen können.

Die Flüchtigkeit, die dem Tanzen innewohnt, die Schwierigkeit seiner Aufzeichnung und Weitergabe müssten eigentlich ein Konservieren von selbst verhindern. Denn jede Choreografie wird den gegenwärtigen Tänzern und ihren körperlichen Möglichkeiten und Ausdrucksformen angepasst. Die Ballettchoreografien bleiben in diesem Sinne automatisch zeitgemäß, da sie durch die Körper und Kunstfertigkeit der Tänzerinnen und Tänzer beständig aktualisiert werden.

Als um 1900 Michail Fokine mit der modernen Ballettreform beginnt, als Nijinsky mit seinen neuen, ungewöhnlichen Choreografien für Skandale sorgt, als Laban und Wigman den Ausdruckstanz proklamieren und als schließlich Pina Bausch in Wuppertal das Tanztheater begründet – immer stand und steht das klassische Ballett unter einem Rechtfertigungsdruck.

Entsteht daraus nun aber künstlerische Produktivität oder lähmt die stetige Beschäftigung mit der Vergangenheit? Zwar ist in den letzten Jahrzehnten viel vom »kollektiven Gedächtnis« und der Notwendigkeit einer Erinnerungskultur die Rede, doch praktiziert wird leider auch ein »kollektives Vergessen«. Zugespitzt formuliert könnte man auch die These für die Zukunft aufstellen: Unsere Kultur verstummt, weil das Wissen fehlt, Bilder werden nur noch als bunte Farbkleckse wahrgenommen, Kirchen als alte Bauten, in denen es auch noch kalt ist, Musik als Geräusch – und klassisches Ballett halt als Akrobatik im weißen Tutu.

Doch Ballett ist so viel mehr. Choreografen und Choreografinnen in aller Welt schaffen immer wieder neue Bilder, die mit uns selbst zu tun haben, das Publikum berühren. Sie messen den Bedeutungsraum von Ballett im 21. Jahrhundert aus und kommen zu überraschenden Einsichten. Immer wieder treten Tänzerinnen und Tänzer aus den unbekannten Tiefen des Probenraums auf die Bühne, erstrahlen im Licht der Scheinwerfer und geben einer Giselle, einem Romeo das ganz besondere Etwas neu mit. Natürlich ist das Ballett zeitgemäß! Wer sich öffnet, wird dem Zauber des klassischen Tanzes auch heute noch erliegen.

Ja.

ZAHLEN, ZAHLEN, ZAHLEN

Zwischen 3 und 5 Jahren ist ein gängiges Alter, um mit dem Ballett zu beginnen. Für viele Profitänzerinnen und Profitänzer ist mit Ende 30 die Karriere schon wieder beendet.

102 Jahre war die älteste Ballerina, die noch auf der Bühne stand: die australische Tänzerin Eileen Kramer.

Bei der Waganowa-Ballettakademie in St. Petersburg bewerben sich jährlich weit über 3000 Kinder im Alter von 10 Jahren, von denen nur 60 aufgenommen werden. Von ihnen bestehen ungefähr 25 Schüler nach 8 Ausbildungsjahren die Abschlussprüfung.

60 Arbeitsstunden und etwa 25 Meter Stoff braucht es für die Herstellung eines einfachen Tutus. Das macht 800 Meter Stoff für 32 »Schwäne«.

Mit über 200 Tänzern bildet das Bolschoi-Ballett, die Ballettcompagnie in Moskau, die größte Ballett-Truppe der Welt.

Die rund 100 Tänzer des Londoner Royal Ballett tanzen jährlich 12000 Schuhe durch. Das sind 10 Paare pro Monat und Tänzer.

Bis zu 10 Jahre mit mindestens 20 Stunden Training pro Woche dauert die Ausbildung zur professionellen Balletttänzerin.

Rund 1400 Bühnentänzer gibt es in Deutschland, darunter 800 weibliche und 600 männliche.

Bei ungefähr 40 bis 50 Grad liegt die Außenrotationsfähigkeit des Hüftgelenks bei einem Durchschnittsmenschen, bei einer Ballerina sind es 60 bis 70 Grad.

Ein professioneller Spitzenschuh ist handgefertigt und kostet zwischen 70 und 100 Euro. 32 Tänzerinnen vertanzen also um die 2500 Euro pro Vorstellung.

Bis zu 6000 Newton müssen männliche Balletttänzer bei der Landung nach Sprüngen standhalten – bei Tänzerinnen sind es rund 4000 Newton. Auf ihre Knie- und Sprunggelenke sowie auf die Füße wirkt in diesem Moment das 6- bis 9-Fache ihres Körpergewichts

32 Fouettés de tourné hintereinander muss eine Ballerina in der Rolle der Odette im dritten Akt von »Schwanensee« tanzen, sie ist daher eine der anspruchsvollsten Rollen des klassischen Balletts.

Seit 1973 ist John Neumeier Ballettdirektor und Chefchoreograf des Hamburger Ballett und kann dort 2023 sein 50-jähriges Jubiläum feiern. Seine Inszenierung der »Kameliendame« wurde allein in Hamburg mehr als 200-mal aufgeführt.

Das Ballet de l'Opéra de Paris ist mit 309 Jahren die älteste Ballettschule der Welt.

1 Dokumentation zu »Les Chaises«: https://www.youtube.com/watch?-v=8ahBIEXkca8 (letzter Zugriff 16.7.2020).

2 Malte Korff: Tschaikowsky. Leben und Werk, München 2014, S. 91.

3 Platon: Symposion (Das Gastmahl), übersetzt von Friedrich Schleiermacher, Darmstadt 1990, S. 209–393, hier: S. 269f.

4 John Neumeier: In Bewegung, München 2008, S. 4–28f.

5 Jean Georges Noverre: Briefe über die Tanzkunst, ediert und kommentiert von Ralf Stabel, Leipzig 2010, S. 30.

6 Marius Petipa: Dokumente, Briefe, Interviews, in: Marius Petipa. Meister des klassischen Balletts: Selbstzeugnisse – Dokumente – Erinnerungen, hg. von Eberhard Rebling, Berlin 1975, S. 120.

7 Bettina Trouwborst: Martin Schläpfer. Mein Tanz, mein Leben. Leipzig 2020, S. 85.

8 Ebd.

9 Ralf Stabel: IM »Tänzer«. Der Tanz und die Staatssicherheit, Mainz 2008, S. 14.

10 Ebd., S. 54.

11 George Balanchine: Schlaflose Nächte mit Tschaikowsky. Das Leben Balanchines in Gesprächen mit Solomon Volkov, Berlin 1994, S. 142.

12 Elisabeth Nehring: Verdächtige Bewegungen. Wenn Tanzen staatsfeindlich wird. Deutschlandfunk Kultur (14.12.2016): https://www.deutschlandfunkkultur.de/verdaechtige-bewegungen-wenn-tanzen-staatsfeindlich-wird.976.de.html?dram:article_id=373835 (letzter Zugriff: 25.6.2020).

13 Ebd.

14 Zitiert nach: Nancy van Norman Baer: Bronislawa Nijinska. A Dancer's Legacy, San Francisco 1986, S. 10.

15 Claudia Jeschke: Tanzschriften. Ihre Geschichte und Methode, Bad Reichenhall, S. 17.

16 Kate Castle: Ballett, Bindlach 1999, S. 39.

17 Susanne Wiedmann: Georgette Tsinguirides. Ein Leben für John Cranko und das Stuttgarter Ballett, Tübingen 2016, S. 200f.

18 Jeschke: Tanzschriften, S. 380.

19 Ebd.

20 Wiedmann: Georgette Tsinguirides, S. 202.

21 Andreas Backöfer: Von der Harmonisierung zur Provokation. Aspekte der Beziehung bildende Kunst – Bühnenbild von der Renaissance bis zu den Ballets Russes. In: Spiegelungen. Die Ballets Russes und die Künste, hg. von Claudia Jeschke, Ursel Berger, Birget Zeidler, Berlin 1997, S. 134–146, hier: S. 141.

22 Helga Thalhofer: Anmut und Disziplin. Tanz in der bildenden Kunst, Köln 2010, S. 13.

23 Gisela Sprenger-Schoch: Tanz, Geste, Bildende Kunst – eine Beziehung in Bewegung, Bonn 2019. S. 10–21, hier: S. 17.

24 Michail Fokine: Gegen den Strom. Erinnerungen eines Ballettmeisters, hg. von Lydia Wolgina, Ulrich Pietzsch, Berlin 1974, S. 145.

25 Ebd., S. 89.

26 Lilian Karina, Marion Kant: Tanz unterm Hakenkreuz, Berlin 1996, S. 112f.

27 Balanchine: Schlaflose Nächte mit Tschaikowsky, S. 63.

28 Eva-Elisabeth Fischer: Tanz, nichts als Tanz. In: tanz. Zeitschrift für Ballett, Tanz und Performance (H. 12/2019), S. 20–29, hier: S. 22.

29 Dieter Gackstetter, Maria Pinzl: Ballett und Tanztheater, München 1990, S. 67.

30 Romola Nijinska: Nijinjsky. Der Gott des Tanzes [1934], Frankfurt/M. 1981, S. 389f.

31 Ebd., S. 390f.

32 John Martin: The Modern Dance, New York 1933.

33 Julia Burde: Das Bühnenkostüm. Aspekte seiner historischen Entwicklung. In: Kostümbild, hg. von Florence von Gerkan und Nicole Gronemeyer, Berlin 2016, S. 155.

34 Clive Barnes: Bejart's »Symphonie Pour un Homme Seul«. In: New York Times (3.12.1971), S. 32: https://www.nytimes.com/1971/12/03/archives/dance-bejarts-symphonie-pour-un-homme-seul-work-created-in-55-is.html?smid=url-share.

35 Vaclav Nijinsky: Čuvstvo. Tetradi. Moskva 2000, S. 177ff.

36 Ebd., S. 242.

37 Isadora Duncan: Der Tanz der Zukunft, Leipzig 1903, S. 30.

38 Walter Salmen: Tanz und Tanzen vom Mittelalter bis zur Renaissance. In: Terpsichore. Tanzhistorische Studien, hg. von Walter Salmen (Bd. 3), Hildesheim 1999, S. 49.

39 John Neumeier: Augen auf Nijinsky – Nijinskys Auge. In: Tanz der Farben. Nijinskys Auge und die Abstraktion, hg. von Hubertus Gaßner und Daniel Koep, Hamburger Kunsthalle, Hamburg 2009, S. 19–29, hier: S. 26f.

40 Stephen Cobbett Steinberg: Tragedy & Transcendence: Reflections on »Swan Lake«. In: Why a Swan?, hg. von The San Francisco Performing Arts Library and Museum, San Francisco 1989, S. 7.

41 Korff: Tschaikowsky, S. 87.

42 Petipa: Meister des klassischen Balletts, S. 52.

43 Ebd., S. 201.

44 Gabriele Brandtstetter: Schwanensee – Zauber des Balletts, Programmheft 1995, Bayerische Staatsoper, S. 14.

45 Korff: Tschaikowsky, S. 88.

46 Brandtstetter: Schwanensee – Zauber des Balletts, S. 11.

47 Fokine: Gegen den Strom, S. 82.

48 Frank-Manuel Peter: Ernst Oppler. Berliner Secession & Russisches Ballett. Köln 2017, S. 79.

49 Fokine: Gegen den Strom, S. 176.

50 Ebd., S. 56.

51 Zitiert nach: Ballett. Eine visuelle Reise durch die Geschichte des Tanzes, hg. von Viviana Durante, München 2019, S. 139.

52 Fokine: Gegen den Strom, S. 243ff.

53 Philippe De Lustrac: Nijinski et ses sources: La Chronophotographie, l'art assyrien et l'aviation. In: Ligeia. Dossiers sur l'art, 01–06/2004, S. 28.

54 Claudia Jeschke: »... ein einfaches und logisches Mittel...«. Nijinsky, der Zeitgeist und Faun. In: Nachmittag eines Faun, hg. von Jean-Michel Nectoux, München 1989, S. 97–122, hier: S. 107.

55 Gabriele Brandtstetter: Die Inszenierung der Fläche. In: Spiegelungen. Die Ballets Russes und die Künste, hg. von Claudia Jeschke, Ursel Berger, Birgit Zeidler, Berlin 1997, S. 147–163, hier: S. 157.

56 Dokumentation zu Les Chaises: https://www.youtube.com/watch?-v=8ahBIEXkca8 (letzter Zugriff: 16.7.2020).

57 Balanchine: Schlaflose Nächte mit Tschaikowsky, S. 29.

58 Dieter Gackstetter, Maria Pinzl: Ballett und Tanztheater, München 1990, S. 67.

59 Bernd Köllinger: Tanztheater. Tom Schilling und die zeitgenössische Choreographie, Berlin 1983, S. 11.

60 Gisela Sonnenburg: Jede Geste war Handlung. In: Ballett Journal (11.11.2015), http://ballett-journal.de/staatsballett-berlin-tom-schilling/ (Letzter Zugriff: 6.7.2020).

61 Ebd.

62 Fischer: Tanz, nichts als Tanz, S. 20–29, hier: S. 22.

63 Gerald Siegmund, William Forsythe: »Räume eröffnen, in denen das Denken sich ereignen kann«, in: Denken in Bewegung, hrsg. von Gerald Siegmund, Berlin 2004, S. 9–80, hier: S. 13.

64 Agrippina Waganowa, Grundlagen des klassischen Tanzes, Henschel Berlin 1958, S. 33.

65 Gespräch mit Christian Spuck über Nußknacker und Mäusekönig, in: Zürcher Ballett – Nussknacker & Mäusekönig (Tschaikowsky), DVD (Beiheft), 2019.

66 Malte Korff: Tschaikowsky, S. 213.
67 Marius Petipa: Meister des klassischen Balletts, S. 193.
68 Ebd., S. 192.
69 John Neumeier: Der Nußknacker. Programmheft der Hamburg Ballett, S. 2.
70 Ebd., S. 3.
71 Ebd.
72 Gespräch mit Christian Spuck über Nußknacker und Mäusekönig, ebd., 2019.
73 Dorion Weickmann: Future now. In: tanz. Zeitschrift für Ballett, Tanz und Performance, 5/2020, S. 48–51, hier: S. 50.
74 Dieter Gackstetter, Maria Pinzl: Ballett und Tanztheater, München 1990, S. 66.
75 Zitiert nach: Ina Conzen, Das Triadische Ballett https://www.kulturraum.nrw/ausstellung/oskar-schlemmer-ausstellung-staatsgalerie-stuttgart.html (letzter Zugriff: 16.6.2020).
76 Ebd.
77 Susanne Schlicher: Tanztheater. Traditionen und Freiheiten. Hamburg 1987, S. 24.
78 Herbert Marcuse: Kultur und Gesellschaft, Frankfurt/M. 1965, S. 66.
79 Schlicher: Tanztheater, S. 110.
80 Jochen Schmidt: Tanzgeschichte des 20. Jahrhunderts in einem Band, Berlin 2002, S. 304f.
81 Jo Ann Endicott: Warten auf Pina. Aufzeichnungen einer Tänzerin, Leipzig 2009, S. 84f.
82 Schmidt: Tanzgeschichte, S. 201.
83 Fokine: Gegen den Strom, S. 203.
84 Karin Dietrich: Die Schwedischen Ballette – Les Ballets Suédois. Getanzte Visionen im Paris der 1920er Jahre, Frankfurt/M. 2015, S. 7.
85 Emil Pichan, Fanny Elßler. Eine Wienerin tanzt um die Welt, Wien 1940, S. 58.
86 Ebd., S. 59.
87 Der Song erobert die Musikcharts, wird als »Song of The Year« (BBC Music Award 2015) ausgezeichnet, für einen Grammy nominiert und zig Millionen Mal über Spotify gestreamt.
88 Jutta Czeguhn, Susanne Hermanski: »Ich kann und ich will nicht um Entschuldigung bitten«. In: Süddeutsche Zeitung (22.1.2019): https://www.sueddeutsche.de/muenchen/polunin-putin-ballett-staatsoper-1.4297189 (letzter Zugriff: 14.9.2021).
89 Marisa Hayes: Paris Opéra Ballet Revokes Sergei Polunin's Invitation to Guest Star. In: Dance Magazine (19.1.2019) https://www.dancemagazine.com/sergei-polunin-paris-2625964296.html.
90 Cornelia Stilling-Andreoli, Gundel Kilian: Marcia Haydée. Divine, Leipzig 2005, S. 86.
91 Sibylle Zehle: Jürgen Rose, Nürnberg 2014, S. 88.
92 Ebd.
93 Stilling-Andreoli, Kilian: Marcia Haydée, S. 89.
94 Wiebke Hüster: Birgit Keil. Ballerina. Glück ist, wenn auch die Seele tanzt, Leipzig 2014, S. 123.
95 Liane Simmel, Eva-Maria Kraft: Ernährung für Tänzer, Leipzig 2016, S. 57.
96 Ebd., S. 134.
97 Iris Julia Bührle: Literatur und Tanz. Die choreographische Adaptation literarischer Werke in Deutschland und Frankreich vom 18. Jahrhundert bis heute, Würzburg 2014, S. 309.
98 Ebd., S. 327.
99 »Dance of the Little Swans«: https://youtu.be/aEvnu5oxx0Y (letzter Zugriff: 17.9.21).
100 Balanchine: Schlaflose Nächte mit Tschaikowsky, S. 59.
101 Waganowa: Grundlagen des klassischen Tanzes, Leipzig 2019.
102 Dorion Weickmann: Vision und Revision. Daniel Proiettos postkoloniale Lesart von »La Bayadère« passt zur Debatte um das klassische Erbe. In: tanz. Zeitschrift für Ballett, Tanz und Performance (1/2020), S. 24–25, hier: S. 25.
103 Claudia Jeschke: Exhumierte Exotik. In: tanz. Zeitschrift für Ballett, Tanz und Performance (6/2019), S. 50–53, hier: S. 53.
104 Weickmann: Vision und Revision, S. 25.
105 Ebd.
106 Fokine: Gegen den Strom, S. 228.
107 Weickmann: Vision und Revision, S. 25.
108 Alexandra Albrecht: Schwarze im Ballett. Schwanenweiß, soweit das Auge reicht. In: FAZ (17.8.2016): https://www.faz.net/aktuell/feuilleton/buehne-und-konzert/schwarze-im-ballett-alle-sind-soschwanenweiss-14387657.html (Letzter Zugriff: 30.6.2020).
109 Dorion Weickmann: Russisch Schwarz. In: Süddeutsche Zeitung (18.12.2019): https://www.sueddeutsche.de/kultur/blackfacing-am-bolschoiballett-russisch-schwarz-1.4728399 (letzter Zugriff: 12.9.2021).
110 Weickmann, ebd.
111 John Eliot Gardiner: Bach. Musik für die Himmelsburg, München 2018, S. 51.
112 Schmidt: Tanzgeschichte, S. 201.

LITERATUR ZUM WEITERLESEN

Walter Sorell: Kulturgeschichte des Tanzes, Noetzel Verlage, Wilhelmshaven 1995

Bettina Stöß, Klaus Kieser: Ballett heute, Reclam Verlag, Stuttgart 2012

Viviana Durante (Hg.): Ballett. Eine visuelle Reise durch die Geschichte des Tanzes, Dorling Kindersley, München 2019

Johannes Odenthal (Hg.): Das Jahrhundert des Tanzes, Alexander Verlag, Berlin 2019

Dagmar Ellen Fischer: Eine kurze Geschichte des Tanzes, Henschel Verlag, Leipzig 2019

REGISTER

Die Zahlen beziehen sich auf die Kapitelnummern.

A

B

C

D

E

F

G

H

I/J

K

L

M

N

O

P

R

S

BIOGRAFIEN

Die Autorin *Dorothee Gelhard* promovierte über das absurde Theater in Bulgarien und habilitierte sich an der FU-Berlin im Fach Allgemeine und Vergleichende Literaturwissenschaft. Als Professorin an der Universität Regensburg hat sie einen Masterstudiengang aufgebaut, der einmalig in Deutschland das Studium der Literatur mit der Tanzwissenschaft verbindet. Neben Gastprofessuren z.B. in Israel, Finnland, Österreich und den USA hält sie regelmäßig Seminare und publiziert zu Literatur, Philosophie und Tanz.

Die Illustratorin und Künstlerin *Camille Deschiens*, ist in Caen/Normandie geboren und in Nantes aufgewachsen, wo sie bis heute lebt und arbeitet. Sie hat Illustration an der Haute École des Arts du Rhin (HEAR), einer renommierten Kunstschule in Straßburg, studiert und bereits für französische Zeitschriften und Internetmedien gearbeitet. Camille Deschiens arbeitet vorrangig analog und zeichnet mit Crayons in aneinander liegenden Farbspektren. Ihre Bilder sind hintergründige Kommentare und sinnliche Interpretationen.

Die Grafikerin *Ondine Pannet* lebt in Paris. Sie hat an der ESAD-Amiens und an der Hochschule für Grafik und Buchkunst Leipzig Grafik-Design studiert und ist Teil des *Bureau Est Leipzig/Paris*. Das Grafikdesign-Studio arbeitet in erster Linie für Institutionen im Kulturbereich und konzipiert unter anderem die visuelle Gestaltung von Büchern, Magazinen und Ausstellungen. Die Arbeiten des *Bureau Est* wurden bereits national und international vielfach ausgezeichnet.

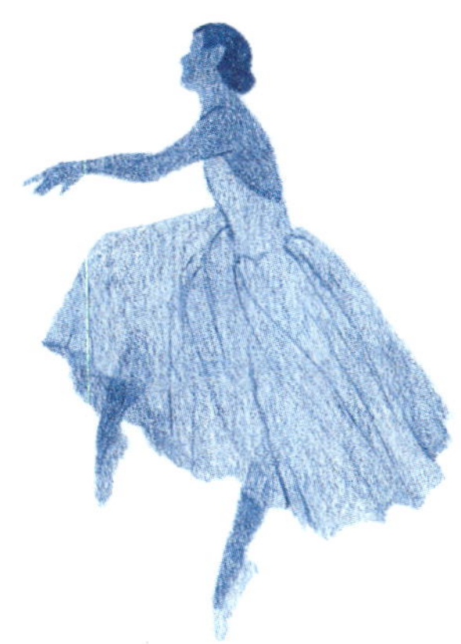

Bibliografische Information der Deutschen Nationalbibliothek: Die Deutsche Nationalbibliothek verzeichnet diese Publikation in der Deutschen Nationalbibliografie; detaillierte bibliografische Daten sind im Internet über http://dnb.dnb.de abrufbar.

ISBN 978-3-89487-825-2

Covergestaltung, Layout und Satz: Ondine Pannet, Bureau Est Leipzig/Paris

Illustrationen: Camille Deschiens, Nantes
Die im Buch verwendeten Abbildungen sind zum Teil Illustrationen nach Originalen der im Text genannten Künstler.

Lektorat: Sabine Melchert

Lithografie: Marius Brüggen

Herstellung, Druck und Bindung: feingedruckt – Print und Medien, Neumünster

Gedruckt auf Munken Lynx Rough
Printed in the EU

www.henschel-verlag.de